绍兴文理学院出版基金资助

皮尔斯存在图的多可读性研究

聂海军 著

中央编译出版社
Central Compilation & Translation Press

图书在版编目（CIP）数据

皮尔斯存在图的多可读性研究 / 聂海军著. —北京：
中央编译出版社，2022.7

ISBN 978-7-5117-4188-2

Ⅰ.①皮… Ⅱ.①聂… Ⅲ.①皮尔斯（Peirce，Charles Sanders 1839—1914）－逻辑学－研究 Ⅳ.①B712.43 ②B81

中国版本图书馆 CIP 数据核字（2022）第第 103106 号号

皮尔斯存在图的多可读性研究

责任编辑	李媛媛
责任印制	刘　慧
出版发行	中央编译出版社
地　　址	北京市海淀区北四环西路 69 号（100080）
电　　话	（010）55627391（总编室）　　（010）55627310（编辑室）
	（010）55627320（发行部）　　（010）55627377（新技术部）
经　　销	全国新华书店
印　　刷	北京文昌阁彩色印刷有限责任公司
开　　本	710 毫米×1000 毫米　1/16
字　　数	240 千字
印　　张	16.25
版　　次	2022 年 7 月第 1 版
印　　次	2022 年 7 月第 1 次印刷
定　　价	80.00 元

网　　址	www.cctphome.com　　邮　箱　cctp@cctphome.com
新浪微博	@中央编译出版社　　微　信　中央编译出版社（ID：cctphome）
淘宝店铺	中央编译出版社直销店（http：//shop108367160.taobao.com）（010）55627331

本社常年法律顾问　北京市吴栾赵阎律师事务所律师　　闫军　梁勤
凡有印装质量问题，本社负责调换。电话：（010）55626985

自 序

　　皮尔斯是一位非常博学多才的学者,他涉猎的知识范围之广、程度之深都令人叹为观止。从数学、化学,到逻辑学、指号学再到哲学和其他众多的领域,都在他广博而深邃的思维之下。笔者对皮尔斯赞叹之余发现自己也是一路波折转过三次专业,从本科的物理学到硕士的科学技术哲学再到博士的逻辑学,感觉某种意义上与皮尔斯经历略有相似之处。这也是笔者对皮尔斯及其研究颇感兴趣的原因之一。当然这种兴趣并非一开始就有,而是随着对皮尔斯和他研究的了解不断加深而逐渐产生的。最初引导笔者走上研究皮尔斯道路的是导师王左立先生。回想起多年前读博的流火岁月,王老师的谆谆教诲依然在耳旁,是他引导笔者踏入逻辑之门并指导笔者慢慢研读皮尔斯的作品和相关文献,进而走上研究皮尔斯存在图的学术之路。

　　皮尔斯最令人折服的地方还在于他对于学术研究的执着,这种执着甚至近乎一种偏执。他从少年时期对数学和化学产生浓厚兴趣开始,直到去世都处于一种学术深潜状态,在学术的海洋中不断地探索。可以说他从没有上到过世俗的岸,因此遭到了社会不公正的对待,自从失去父亲本杰明·皮尔斯的保护,他的生活就不断地走下坡路,尽管有詹姆斯等一众好友的支持,但他超越世俗的个性化生活和无视世俗规则的行为还是使他陷入了极大的生存危机之中,不光没有保住自己在海岸与大地勘测中心的职位,以及约翰·霍普金斯大学的教职,而且他母亲和姑姑的遗产也被他挥霍殆尽，即便是受到美国总统罗斯福的推荐，卡内基研究院还是拒绝了他的资助申请，最后皮尔斯在贫病交加中憾然离世。但皮尔斯生活中的失意并没有阻碍他在学术上的追求，而且也正是由于他将重心放到了学术上，才导致了生活中的诸多磨难。多年以后，随着皮尔斯的论文、手稿、信件等不断被编辑出版，这颗伟大心灵才被人们知晓。笔者无意罗列皮尔斯的学术成就及受其思想影响的众多著名学者，而更在意的是作为一个极具原创性、思维跨度如此之大、学术架构如此恢宏的思想者的生活状态。原创性很强的思想往往很难被即时接受，皮尔斯对此心知肚明，甚至他直接收到来自父亲的警告，从事逻辑学研究将很难获得名誉和地位，但皮尔斯却没有回头。或许对于皮尔斯来说，只有在学术探索中他的灵魂才能得到滋养，他的生命才能被赋予意义。相比于皮尔斯的学术成就，笔者觉得他对学术理想不懈追求、全身心投入的精神，纯粹的生活状态更加难能可贵。

　　皮尔斯将自己的身份首先定位为一位逻辑学家。皮尔斯继承了亚里士多德、康德等大哲学家的学术思路，坚持从逻辑出发来理解和推进哲学。然而皮尔斯心中的逻辑学却与目前人们主要关注的现代数理逻辑大相径庭。他认为的逻辑学是置于其哲学思想框架下的广义逻辑学，所以有些人认为与弗雷格、罗素等人相比，皮尔斯的逻辑学贡献是次要的、零散的，其相关作品也显得不够精细、不够完备。正如华东师范大学张留华教授所认为的，"……有可能在弗雷格等人看来重要的东西，对于他（皮尔斯）却只是细枝末节、无关紧要的，而另一些在标准数理逻辑中不曾出现的研究方向譬如存在图、外展逻辑、逻辑语用学等倒成为他对于逻辑学的真正重大贡献。也就是说，要公正对待皮尔士（皮尔斯）的逻辑思想，我们必须超脱当代狭义梳理逻辑的范畴，把其逻辑学放在他庞大的哲学架构下进行立体式把握"。正如著名皮尔斯传记作家布伦特所指出的："纵观他的思想历程，皮尔斯最大的热情在于逻辑研究，他将其理解为用于揭开万物之谜的唯一方法。对他来说，逻辑学完全不同于现代大学课程中所看到的那些呆板的真值表和定理证明（虽然皮尔斯这两方面也具有影响力）；它是我们接近实在的唯一路径。"正是基于上述考虑,笔者在研究皮尔斯存在图时重点关注了存在图的多可读性这一重要特征,因为存在图的多可读性完全不同于符号逻辑中要求符号必须要有单一义;特别是系统整体上的多可读性,即允许从不同的视域来解读存在图系统,又要在皮尔斯广义逻辑学的思想下才能获得合法性。

研究皮尔斯学术思想大致有三条路径:思想传记、专题研究和系统重构。本书大致属于第二种研究路径,存在图是皮尔斯发明的一种图式逻辑系统,是他逻辑学研究中的重要一环。皮尔斯发明存在图,一方面是因为皮尔斯本人进行推理的时候很多情况下都是采用图形直观的方式,而并非是人们通常认为的先把问题转化为人工符号,再通过变换符号得到结论。这实际更加符合人们在现实生活中的推理实践,人们日常生活中进行的推理往往是符号、图形、声音、色彩等融为一体的多模态式的推理;另一方面是因为皮尔斯将存在图系统作为其证明实用主义的工具。皮尔斯作为哲学家最为人们所熟知的便是他的实用主义思想,尽管人们对"实用主义"一词的理解不免陷入庸俗化,皮尔斯本人也深知这一点,但他反复强调他的实用主义区别于其他人的实用主义,为此他将自己的学说重新命名为"实效主义"。皮尔斯一直将他的实用主义思想视为一种严谨的科学,他声称要给出严谨的科学证明,而他选定的逻辑工具就是存在图。他还认为存在图作为一个逻辑系统优于其他的逻辑系统,是"未来之逻辑"。

研究皮尔斯的学者们在发现皮尔斯的论述自相矛盾、前后不一致的证据后,通常会为了支持皮尔斯思想体系的融贯性,尽可能地增加新的文本证据或提供新的论证环节来弥补理论空隙,他们坚信皮尔斯哲学思想的统一性和连续性。但笔者觉得还可以尝试用另外一种思路来看待皮尔斯哲学思想。通过对皮尔斯存在图的逐渐深入理解及其思想尤其是哲学思想的了解,笔者有这样一种感觉,皮尔斯的思想本身有很大的"未知"空间。皮尔斯本人对于其思想的论述是不够完整的,似乎他更像是一位"引路人",他把我们引入到一个"奇异的领域",这个"奇异的领域"似乎皮尔斯本人也未必全部仔细地考察过,对他来说,也有很多未知的空间,所以才会在他的论述中有许多模糊甚至矛盾的地方。皮尔斯通过精细的区分来消解表面上的矛盾，这并不一定是一种解释说明，或许是一种创新。也就是说皮尔斯消解其论述中的矛盾本身就可能是一种思想创新。所以皮尔斯学者们为了支持其哲学思想的融贯性所作的工作，其本质很可能是一种理论创新，他们弄明白了皮尔斯本人不清楚的地方。譬如皮尔斯学者们对于皮尔斯运用存在图给出的实用主义证明，事实上应该是对皮尔斯思想的一种创新，而不仅仅是一种解读。

在这个意义上，学者们是接着皮尔斯的研究并按照他的指引继续探索一块叫做"皮尔斯思想"的未知领域。探索未知领域时出现矛盾的结论再正常不过了。就如物理学史上光的"微粒说"和"波动说"之争，最终证明光具有波粒二象性。笔者在研究皮尔斯存在图多可读性的时候也遇到了类似的矛盾，特别是存在图系统整体多可读性的三种情况，将每一种对存在图的解读与皮尔斯原初思想做比较都在一定程度上是吻合的，但是三种不同的解读自身却差异较大，最终笔者借用了光的波粒二象性的处理方法，将其称为存在图的"三相"结构。或许我们对于存在图的理解是不足的，抑或者这种"三相"结构本身具有一定的合理性。皮尔斯这颗伟大的头脑创造的思想财富是巨大的，他的思想更是给人们指出了一块充满学术诱惑的领地，不断地指引着人们探索它，继续皮尔斯未竟之事业。

聂海军

2021 年 10 月于绍兴

目 录

导 论 ·· 1

第一章 皮尔斯论存在图 ································ 27
第一节 皮尔斯发明存在图的文化背景 ············· 28
第二节 存在图的思想来源 ···························· 32
第三节 存在图的发明 ·································· 38
第四节 存在图的内容 ·································· 46
第五节 皮尔斯心中的存在图 ························· 54

第二章 皮尔斯存在图多可读性的表象逻辑 ········ 57
第一节 存在图的"endoporeutic"读法 ············· 58
第二节 存在图的"NNF"读法 ······················· 61
第三节 存在图的"MR多样"读法 ·················· 70
第四节 对典型 Beta 图的不同处理 ·················· 79

第三章 皮尔斯存在图多可读性的深层逻辑(一):
符号逻辑视域 ······································ 114
第一节 符号逻辑视域下研究存在图的思路和方法 ········· 115
第二节 存在图的定义 ·································· 118
第三节 存在图的语义与演算 ························· 127

第四节　存在图的可靠性与完全性 …………………………… 133
　　第五节　存在图的翻译 …………………………………………… 140
　　第六节　存在图图形副本的形式化 …………………………… 144

第四章　皮尔斯存在图多可读性的深层逻辑（二）：
　　　　　多模态视域 ……………………………………………… 147
　　第一节　多模态视域下研究存在图的基本思路和必要前提 … 148
　　第二节　存在图的异质性 ……………………………………… 155
　　第三节　存在图的多样读法 …………………………………… 161
　　第四节　逻辑系统与演算系统 ………………………………… 170

第五章　皮尔斯存在图多可读性的深层逻辑（三）：
　　　　　实用主义证明的视域 ………………………………… 174
　　第一节　如何理解实用主义证明 ……………………………… 175
　　第二节　基于博弈论语义学的实用主义证明 ………………… 181
　　第三节　存在图即实用主义证明 ……………………………… 190
　　第四节　存在图与实验、游戏和指号 ………………………… 196
　　第五节　存在图与实在 ………………………………………… 201

第六章　皮尔斯存在图多可读性的底层逻辑 …………………… 203
　　第一节　皮尔斯存在图的"逻辑假设" ………………………… 204
　　第二节　皮尔斯存在图的"图形假设" ………………………… 212
　　第三节　皮尔斯存在图的"存在假设" ………………………… 218
　　第四节　回到皮尔斯对存在图的设计 ………………………… 227
　　第五节　皮尔斯存在图的"三相"结构 ………………………… 232

结　语 ………………………………………………………………… 235
参考文献 ……………………………………………………………… 241
致　谢 ………………………………………………………………… 252

导　论

存在图是一种典型的图式逻辑。可能我们对图式逻辑这个概念还比较陌生，但是提起它的前身逻辑图，应该是大家所熟知的。存在图是继欧拉图、文恩图、皮尔斯-文恩图之后的又一种逻辑图。图式逻辑是逻辑图从古典发展到现代的最终形态，它体现了逻辑图逐渐形式化的发展特点。它在2002年出版的《哲学逻辑学手册》第二版中正式出现，是哲学逻辑的一个新的分支。图式逻辑系统在计算机、人工智能等领域得到了广泛的应用，因而引起了人们极大的兴趣。图式逻辑的概念是在扩充"逻辑系统"概念的基础上建立的，最早是由逻辑学家巴威斯（Jon. Barwise）和哈默（Eric M. Hammer）提出来的。他们认为，逻辑系统不仅应该涵盖现有的逻辑系统，还应该包括将来要建立的逻辑系统，所以应该采取一种尽可能宽泛的定义，图式系统应该归属为形式刻画的逻辑系统，典型的图式系统包括欧拉图系统、文恩图系统和存在图系统。然而图形在逻辑学中的地位和运用的合法性一直饱受争议。虽然图形早在中世纪就被人们尝试运用于表示命题和推理，但是直到近年来图式逻辑的概念才出现，才将它归属于逻辑系统的范畴，直到现在图式逻辑的一般理论仍旧尚未建立，《哲学逻辑学手册》中也只是进行了简单的、非正式的描述，个案的研究仍处于主导地位。所以对图式逻辑的研究力度有待加强。对图式逻辑而言，其最大的特点在于运用图形刻画命题与推理，而图形自身所带有的直观性、可视化的特点也使得人们相信图式逻辑对于命题与推理的处理在某些方面优于符号逻辑，特别是皮尔斯对于这一点有很深的信念。除此之外，图式表示的另一个特点在于其对逻辑系统的刻画具有多种可读性，不仅对于命题和推理来说具有多种读法，简单来说是指可以从同一组图中读出不同的命题与推理；而且对于逻辑系统整体来说，也可以从不同的视角给予不同的解读。存在图是皮尔斯于1896年发明的图式逻辑系统。存在图与之前的逻辑图相比表达能力最强，也最为严密，是研究图式逻辑绕不开的个案之一，对存在图进行研究能够更好地透视图形表示在刻画逻辑系统方面的多可读性。

一、问题的提出

作为典型的图式逻辑系统，皮尔斯存在图的研究对于图式逻辑一般理论的研究具有重要意义，特别近年来，存在图系统作为知识表示模式的广泛应用，以及与话语表现理论（DRT）、动态谓词逻辑（DPL）等动态刻画自然语言语义的理论具有同样的表达能力，且更为直观方便等优点，也使得存在图成为人们新近的研究热点。存在图是皮尔斯于1896年前后发明的图式逻辑系统。皮尔斯之所以用"存在"一词来命名存在图，是因为它是用来描述所谓"存在关系"的逻辑系统。皮尔斯所说的"存在关系"是指"对于某事物 x，存在关系 R，当且仅当 x 是存在的。即如果 x 不存在，那么关系 R 也就不存在。例如与拥有亮绿色皮肤的女性有情人关系的人是不存在的，因为这样的女性是不存在的"。它由一个页面和画在该页面上的一组二维图构成，通过在该页面上添加或擦去图形内容来进行推理，并且分为 Alpha，Beta 和 Gamma 三个部分，其中 Beta 包含 Alpha，Gamma 包含 Beta。存在图的 Alpha 是整个系统的基础，Beta 是在 Alpha 基础上建立的，Gamma 是在 Alpha 和 Beta 基础上建立。这三部分的基本内容分别为：

Alpha

1. 基本指号

(1) 最重要的指号就是上述的页面，皮尔斯称其为"断言页"（sheet of assertion，即 SA）。它是一个表面，它可以是一张纸、一块黑板、一个电脑屏幕等等，根据"转换规则"把存在图描绘到它的上面。空白的断言页也是一个存在图。

(2) 一些表示命题的符号。例如：A，可以表示"所有的人都是有死的"，或者可以把该句子本身当作一个指号。

(3) 一条封闭的曲线，称为"切"（cut），它否定它所包围的图，与经典命题演算中的否定符号功能相类似。这里我们并不需要关心切的具体形状。例如：图 (P) (Q) ▽R，这里的三个图包含有切，虽然切的具体形状非常的不同，但是它们所表达的意思是一样的，从而它们分别表示非 P、非 Q 和非 R。

2. 句法元素

当两个图并置于同一个页面上时，表示两个图的合取。例如：给定图 A 和图 B，那么图 A B 表示 A∧B。

3. 图形转换规则

(1) 擦除（Erasure）；(2) 插入（Insertion）；(3) 迭代（Iteration）；(4) 逆迭代（Deiteration）；(5) 双切（Double Cut）[①]。

Beta 是在 Alpha 的基础上建立的，所以 Beta 中的基本指号和 Alpha 中的基本指号相同。只是 Beta 中没有 Alpha 中（2）的命题指号，而代之以谓词指号，例如：B，可以表示"是红的"，或者该谓词本身可以作为一个指号。另外 Beta 中还多出一类基本指号为：一条直线，称为等同线（line of identity）。等同线的每一个端点表示存在一个物体，那么一条等同线表示存在两个完全相同的对象，也即存在一个物体。例如：图 —— 男人 表示存在一个男人。不同的等同线集合起来形成的网络，叫做"等同线网

[①] 使用规则的内容参见，刘新文：《皮尔士存在图研究》，载《世界哲学》，2006 年第 1 期，第 94—103 页。

(ligatures)"①。一条等同线只能表示一个对象,而等同线网也可以表示两个或两个以上的对象。例如:图 ⊢男性 / 中国的 / 人类 表示存在一个中国男人,此图中的等同线网就表示一个物体,因而将其称为"单对象等同线网(single-object-ligatures)"。而图 男人⊢———⊢男人 表示存在至少两个男人,此图中的等同线网表示至少两个物体,因而将其称为"非单对象等同线网(non-single-object-ligatures)"。

Beta 中也有 Alpha 中 2 的句法元素,而且也有名字与 Alpha 五条规则相同但内容稍复杂的图形转换规则。②

Gamma③ 是在 Beta 的基础上建立的,它的基本指号中,还有另一类切,一条封闭的虚线,称为虚切(broken cut)。它表示对它所包围图的一种可能的否定,即"可能假"。例如:图 ⸨P⸩ 表示可能非 P。

皮尔斯给出了虚切的三条使用规则④,即

1. 如果断言页上有一个虚切,那么任何图都可以插入该虚切之中;

2. 如果一个虚切被奇数个切(这里的切可以是 Alpha 切,也可以是虚切)包围,那么该虚切可以转换为一个 Alpha 切;

3. 如果一个 Alpha 切被偶数个切(这里的切可以是 Alpha 切,也可以是虚切)包围或者没有被切包围,那么该切可以转换为一个虚切。

拥有基本指号、句法元素和图形转换规则的 Alpha 和 Beta 各自构成了

---

① Dau,F.,"Ligatures in peirce's existential graphs",*Semiotica*,Vol. 2011,No. 186,2011,pp. 89—109.

② 使用规则的内容参见,刘新文:《皮尔士存在图研究》,载《世界哲学》,2006 年第 1 期,第 94—103 页。

③ 皮尔斯并未完成 Gamma,但后来泽曼修改了虚切的使用规则,构造出了完整的 Gamma,并证明其与模态逻辑相对应。泽曼构造的 Gamma 参见 Zeman, J. J.,"The graphical logic of C. S. Peirce",PhD Dissertation of University of Chicago,1964.

④ Zeman,J. J.,"The graphical logic of C. S. Peirce",PhD Dissertation of University of Chicago,1964.

一个证明系统。其中，Alpha 对应于命题逻辑，Beta 对应于带等词的一阶谓词逻辑，而 Gamma 具有高阶逻辑和模态逻辑的特征，令人遗憾的是皮尔斯最终未能将 Gamma 部分完成。

《哲学逻辑学手册》中认为，它是刻画图形系统的语法、语义和证明论等的一种逻辑；在语法上具有二维特征，而它们的意义则可以通过模型论或代数得以刻画；主要以图形为对象，除此之外，它们与一般的逻辑系统并无根本的区别。但是上述对存在图的描述似与皮尔斯的原初思想有出入，一方面按照上述描述，皮尔斯存在图与一般逻辑系统一样是纯粹的思维样式，与现实世界并无确切联系，但这样一来，皮尔斯存在图的"存在"之名就无法体现出其真正的意义，抑或者认为这里的"存在"二字是没有实际意义的一个名称。但前述对"存在"二字的解释依赖于皮尔斯"存在关系"的概念，而"存在关系"中的"存在"的意义，却不可以不予理睬。当然这一问题仍有待重新回到皮尔斯的原著作进一步考察；另一方面上述的描述也没有体现出皮尔斯"逻辑系统"与"演算系统"两个概念的区别来。在皮尔斯看来，发明逻辑系统的目的"仅仅是用来研究逻辑理论，而不是构造演算用来帮助推理"[①]。也就是说，他是把存在图作为一种分析手段而非应用工具。皮尔斯认为，"演算系统"[②]可以提供一个推理从前提到结论的最少的步骤，而一个"逻辑系统"是将推理中的步骤分解到可能的最小的单元，从而精确地展示推理的过程。一个系统不可能既是一个好的"演算系统"，又是一个好的"逻辑系统"。逻辑系统是用来研究推理的，而并非是演算的工具。而申顺珠（Sun-Joo Shin）却认为，存在图既可以成为研究逻辑推理的"逻辑系统"，又可以在

---

① CP4.373，"CP" 指 1931—1958 年由 Charles Hartshorne, Paul Weiss 和 A. W. Burks 编辑出版的八卷本《皮尔斯文集》(*Collected Papers of C.S.Peirce*)，其后的数字 4.373 分别指第四卷第 373 段。Peirce, C. S., *Collected Papers of C. S. Peirce*, Hartshorne, C. and Weiss, P. (eds.), Vols. 1—6; Burks, A. W., (eds.), Vols. 7—8, Cambridge: Harvard University Press, 1931—1958, 后文皆如此。

② 这里的演算系统与逻辑系统两个概念都是皮尔斯意义上的，它们的具体含义与现代逻辑中二者的含义不等同。

不违背皮尔斯原初想法的原则下,将其做成一个高效率的演算系统。申顺珠所谓高效率的演算是通过对存在图采用多样读法实现的,即对同一个存在图,如果采用不同的读图方式就可以得出形式不同但等价的命题或推理。这样的存在图与一般的现代逻辑系统有很大的不同。还有皮尔塔瑞南(Ahti-Veikoo Pietarinen)等人继承了皮尔斯的未竟事业——用存在图证明实用主义,重构了皮尔斯的实用主义证明。他的证明是建立在存在图的博弈论(Game-Theoretic)语义学之上的。众所周知,皮尔斯的实用主义思想是实在论的,与形而上学有密切关联,而这里的证明与严格意义上的形式证明也有明显不同,所以从这个意义上讲,存在图也与一般逻辑系统不一样。然而,由于存在图本身的特点,人们似乎早已习惯于在不同的意义下理解和使用存在图,持不同观点的学者们之间鲜有对话。可是学界这样的研究并不能给我们带来存在图的清晰印象,反而是对这些研究了解的越多,困惑和不解也就越多。更谈不上从存在图的研究中提炼出图式逻辑的一般理论。皮尔斯将存在图系统作为一个研究推理的逻辑系统采用的是"Endoporeutic"读法,申顺珠将存在图作成一个高效率的逻辑演算系统采用了"多样读法算法(Multiple-Readings Algorithm)",这是皮尔斯存在图系统内的命题与推理的多可读性,而上述各种不同视角下的对皮尔斯存在图的理解,以及这些不同的解读之间是否真的存在着矛盾,这是从整体上把握存在图,也即皮尔斯存在图系统的整体的多可读性。而一般意义上的符号逻辑中却没有这样的多可读性,所以要想很好地把握皮尔斯存在图,进而对图式逻辑进行深入理解,应当将皮尔斯存在图的多可读性作为一个研究的关键点进行考察。

二、历史追溯及意义

对于存在图及图式逻辑的研究离不开图形的运用在整个学术界地位变迁这一大的背景。图式逻辑所经历的曲折并不是偶然的,图形的运用受到的排斥和忽略也并不仅仅是发生在逻辑学科中。从历史上来看,图形在古代广泛应用于数学、科学和逻辑学中。欧几里德的《几何原本》、伽利略的《关于两门新科学的对话》等都是相关领域图形运用并发挥关键作用的典范。在逻辑学领域,早在中世纪就有人将图形应用于表示古典三段论。最早成形并被人们沿用的逻辑图是1761年瑞典数学家欧拉(Leonhard Euler)为了描述亚里士多德的三段论而发明的欧拉图。其特点是简单明了,形象生动,一目了然。

然而由于图形的运用在数学和科学领域常常导致错误,渐渐引起了人们对学术领域运用图形的反感和排斥。十九世纪的一场算术化运动彻底将图形驱逐出了学术领域。这一运动从数学领域开始,一个著名的例子是,断言一个完全连续的函数必须是可微分的。如果用图形来作示例,可以想象如果一个函数是连续的,那么这个函数应该没有"缺口"和"裂口",并且似乎可以"看见"在足够细密的水平上,它必定呈现出一个光滑的表面,而这个表面可能有一个倾斜度。然而让很多人吃惊的是维尔斯特拉斯(Weieratrass)和博尔扎诺(Bolzano)证明无限的细微的锯齿状的函数在某种程度上仍然是无缺口的,合乎连续的形式定义。另一个例子是一条一维直线是否可以填充一个二维的区域。尝试在内心里画某种东西类似一个无限细的线退绕进一个有限的区域里,从而"把它填进",我们对图形的直觉似乎表明这个断言是假的。但是,皮亚诺证明它是真的。这些例子促使一些19世纪最具影响力的数学家关于在图形推理中潜在的错误做出很强的结论。贾昆托(Marcus Giaquinto)写道:"这些事件似乎表明并不仅仅当我们视觉地考虑(问题)的时候易于出错……也表明视觉的理解事实上与分析的真理是相冲突的"[①]。希尔伯特也认为,一个定理仅当其证明完全独立于图的时候才能被认为是可证的。帕斯克(Moritz Pasch)在他的很有影响的关于现代几何学的演讲中也给出了几乎相同的评论。所以可以看到,甚至在几何学领域也需要清除图。最终的结果是得到了证明的一个流行概念,把它描述为"纯

---

① Giaquinto, M., *Visual thinking in mathematics*, Oxford: Oxford University Press, 2007.

句子的",即一个证明……是一个句子的序列。每一个句子要么是该证明的假设,或者是通过推理规则从前面的句子中得到的,出现在序列最后的句子就是所要证明的结论。

在科学领域,伽利略在落体定律发现过程中所经历的曲折也被归咎于图形的运用。落体定律是伽利略运动学中最重要的定律之一,它的内容为物体自由下落的过程中的运动是一种相对于时间的匀加速运动。伽利略的结论是,"运动物体的总速度是它通过的路程中所有各点获得的(瞬时)速度的总和"①,这是正确的。但是在每一个运动轨迹的点上获得的速度总和与在每一个时间点上所获得的速度总和并不一样。速度相对于时间来说是均匀不变的增加,但相对于空间而言则并非如此。伽利略并没有真正意识到运动的观念中的时间的观念,推动力或冲力是在时间中产生,它们的作用首先发生在时间中,然后才发生在空间中,对于运动来说也是如此。他之所以会将用时间描述的问题转换成了用空间描述的问题来处理,是因为我们很容易用图形来表示对空间距离的理解,而时间的观念在当时是难于用图形来想象的。伽利略选择了更易于用图形表示的距离描述运动,结果导致了他证明过程中的错误。至于落体定律,柯瓦雷(Alexandre koyré)认为是由直觉得出的。

逻辑学领域,欧拉图的缺点也很明显,即其表达能力非常有限,不能表达全类和空类,不能表示补运算。之后 1881 年英国逻辑学家约翰·文恩(John Venn)在改进欧拉图的基础上,发明的文恩图,加入了"原初图"(primary diagrams)的概念,并用阴影来表示空类,但它仍然不能表示特称命题。之后是 1903 年皮尔斯在文恩图的基础上,发明的皮尔斯—文恩图,它用"x"表示该区域非空,用"o"表示该区域为空,用"—"连接"x"和"o",表示析取,而且还有图形转换规则,这样就使该系统在表达能力上等价于一元的一阶逻辑,但是它不能表示关系逻辑。

----

① 〔法〕亚历山大·柯瓦雷:《伽利略研究》,刘胜利译,北京:北京大学出版社 2008 年版。

这个对"可视的期望"的拒斥，随后流入了弗雷格的关于数学基础的工作中。弗雷格尝试把"直觉"完全从逻辑学中移走，他开始用逻辑学把数学建立在一个完全新的和更加严格的基础上。他说："所以没有直觉能够传入这里而不被注意到，任何东西都得依赖于没有裂隙的推理链条。"①弗雷格等人开创的现代数理逻辑显然获得了完全的胜利。现代逻辑的先驱，弗雷格、皮尔斯、罗素和希尔伯特，把数学中的有效推理作为典范，成功推销了他们在模态理论、证明理论和定义理论中的工作，从而开辟了现代逻辑发展之路。熟悉现代逻辑的人们都不可能不熟悉证明、模态、形式系统、可靠性和完全性等概念。人们对逻辑图形的拒斥更胜于弗雷格，他也曾于1879年发明了图式符号——Begriffsschrift。他的概念文字(Begriffsschrift)一书刚刚出版就受到了来自各方的批评和抵制，人们甚至因此延迟了对弗雷格思想观点的承认。②

　　直到二十世纪中期之后，学者们才重新开始关注被忽略了一个多世纪的图形。对图形重新研究的结果显示，在数学和逻辑学证明中图不仅仅只是"启发式辅助者"，而是可以理解为有服务于证明本身或者证明中不可或缺的成分的能力。布朗(James R. Brown)写道："……流行的态度是图仅仅是启发的手段……我想要反对这个观点并且为图有一个合法的作为证据和理由的角色做一个例子，这个角色超过了启发。简言之，图能够证明定理"③。穆马(John Mumma)写道："在过去的15年，大量的文献已经出现。这些文献反对图在数学中什么都证明不了这种态度。这些文献的范围从形

---

① Frege, G., "Begriffsschrift", In Beaney, M. (ed.), *The frege reader*, Oxford: Blackwell, 1997, pp. 47—78.

② Gillies, D., "The fregean revolution in logic", In Gillies, D. (ed.), *Revolutions in Mathematics*, Oxford: Oxford University Press, 1992.

③ Brown, J. R., *Philosophy of mathematics: An introduction to the world of proofs and pictures*, London and New York: Routledge, 1999.

式的图(diagram)证明系统的技术介绍到数学图的合法性的哲学论证"①。贾昆托在他的新书《数学中的可视化思维》中写道:"……一个仍然流行的老观点是可视化思考在数学中的效用仅仅是心理的,而不是认识论的……这本著作的主要目标是检验这个观点"②。还有其他一些学者回溯到古希腊数学文本来证明要想完全理解这些文本不能不严肃的看待图。

在逻辑学中,直到二十世纪末人工智能领域中知识表示(knowledge representation)和机器推理(machine reasoning)方面的研究遇到困难时,处于旧的逻辑传统之外的人们才想到欧拉图、文恩图和存在图③。知识表示和机器推理上数理逻辑的无能为力,给了图式逻辑发展的机会。图式逻辑从此进入人们的视野。随着图式逻辑在多个领域的广泛应用,人们开始反思逻辑学领域中对图形的拒斥。申顺珠主张,尽管"超过一个世纪,符号表示系统已经成为形式逻辑唯一的主题"④,但是也应该考虑同时使用符号元素和图形元素的系统。她还主张,符号的推理系统和图形的推理系统都有各自的优点和缺点,并且我们应该做一个彻底的研究,用符号和图形发明不同的系统,以适应不同的学科,如逻辑学、人工智能和心灵哲学等领域的不同的需要。

作为典型的图式逻辑,存在图也未能幸免于人们的忽略和误解。一些研究皮尔斯的著名学者的著作中,如费堡曼(James K. Feibleman)的著作《对皮尔斯哲学的一个介绍》、墨菲(Murray G. Murphey)的著作《皮尔斯哲学的发展》、贝里(George D. W. Berry)的著作《皮尔斯对逻辑表述和量词的贡献》、丘奇(Alonzo Church)的著作《数理逻辑的介绍》、博琴斯基

---

① Mumma, J., "Proofs, Pictures, and Euclid", *Synthese*, Vol. 175, No. 2, 2010, pp. 255—287.

② Giaquinto, M., *Visual thinking in mathematics*, Oxford: Oxford University Press, 2007.

③ Barwise, J., *Heterogenous reasoning*, Berlin: Springer-Verlag, 1993.

④ Shin, S. J., *The iconic Logic of Peirce's Graphs*, Massachusetts: Bradford Book, 2002.

(I. M. Bochenski)的著作《形式逻辑》，还有威廉（William）和科尼尔（Martha Kneale）的著作中都对存在图只字未提。奎因是皮尔斯存在图的第一个评论者，他认为存在图太过于笨重，因而不具有演算系统的功能，而且他对存在图分析推理的价值也并不乐观。高奇（Thomas A. Goudge）在他的著作《皮尔斯的思想》中评论道，皮尔斯1891年之后的文字"像他的思想一样，变得极其松散：有时甚至漫游起来，有时又变得极度的不连贯"[①]。

进入20世纪以后，随着图式逻辑受到人们越来越多的关注，人们对存在图的态度也有了很大的改变，尤其进入20世纪90年代后，越来越多的学者加入存在图的研究中来。人们真正认识到存在图的重要性是在存在图被作为知识表示模式广泛应用于人工智能领域之后，也发现存在图可以解决刻画自然语言的某些问题，起到与动态谓词逻辑类似的作用，并且比动态谓词逻辑更方便。人们还在存在图的基础上发明了专门用于知识表示的概念图。

然而不像现代数理逻辑那样有严格的定义和证明，统一的研究模式和方法，存在图的研究处于一种颇为"漫游式"的状态。因为图形表示具有特殊的"内容具体性"（content specificity）现象和"搭便车"（free ride）现象，前者是指一个表示系统中的所有表示不得不将特定方面的内容具体化，它们不能孤立的表示信息，而不添加额外的信息；后者是指我们在用图形表示某一事物时，"图形能够产生大量（额外的）信息，这些信息不需要使用者推理就能得到，使用者可以根据需要从图中读出这些信息"，"画图的过程中形成了新的推理，推理的结果在画成的图形中展示出来……当然从句子表示的系统中也可以推出相同的信息，但是后者的推理过程需要大量的计算"[②]。因此泽曼（J. J. Zeman）、德奥（Frithjof Dau）等人认为，存在图是数理逻辑的

---

① 转引自 Roberts, D. D., *The existential graphs of Charles S. Peirce*, The Hague: Mouton, 1973.

② Larkin, J. H. and Simon, H. A., "Why a diagram is (sometimes) worth ten thousand words", *Cognitive Science*, Vol. 11, No. 1, 1987, pp. 65—100.

图形表示；申顺珠等人认为，存在图是异质的演算系统，皮尔塔瑞南等人致力于运用存在图重构皮尔斯的实用主义证明。一时间，存在图的研究呈现出众说纷纭的局面。处于这样的研究状态中，我们不免有一种困惑或一种疑问，该以哪种理解为准，存在图的真面目到底是什么？所以应当重新从皮尔斯那里开始理解存在图，梳理皮尔斯存在图的特征，梳理对存在图系统的具体内容的不同理解，和从不同视角整体解读存在图系统的不同理解，进而从整体上把握存在图。基于此，对皮尔斯存在图多可读性的研究具有如下重要的理论意义和实践意义。

理论意义：

(1)对皮尔斯存在图的理解能够变得全面且清晰。

要厘清皮尔斯存在图的特征，特别是皮尔斯存在图的多可读性。因为皮尔斯存在图的多可读性，一方面关系到皮尔斯存在图作为一个逻辑系统是否有研究逻辑推理的功能，且是否有申顺珠意义上的作为一个演算系统的实用价值；另一方面可以通过对比不同的学者在不同视角下对皮尔斯存在图的不同的解读，从而评价皮尔斯存在图研究的路径选择，回应皮尔斯存在图研究中的分歧。特别是，如果不能有效回应对存在图研究路径上的分歧，听任对存在图的"漫游式"的研究，那么在持不同观点的研究者之间建立对话将会越来越困难，蒙在存在图上的面纱也会越来越厚，使它变得更加难以琢磨。从而与研究模式和方法非常成熟的数理逻辑相比更难于被人们接受，存在图在逻辑学中地位和合法性更加无法得到有效的辩护。

(2)对图式逻辑一般理论的研究有重要意义。

图式逻辑这个名词被写入《哲学逻辑学手册》的墨迹仍未干，对图式逻辑的研究才刚刚起步不久。图式逻辑一般理论的建立还有很长的路要走，但在实际的应用中，图式逻辑或者图形表示却广泛受到人们的推崇。理论与应用之间的研究进展非常不平衡，所以有必要从"该系统[存在图]……（虽然）并没有所谓的欧拉图那样的像标性(iconoidal)，但是它是目前为止构造的最好的一般系统"①出发,将其作为一个典型的案例进行深入研究。只有对个别图式逻辑系统有了整体而全面的把握,才可能建立起完整的一般图式逻辑理论。

(3)从实用主义证明出发,挖掘皮尔斯存在图的哲学内涵。

存在图以"存在"二字命名,存在代表着皮尔斯存在图与现实世界的某种强关系。又因为存在图是皮尔斯最理想的实用主义证明的工具,而实用主义不论从哪种意义上理解,都是实在论的,与形而上学有密切关系。因此,需要厘清存在图与形而上学是否有关,如果有关系,是怎样的关系。基于此才能真正理解皮尔斯所说存在图是"未来之逻辑"的意义,从而有利于理解皮尔斯的广义逻辑学,进而启发我们探寻现代逻辑学不同的发展路径。继续皮尔斯的未竟的事业,为当代逻辑学的发展提供重要参考,也为图式表示在逻辑学中争得一席之地。

实践意义:

为逻辑学教学提供新的重要表示方式,有助于逻辑学学科的发展和逻辑学类课程的推广。

众所周知,逻辑学的教学特别是现代数理逻辑的教学中,因其大量采用数学符号等人工语言,使得很多对逻辑学有兴趣的学生对其望而却步。逻辑学的课堂往往变成复杂而烦琐的数学符号的推导过程的展示,数学基础稍弱的学生难于理解和接受。甚至逻辑学作为一门基础课程在很多高等院校里销声匿迹,取而代之的是诸如"经济逻辑""法律逻辑""实用逻辑"等专业课程。对皮尔斯存在图的深入研究和精确把握,有助于将图形表示作为主要表示方式引入逻辑学课堂,让学生更为直观地学习逻辑学,从而提高教学效率,有利于逻辑学学科的发展和逻辑学类课程的推广。

---

① CP4.391.

三、研究现状

最早专门对存在图进行系统研究的是罗伯茨①（Don D. Roberts）和泽曼（Jay J. Zeman）、怀特（Richard B. White）等人。90年之后研究存在图的学者逐渐多了起来，有凯特纳（Kenneth Laine Ketner）、范登博格（Harmen van den Berg）、伯奇（Robert W. Burch）、申顺珠、哈默和 Peter Øhrstrøm 等人，2000年之后，又增加了索瓦（John F. Sowa）、诺曼（Jesse Norman）、德奥和皮尔塔瑞南等人。存在图虽然被皮尔斯称为是"未来之逻辑"的范本，但其与现代数理逻辑的形态存在着较大的差异。从国外的研究情况来看，人们对存在图的理解存在较大分歧。

以罗伯茨为代表的学者主要从皮尔斯的原著中获取存在图的信息，试图还原皮尔斯对存在图的原初的构想。罗伯茨是第一个对存在图进行系统介绍的学者，他将皮尔斯未出版的手稿和《皮尔斯文集》中的相关资料合并起来，得到了皮尔斯存在图研究工作的全貌，包括存在图最主要最新的版本。他在他的博士论文《查尔斯·S. 皮尔斯的存在图》②中细致地描述了皮尔斯的研究图形推理的过程，把散落在皮尔斯不同手稿中的存在图片断拼接起来，构成一个完整的理论结构，而且还描述了存在图的前身——本质图。他把存在图看成是子图之间有明显的拓扑联系的一个公理系统，并在附录4中讨论了 Alpha 和 Beta 的一致性和完全性证明。在证明过程中，他把丘奇（A. Church）的命题逻辑演算规则翻译成了 Alpha 中的推导，并且把奎因的一阶逻辑演算规则翻译成了 Beta 中的推导。由于罗伯茨的主要工作是解读和介绍原初的存在图的逻辑系统，所以在存在图的读法上，罗伯茨基

---

① 此处人名以他们发表的文献的时间为序排列。
② Roberts, D. D., *The existential graphs of Charles S. Peirce*, The Hague: Mouton, 1973.

本上是按照皮尔斯的"endoporeutic"读法进行解读的。然而皮尔斯对存在图的"endoporeutic"读法只是进行了原则性的描述,同时给出了部分示例进行说明,而 Beta 部分的图中多种不同的情况具体如何运用"endoporeutic"读法进行读出并不很清晰,罗伯茨在忠于皮尔斯非形式化处理逻辑图和运用直觉理解逻辑图的原则下,对各种具体情况下的 Beta 图作了细致的解读。

以泽曼、德奥为代表的学者,受现代数理逻辑研究范式的影响,将存在图视为现代数理逻辑的图式表示。泽曼第一个给出了存在图是逻辑系统的严格证明。他在他的博士论文《C. S. 皮尔斯的图式的逻辑》[①]中,为 Alpha、Beta 和 Gamma 提供了一个数学的阐述。泽曼首先证明了 Alpha 是一个逻辑系统。按照戴维斯(Martin Davis)的逻辑系统定义。一个逻辑系统必须符合两个要求:(1)有一个递归的公理集;(2)有一个有限的递归的文字谓词集,即推理规则。他给出了 Alpha 的定义,证明了 Alpha 的公理是 SA 上的任何空白的区域,并证明了 Alpha 中有三条"积极推理规则(positive rules of inference)",两条"消极的规则(negative rules)",所以 Alpha 符合戴维斯统逻辑系统定义。用类似的方法,他定义了 Beta,并证明了 Beta 是一个逻辑系统。

然后他证明了 Alpha 对应于命题逻辑。具体过程为,他先定义了函数 f,证明了通过 f,任何一个 Alpha 图都可以映射到经典命题演算(Classical Propositional Calculus,即 CPC)的一个合式公式,并且 f 为一一映射函数。然后他又定义了一个函数 g,证明了通过函数 g,任何一个 CPC 合式公式都可以映射到 Alpha,并且 g 为一一映射函数。用类似的方法,他证明了 Beta 对应于带等词的一阶谓词逻辑。对于 Gamma,他通过修改虚切的使用规则,构造了 Gamma-MR(Broken Cuts with Minimal Restrictions)、Gamma-4、Gamma-4.2、Gamma-5 四个系统,并分别证明它们对应于为

---

① Zeman, J. J. ,"The graphical logic of C. S. Peirce", PhD Dissertation of University of Chicago, 1964.

Ł-modal、S4、S4.2、S5 四个标准的模态逻辑系统。他还证明了如果给定一个 X,它是 Alpha 的定理,那么相应的合式公式 $f(X)$ 是 CPC 的一个定理;反之如果给定一个 $f(X)$,它是 CPC 的定理,那么 X 是 Alpha 的一个定理。他在 Beta 中也得到了类似的结果。他还直接给出了 Beta 的完全性证明。

在存在图的读法上,泽曼并没有拘泥于皮尔斯著作中的非形式化处理和直觉的运用,而是在"endoporeutic"读法的基础上对存在图进行了形式化的解读,强调了存在图与符号逻辑系统的对应。因此,泽曼实际上是按照现代数理逻辑的理念改造了皮尔斯的"endoporeutic"读法,换句话,由于从存在图读出的命题与推理要与符号逻辑相对应,所以读出复杂情况下的存在图,需要对图进行具体的分割与变换。这样处理的结果是,使得存在图的读出更加具有可理解性,特别是泽曼还给出了将图翻译为符号逻辑命题和推理的算法,使得存在图的读出更具系统性。唯一的不足之处在于,泽曼的读法会使得图的读出的步骤变得非常烦琐。而且最重要的是皮尔斯的本意是要借助于图直观性,运用直觉来进行逻辑推理,而泽曼的读法会在读图的过程中消解这种直觉性,从而图形表示的直观性优点也将失去意义。

德奥认为,精确性是数学最重要的特征之一,数学的精确性根植于严格的数学定义和证明[①]。所以他用数学方法重新定义了存在图。他区分了存在图的图和图的图形表示,并将存在图定义为一种抽象的数学结构,而这种抽象结构的图形表示为图形副本。接着,他将存在图形式化,分别给出了 Alpha 和 Beta 的句法、外延语义、演算、可靠性与完全性证明,并把 Alpha 翻译成了命题逻辑,Beta 翻译成了一阶逻辑。最终,德奥把存在图作成了一个形式的、图式的数学逻辑系统。他还扩展了存在图系统,对于同一个存在图,可以有不同的表达,存在图的每一个表达称为 EGI(existential graph in-

---

① Dau, F., *Mathematical logic with diagrams, based on the existential graphs of Peirce*, http://dr-dau.net/Papers/habil.pdf(访问时间:2022 年 3 月 16 日)。

stance)。所有可能的 EGI 组成的类是这个存在图的形式化。所有可能的 EGIs 就是整个存在图系统的形式化。在 EGIs 中加入个体常元和函数符就可以将 EGIs 扩展得到新的 EGIs。在 EGIs 中加入一个与一阶逻辑中的自由变量相对应的句法装置,就会得到 RGIs(relation graphs instances)。关系图 RGs 也是一个形式的、图式的逻辑系统。RGs 的形式化即 RGIs 是用图形的方法表示了的皮尔斯的代数逻辑(peircean algebraic logic,即 PLA)。德奥比泽曼走得更远,德奥实际上是将存在图进行了彻底的形式化和符号化,将存在图作成了一个数学形式系统。按照德奥,存在图是完全可以用符号进行描述的,也就是说,图形的形式是多余的。因而德奥的存在图系统是一个纯粹的符号逻辑系统,正如物理学中的理论力学用数学方程替代了图式的受力分析一样,德奥则是用数学公式替代了逻辑图。所以在这个意义上,虽然德奥对存在图的读法也是以皮尔斯"endoporeutic"读法为基础进行改造,但是最后成形的形式系统读法与普通的符号系统一样是单一的从左到右的、从上至下的线性读法。

以申顺珠为代表的学者认为,人们日常的推理模式并不仅限于符号形式,而是借助于符号、语言、图形、声音等多种媒介的多模态推理,所以他们更愿意把存在图理解为多种指号并存、共同构造的异质系统。申顺珠从皮尔斯指号学的角度分析了存在图的指号特点。根据皮尔斯指号学中的"三分法",一个指号根据其与所表示的事物之间的关系可分为三类:符号(symbol)、索引(indices)和像标(icons)。符号是通过约定(convention)表示事物;索引直接的指向它所表示的事物,像标与它所表示的事物之间为相似关系。皮尔斯认为,一个逻辑系统中可以有多种不同类型的指号存在。所以经过考察,申顺珠指出,存在图中析取信息的表示是符号的,而合取信息和等同线的表示是图形的。因而存在图是一个含有图形元素的异质逻辑系统。符号表示与图形表示其中一个重要的区别就在于前者的读法是单一的固定的,即从左到右,自上而下的读出,而后者则不然。所以如果要想突出图形表示在存在图中的特点,那么对存在图读法的研究就必然是研究的关键,因此申顺珠的研究主要关注点就在于存在图的读法。基于上述分析,申顺珠认为,如果我们能够充分利用存在图中的可视性质,就可以发展出一种全面的多样读法(multiple readings);而且存在图的推理规则也无需受到符号公式的影响,我们应该寻找一种更自然更适合图式系统的推理规则。在她的著作《皮尔斯图的图形逻辑》一书中,给出了存在图 Alpha、Beta 的新读法及新的推理规则。她还比较了拥有新读法和新推理规则的 Alpha 与命题逻辑系统,认为 Alpha 的推理效率更高。一方面,在 Alpha 中可以观察到逻辑的等价,即同一幅 Alpha 图采用不同的读法,就会得到等价的但不相同的命题。而在命题逻辑中需要运用推理规则才能得到等价命题。另一方面,在 Alpha 中只有切和并列两个句法装置,用它们可以方便地表达否定、合取、析取和条件命题,而在命题逻辑中表达这些命题需要不同的句法装置。虽然在一个符号系统中任意两个连接词都是完全的,但是只用两个连接词会使表达式变得复杂,推理效率也会降低。

  而以皮尔塔瑞南为代表的学者则致力于用存在图重构皮尔斯的实用主义证明。实用主义通常被认为是美国的原创哲学,也是皮尔斯最显著的哲学思想之一,何以将演证(demonstration)一词放置于"实用主义"这个哲学术语之后呢?这使人们感到既惊讶又困惑,原因在于,皮尔斯并未区分论证和演证,所以他给出的证明策略如习惯获取(habit-taking)、知觉理论等都仅仅只能算作一种论证,严格来讲并不能称为证明。皮尔斯最终将实用主义证明的希望寄托在了存在图上,然而他未能将存在图的 Gamma 部分构造完整,就已然离我们而去,自不必说用存在图证明实用主义了。皮尔塔瑞南等学者继承皮尔斯未竟的事业,继续研究用存在图证明实用主义,并用存在图重构了实用主义证明。该证明中运用博弈论(Game-Theoretic)语义学来解释存在图,博弈论语义学的大致内容为[①],存在图逻辑与皮尔斯设想的两个

---

  ① Burch,R. W.,"Game theoretical semantics for Peirce's existential graphs", *Synthese*,No. 99,1994,pp. 361—375.

虚拟人之间的游戏相关。这两个虚拟的人一个叫 Graphist,另一个叫 Grapheus。Grapheus 创造了无限的宇宙,因而可以决定每一个可能的原子命题的真值;而 Graphist 是一个普通人,尝试着用一幅幅存在图描述宇宙的特征。只要 Graphist 画好一幅存在图,他们二人就开始一场游戏,目的是要弄清楚这幅存在图是否正确地描述了宇宙,即这幅存在图是否为真。该证明中的存在图在某种意义上与形而上学有一定关联,这也是存在图与其他逻辑系统的重要区别之一。

相比之下,国内学界对存在图的介绍和研究开始得比较晚,但在 2000 年以后,已有不少研究成果。中国社会科学院的刘新文为存在图第一部分 Alpha 做了一个希尔伯特式的系统。他还和中国社会科学院的杜国平共同指出,符号系统相比图式系统而言,最大的优点在于,它可以使结果程序和基于反模型的完全证明获得一种直接性。中国社会科学院的彭展认为,皮尔斯的存在图是皮尔斯证明其实用主义的逻辑工具,用逻辑理论证明形而上学理论的构想也是皮尔斯重要的贡献之一。华东师范大学的张留华认为,存在图是皮尔斯发展的一种更为形象的逻辑记法,肯定了存在图在提高逻辑教育效率中的优越性,并给出存在图在逻辑教育上应用的示例。北京师范大学的徐鹏指出,用存在图证明实用主义优点在于:(1)存在图是对指号的实验性操作;(2)存在图是以图形为主的,包含各种指号的系统;(3)存在图是表达必然关系的数理逻辑系统;(4)存在图可被解释为符号(symbol)生成过程。他认为皮尔塔瑞南的证明并不完整,只是证明了皮尔斯实用主义的第一种表述。他在 2011 年发表在《控制论与人类认识》(*Cybernetics and Human Knowing*)的《皮尔斯的存在图和实用主义证明》一文中,重新分析了皮尔斯的实用主义证明,将存在图系统本身看成是对实用主义的证明。总体来看,国内学界对存在图和图式逻辑的研究还比较薄弱,从论文和专著的数量和质量上看,都与国外的研究有一定差距,而且国内学者大都只从符号逻辑的角度来研究存在图,研究模式略显单一,所以国内对存在图和图式逻辑的研究力度还需进一步加强。

四、研究思路及逻辑结构

这里大致介绍一下本书的研究思路。要想解除对存在图的困惑和疑问,了解存在图的真面目,揭开它的神秘面纱,特别是搞清楚存在图多可读性的秘密。

首先,必须回到他的发明者皮尔斯那里去,那里可以找到皮尔斯发明存在图的思想来源、目的和存在图最初的形态等。

因为尽管皮尔斯之后的学者们不断地改进和完善存在图,从不同的角度理解存在图,但是皮尔斯的原初思想在其身上的烙印却不可能被轻易抹去。或者可以说,皮尔斯对存在图的原初思想中已经蕴含了它以后的一系列发展,所以回到皮尔斯那里,了解他对存在图的原初思想是非常重要的。

其次,在了解了皮尔斯存在图的概貌以及皮尔斯对于存在图的想法和定位之后,直接切入存在图的关键特征——多可读性。

皮尔斯存在图的多可读性可分为两个层面:

第一,存在图系统内的多可读性,我们称其为皮尔斯存在图多可读性的"表象逻辑"。

具体是指存在图系统内的命题和推理的多种不同的读出方法。皮尔斯自己给出的存在图的读法叫作"endoporeutic",该读法的特点是从外到内依次读出图。申顺珠给出的否定标准读法,即"NNF"读法,此外申顺珠还给出了一种她认为更好的读法是多样读法,即"MR"多样读法。不同的读法之间得出的命题和推理略有不同,对不同的读法的理解和比较可以使我们深入地把握皮尔斯存在图的内在机理。

第二,存在图系统整体的多可读性,我们称其为皮尔斯存在图多可读性的"深层逻辑"。

具体是指从不同的视角对皮尔斯存在图系统整体进行解读。比如存在图是逻辑系统还是演算系统,图形表示的特征应该保留还是应该规避等等。

目的是要把所有对存在图系统整体上的典型解读都摆出来,看看存在图有哪几种研究角度,并且这些不同的视角下的存在图都有什么样的样式和特点。需要说明的是,之所以要选取"实用主义证明"这个视角,是因为研究用存在图证明实用主义可以在一定程度上澄清存在图与形而上学的关系。有学者指出,皮尔斯的实用主义证明中的实用主义指的是作为外展逻辑和最终的逻辑解释项的实用主义,不是哲学意义上的。但众所周知,皮尔斯的实用主义是实在论的,他的实用主义总是关涉实在的。而且皮尔斯所谓的逻辑是广义的逻辑,与我们现代数理逻辑概念相差较大。所以把实用主义理解成现代意义上的逻辑命题显然是不恰当的,而且把用存在图证明实用主义看作是一种纯粹的形式证明也是不恰当的。因此不管从哪种角度来理解实用主义,皮尔斯的实用主义证明始终都是关涉实在的,都是具有形而上学意义的。所以要想证明实用主义,证明的逻辑工具存在图就很有可能与形而上学有一定的关联。另外,不论从符号逻辑角度看存在图,还是从多模态推理角度看存在图,都不能真正解释皮尔斯为何用"存在"来命名,皮尔斯用"存在关系"来解释这里的存在,而所谓的"存在关系"中的"存在"又是哪种意义上的?搞清楚存在图与形而上学的关系或许对这个问题的解决有所帮助。

最后,对皮尔斯存在图多可读性做哲学上的考察,探求存在图多可读性特征的本质,我们称其为皮尔斯存在图的"底层逻辑"。

具体来说,主要是指对不同视角下存在图的特点进行比较,描绘出存在图系统整体上的轮廓,并从总体上把握存在图。主要从三种视角下存在图的特点入手进行比较,看看某一种视角下存在图的特点在其他视角下的存在图中是否依然能够体现出来。这一步不仅希望得到存在图的整体面貌,还希望透过存在图表面,深入它的内里分析它的本质特征,进而对其深入理解。

另外,考虑到本书研究的重点是存在图整体上的形态和特点,所以对于存在图内容的细节方面没有做过多细致的描述。而 Alpha、Beta 部分是整个系统最完整最成熟的,所以本书涉及存在图具体内容的章节只介绍 Alpha 和 Beta 部分,Gamma 部分只给出相关参考文献,感兴趣的读者可以自行查阅。

然后介绍本书的逻辑结构。第一章介绍皮尔斯对存在图的原初思想。其中第一节、第二节、第三节和第四节分别从文化背景、思想来源、发明过程和主要内容四个方面来介绍皮尔斯存在图的原初思想,第五节在总结前四节内容的基础上给出皮尔斯对他的存在图的评价,即严密、简洁、具有形而上学意义的"未来逻辑"。第二章介绍皮尔斯存在图多可读性的"表象逻辑",即存在图系统内的多可读性,第一节介绍皮尔斯给出的"Endoporeutic"读法,第二节介绍申顺珠给出的"NNF"读法,第三节介绍申顺珠最终给出的"MR 多样"读法。第四节介绍罗伯茨、泽曼、申顺珠对于 Beta 图复杂情况的读法的不同处理。对于不同读法的介绍,以 Alpha 系统为例。接下来我们用三章的篇幅,即第三章、第四章、第五章来介绍皮尔斯存在图的"深层逻辑"。第三章介绍符号逻辑视角下的存在图的概貌及其特点。第一节介绍符号逻辑视域研究存在图的思路和方法,第二节、第三节、第四节、第五节分别介绍这一视域下存在图的具体内容,即它的句法、语义和演算、一致性和完全性、与命题逻辑的相互翻译,第六节总结前五节内容并分析为什么无法将存在图的图形副本形式化。第四章介绍多模态逻辑视域下的存在图的概貌及其特点。这一章结构大致与上一章相同,第一节介绍多模态视域研究存在图的基本思路和必要前提,第二节对存在图进行符号分析,第三节介绍这一视域下存在图的可视性质在理论中的体现,即它的多样读法,第四节总结前三节内容并分析皮尔斯拥有多模态的视野,却为什么没有得到存在图的多样读法。第五章从实用主义证明视域分析存在图与形而上学的关系。第一节讨论我们应该如何理解实用主义证明,是哲学论证还是严格的形式证明。第二节介绍皮尔塔瑞南基于博弈论语义学的重构的皮尔斯实用主义证明。第三节介绍徐鹏重构的皮尔斯实用主义证明的内容,即存在图即实用主义。第四节从存在图与实验、游戏和指号这三个概念之间的联系中,梳理实用主义证明中与存在图相关的前提,即存在图作为科学实验、作为博弈者的画图游戏中的图和待解释的指号,并尝试得出存在图指向实在这一结论。第五节在总结前四节内容的基础上,讨论存在图与实在的关系,尝试分析存在图的哲学内涵。第六章分析皮尔斯存在图的"底层逻辑"。比较三种视域下的存在图,并结合皮尔斯的原初想法,从整体上把握存在图。第一节、第二节和第三节分别从精确性、演算效率和与实在的相关性三个角度切入对三种视域下存在图进行比较,这三个比较的角度分别与三种视域下存在图的特点相对应。第四节回到皮尔斯的原初思想,检验三种视域下的存在图有无违背皮尔斯的本意,从而避免产生误读。第五节总结前四节的内容并尝试勾勒存在图的"真面目",得出它的本质特点,即存在图的"三相"结构。最后对全文做总结。

五、重点难点、创新与不足之处

本书研究的对象是皮尔斯存在图逻辑系统的一个最重要的特征——存在图的多可读性。研究的重点是:

(1)皮尔斯存在图系统内多可读性。

存在图系统内多可读性有两层含义,一是指存在图不像符号逻辑只有一种读法,存在图由于其图形表示,不存在唯一的读法,皮尔斯给出的是"endoporeutic"读法,但这不是唯一的读法,皮尔斯之后的学者也给出了其他的读法。而且对于"endoporeutic"读法,不同的学者对于复杂图形的具体的细节上的处理也不尽相同。二是指对于同一个存在图,可以得出不同的但等价的命题。从而促使学者们思考一个图对应多个读法的多样读法。对不同读法之间的比较分析,可以厘清不同读法之间的不同之处,从而探寻其更好的读法。

(2)皮尔斯存在图系统整体上的多可读性及不同的系统解读之间的比较。

皮尔斯的广义逻辑学思想，使得对存在图的不同解读成为可能。事实上不同学者对存在图系统的理解大相径庭，皮尔斯自己也做了逻辑系统和演算系统的区分，因此梳理不同视域下理解存在图的理论形态和特点，并对这些特点进行比较，是本书研究的最重要的内容之一。只有把握了对存在图不同解读，才能从整体上把握存在图，真正理解存在图。

本书研究的难点在于：

(1)皮尔斯的著作比较零散。

虽然他试图把他的学说做成一个体系，但实际并没有成功，不仅在皮尔斯不同的著作中指涉同一意思的术语有所变化，而且对于同一个问题的看法常常有不同甚至矛盾的说法，所以要想很好地把握皮尔斯的存在图思想是非常困难的。

(2)学科间的交叉。

本书牵涉逻辑学、指号学和哲学三门不同的学科，而不同学科间的交叉是皮尔斯理论的一个显著的特点，所以这是研究有关皮尔斯的题目不可绕过的一个关口。

(3)解读存在图不同视域的选取。

要想从整体上把握存在图的各个方面，就必须在选取解读存在图的视域上下功夫，既不能重复，也不能有遗漏。笔者在选取实用主义证明这个视域的时候就犹豫再三，不知道是否有必要，如果实用主义证明是真正意义上的形式证明的话，就不会对存在图的内涵产生影响，而如果把用存在图证明实用主义仅仅看成是一种形而上学意义上的论证的话，又与存在图的逻辑身份不符。经过分析，笔者觉得既不能把实用主义证明看成是纯粹的哲学论证也不能将其看成是一般的形式证明，存在图作为逻辑工具与一般的逻辑系统有显著的不同，所以最终选取了这个研究视域。该论题的研究对笔者来说是一项挑战。

本书创新点在于：

(1)抓住图式逻辑与符号逻辑不同点——多可读性作为切入点。

图式逻辑比起符号逻辑，最重要的一个特点就是其直观性，直观性可以提高推理的效率，允许可视化的处理推理问题。但是因为图形特有的"内容具体性"现象，使得人们在运用直觉进行推理时容易出错，反而受人诟病。而皮尔斯存在图中的多可读性不仅与图形表示中的"搭便车"现象相关联，提高存在图推理的效率，而且读法问题的解决，可以消解由于可视化的直觉推理中容易出现的错误。因为一方面多可读性最简单地理解为一个图可以读出两个等价的命题，可以"看"出推理；另一方面读法的完善就是一个不断消解图形推理出错问题的过程，完善的读法可使图式逻辑更加严密。

(2)试图构建一个整体的存在图图景，即选取一种总体性的研究视域。

存在图既可以指一个图、一个推理，也可以指一个系统。如果仅着眼于命题、推理等系统内部的问题进行研究，就会陷入一种"只缘身在此山中"的困惑，因为皮尔斯对逻辑的理解不同于符号逻辑，符号逻辑崇尚的是精确性严密性，以及符号表示的单一义；而图式逻辑却不同，所以不能忽略存在图整体上的多可读性，也就是说必须从整体的视域来理解存在图，探究存在图的整体图景。

(3)选择了更宽广的视域来理解和认识存在图，即从实用主义证明的视域来挖掘存在图的哲学内涵。

笔者没有把研究的视域限制在逻辑学之内，因为皮尔斯本人既是哲学家、科学家又是逻辑学家，他研究的主题涉及面极广，不同的主题之间都有重要的影响，比如皮尔斯关于第一性、第二性、第三性的范畴影响了他对于不同学科的理解和学科分类的思想，而他的学科分类思想又反过来影响他对于逻辑的理解，所以尽可能拓宽视域解读存在图，才能真正理解存在图。

本书的不足之处在于：

(1)皮尔斯存在图整体面目依然不够清晰。

皮尔斯是一位具有多重身份的原创者,他既是科学家、哲学家、数学家也是逻辑学家。他在不同的学科领域都提出了独到而精深的见解,这些贡献正逐步被人们挖掘出来。因此,他的这些原创性思想必然相互影响,从而形成了皮尔斯独特的广义逻辑学思想。且对于存在图的理解至少可以从现代逻辑视域和皮尔斯广义逻辑学思想出发,如果深入存在图系统内部,还会发现对存在图理解的诸多可能。从这个意义上,本书依然未能清晰准确地把握存在图,尤其是其看似矛盾又真实存在的不同性质。

(2) 未能吃透皮尔斯关于运用存在图进行实用主义证明问题。

皮尔斯的原初想法是想将实用主义做成建立在严格的逻辑证明基础之上的科学,但他最终并未实现这一想法。他在对比了同样是他自己发明的逻辑代数和关系逻辑之后,认为存在图是实现实用主义证明最好的工具。因而我们推论存在图之"存在"具有形而上学的意义。但对于涉及博弈论语义学的实用主义证明的尝试和重构,与通常意义上的证明非常地不同,要想吃透这一论题还需要进一步研究。

(3) 存在图关涉实在这一结果是笔者大胆尝试后得出的。

皮尔斯曾明确指出存在图之所以命名为"存在",是因为存在图是用来描述"存在关系",此处的存在是指在现实世界中真实存在的意思。且皮尔斯认为存在图是实用主义证明最好的工具,而实用主义是一个形而上学的命题,所以有理由认为存在图必须具有形而上学性质,否则无法完成实用主义证明。皮尔斯也曾说"任何真命题所断定的事情都是实在的"。基于上述证据,笔者认为存在图关涉实在,但从更加严格的意义上看,这一结论略有牵强之处。

第一章 皮尔斯论存在图

存在图的发明者是皮尔斯。皮尔斯是美国实用主义的创始人,这是他最为人们所熟知的身份,除此之外,皮尔斯在指号学方面的研究也为人们津津乐道。而20世纪中期以来的研究越来越让人们感到皮尔斯实际是一个涉猎极其广泛的研究者,他是数学家,也是科学家,尤其在科学领域,他细致地研究过天文学、化学、光谱学。他在每一个领域都不仅仅是浅尝辄止,而是都有相当的造诣,他第一个把光的波长作为测量单位,是美国第一位实验心理学家。他被认为是迄今为止全美最具有原创性和多才多艺的一位"伟人",是"美国的亚里士多德"。

在众多的研究领域中,皮尔斯最大的热情在逻辑学,他自称为中世纪以来完全献身于逻辑学的第一人。哈默总结了他在数理逻辑领域的六大贡献,包括命题逻辑公理化、发展关系逻辑和创制量词记法等,他当之无愧是现代逻辑开创者之一。然而,皮尔斯1885年以后却"被引导到更喜欢我称之为图形的句法",他认为他的图式系统存在图要优于符号表示的数理逻辑系统。在对数理逻辑非常熟悉的情况下做出这样异于大多数的逻辑学研究者的论断,这不能不引起更多的关注。本章将从存在图的文化背景、思想来源、发明过程、主要内容和对存在图的评价四个方面来勾勒和梳理皮尔斯本人的存在图思想。

第一节　皮尔斯发明存在图的文化背景

皮尔斯称他的存在图理论为"呈现在我们面前的思维动画",他认为,他的存在图理论是对命题的可视化表示,其将"思维动画"、"一个思维的肖像画"、"一个思维中的思维行动的动画"①呈现在人们面前。皮尔斯为什么会对"动画"情有独钟呢?

皮尔塔瑞南在皮尔斯的作品和手稿中苦苦搜寻答案,他认为存在图"思维动画"这样一种形象的称呼正值第一次将动画搬上银幕不久之后,这绝非偶然。或许皮尔斯受到了当时逐渐兴起的电影热潮的启发和鼓舞。

首先,电影的发明席卷欧美,皮尔斯作为一个思想新潮且喜欢新鲜事物的人,不可能不关注到。

电影的发明可以追溯到 1891 年在托马斯·阿尔瓦·爱迪生(Thomas Alva-Edison)的监督下建造的活动电影放映机。早在 1893 年该放映机就与公众见面了。而且《科学美国人》(*Scientific American*)中的很多文章和其他地方也都曾提到过该发现。1895 年和 1896 年可能是电影工业史上最重要的和最令人振奋的时候。尽管电影在这之前已经被发明出来,但是直到 1895 年 11 月,世界范围内在电影院以大量公众为目标的电影事业才真正开启。公众对电影的兴趣快速增长,仅仅 6 个月的商业演出已经席卷了很多国家,大量的电影院上映着电影短片。整个世界都还不清楚这些移动的图像到底有什么用,但是它在科学、娱乐、商业和新闻传播领域瞬间已经成为了炙手可热的东西。

---

① 此处的皮尔斯原话均转引自 Pietarinen, A. V. , "Peirce's magic lantern of logic:moving pictures of thought", *Transactions of the Charles S. Peirce Society:A Quarterly Journal in American Philosophy*,2013.

其次，皮尔斯对电影事业的相关情况应当也是熟知的。

对于这些有重大意义的事件，嗅觉敏锐的皮尔斯绝不会忽视，更不会无动于衷。可以肯定的是，他对幻灯是熟知的，而幻灯是放映机技术的先驱之一。能够确定的是"动画"（之间带有连字符）一词在他的文本中第一次出现是从1905年开始的，但是在1893年他已经提及"一个图形或像标对我们活动的影响"。尽管那时他已经在米尔福德居住了几年了，但是他仍然处在科学圈的核心。从1897年到1898年这一时间段开始，电影在费城上映，费城离米尔福德75英里，米尔福德是他那时居住地附近的镇。在1896年从爱迪生处借来第一批电影的其中之一就是在费城的富兰克林研究所展映，展映者是弗朗西斯·詹金斯（Francis Jenkins），他用了被称为"phantoscope"的新发明的放映机技术。（迫于大量的诉讼，爱迪生不得不向詹金斯购买那个设备来完成他自己的放映。）从1897年起，先前放映成功的卢宾电影公司在费城开始了规律性的放映。尽管那时皮尔斯正在纽约长期旅居，这次旅居从1985年开始持续到1897年才结束①，但是卢宾壮举发生的那段时间前后他返回了费城。事实上，在1896年4月爱迪生名下的用维太放映机放映的电影也已在纽约首次公映。那时皮尔斯在另一个关于廉价房屋照明设备的发明上正与爱迪生竞争。同时他还为《一元论者》（*The Monist*）和《国家》（*The Nation*）撰稿。

然而进一步梳理皮尔斯的更多文献之后，皮尔塔瑞南指出皮尔斯的思维动画与电影事业之间的关系仍然让人觉得扑朔迷离。

在1896年，皮尔斯宣布了他图式的逻辑存在图。然而，需要注意的是他在逻辑代数方面的研究才是存在图的真正先驱。因此，不应该把皮尔斯发展图形表示的优点归因于这些稀奇的早期维太放映设备。罗伯茨曾写到皮尔斯自己说存在图的基本的思想早在他14岁时就已经产生了，这个时期大概是1882年左右，这一提法很可能是参考自他写给他在约翰·霍普金斯的

---

① 〔美〕约瑟夫·布伦特：《皮尔士传》，邵强进译，上海：上海人民出版社2008年版。

学生兼同事奥斯卡·H. 米歇尔（Oscar H. Mitchell）的信件。在那封信中他写到他的"关系逻辑的符号能够通过把公式扩展为二维的而变得稍简单一些"。事实上，早在 1880 年他就对阿尔弗雷德·B. 肯普（Alfred Bray Kempe）使用图形的方法做过改进，他知晓肯普的工作要先于它通过约翰·霍普金斯大学的科学协会的出版。罗伯茨认为①，皮尔斯之所以如此早地关注肯普的工作，最主要的原因是肯普宣告了四色定理的证明，此举激励了皮尔斯。威廉·K. 克利福德（William K. Clifford）和詹姆斯·J. 西尔维斯特（James J. Sylvester）在 1887 年提出化学式中表示化学键和化合价的图形和表示代数不变量的图形之间有相似之处。这促使皮尔斯发明了"化合价图"②，"化合价图"是指逻辑图的特别情形，在这些图中，关系的元数对应于化学公式的化合价。它的详情要回溯到皮尔斯 1870 年的关系理论，在这个理论中很多图式系统的元素已经出现了。

由于皮尔斯第一次写下术语"思维动画"很可能是在这些放映机事件发生后的几年里，所以它大约是一种在商业动画的基础上，为了广告宣传想象出来的东西，并没有能够在事实上给皮尔斯自己的存在图系统提供任何真正新颖的洞见。直到 1906 年存在图才在《一元论者》上发表。

而且皮尔塔瑞南认为要对皮尔斯这些思想中某些部分做精确解读仍然是困难重重。如在 1911 年 6 月 22 日皮尔斯评论道，"在巨大的痛苦中，我学习用图形思考，这是一种[相比于代数符号来说]更加优越的方法。我确信存在一种远比这个更好的方法，有神奇的能力；但是器官上巨大的消耗禁止我学习它。它由立体动画式的思维组成"。立体摄像机是从 1838 年开始才被人知晓，是一种能给同一个地方拍两张照片的双摄像机，因此目标的高度变得可识别了。然而，设想中的这种更好的图式方法是什么样子却没被揭

---

① Roberts, D. D., *The existential graphs of Charles S. Peirce*, The Hague: Mouton, 1973.

② Ms 484. 这里的"Ms"是指哈佛大学收藏的皮尔斯未出版的手稿，其后的数字是指 Richard Robin 给出的注释目录中的编号。转引自 Roberts, D. D., *The existential graphs of Charles S. Peirce*, The Hague: Mouton, 1973.

示出来。世纪辞典中关于图形的条目中有一个次级条目——立体图,它被描述为"一对图形,它们是一个立体的形象的透视图,这么做是为了用立体镜将二者光学地结合起来"。在这个辞典中上述被提及的条目的草稿中同时出现了"图形"(diagram)和"图式的"(diagrammatic),从而很有可能所有这些条目都是皮尔斯写的。

泽曼①写道"对立体的 Gamma 的希望仅有微弱的光芒"。Gamma 是没有完成的模态和高阶概念的系统(集合物),包括有关图自身的推理(抽象物)。然而,或许它更加可能的情况是,立体图是延后给 Delta 部分的东西,Delta 部分是打算用来"处理模态的"。这个陈述是在 1911 年的 11 月作出的。皮尔斯对可能的立体的或者 Delta 部分的图式探索的后续没有更进一步思考的记录。

皮尔塔瑞南还发现皮尔斯参考了弗里德里西·阿尔伯特·兰格(Friedrich Albert Lange,1828—1875)在他的《逻辑研究》(1887)中所作的备注,他把在思想活动中存在图式的内容的基本思想归于西班牙文艺复兴时期人本主义者卢多维科·比韦斯(Ludovico Vives,1492—1540),他在这个问题上绕过了瑞士人莱昂纳德·欧拉(Leonhard Eular,1707—1783)。因此,皮尔斯也认为由于约翰·文恩(John Venn)对瑞士数学家的吹捧,这条路径总是被错过,从而图的逻辑身份的起源习惯地但却错误地被记入历史。

---

① Zeman,J.J.,"The graphical logic of C. S. Peirce",PhD Dissertation of University of Chicago,1964.

第二节 存在图的思想来源

皮尔斯存在图较为明确的思想来源主要有三个:(1)数学的影响;(2)化学图的影响;(3)肯普的数学形式理论的影响。皮尔斯不仅吸收这些领域的研究成果为他的逻辑图所用,而且对这些领域分别都进行了深入的研究,并在此基础上追寻更好的构造他的逻辑图的工具,最终他实现了他的目标——存在图出现了。

皮尔斯存在图的第一个思想来源是数学。皮尔斯在童年的时候就接触到了数学,并且一直以来都受到了良好的数学训练,因为他的父亲本杰明·皮尔斯(Benjamin Peirce)是当时全美最具有影响的数学家。然而,他却与父亲志趣不同,用他自己的话说,自从他12岁或13岁第一次接触逻辑以后,就再也没有失去对它的兴趣。但毫无疑问他对逻辑的很多想法都受到了数学的影响。

一方面,他通过区别逻辑学家与数学家来认识逻辑。当他的父亲在大约1870年将数学定义为"描述必然结论的科学时"①,他却认为逻辑是一种分析。他说,"实际上,逻辑学家和数学家的想法是相反的……数学家的兴趣在于推理是解决问题的方法……他竭力寻求的是解决问题最短的步骤;另一方面,逻辑学家的兴趣在于把(推理)方法分解成小的步骤并且找到它的本质。他不在乎如何将(这些步骤)拼接起来构成一个有效的方法,并且也不是为了给出特定问题的解决方案。简言之,逻辑是所有种类的推理的理论,而数学是特定种类的推理的实践。"②这也导致后来他对于逻辑学中

---

① CP4.229.

② Ms 78. 本文关于皮尔斯手稿的引用均来自对二手文献的转引,在没有注释说明的情况下,转引来源同上。

"逻辑系统"和"演算系统"的区分。

另一方面,皮尔斯关于逻辑中图的最早的想法来源于数学。早在1869年,皮尔斯通过对数学推理的分析已经认识到,数学的进展如同科学一样与观察密切相关。他十分欣赏伟大的数学家高斯所说的一句话,"代数是一门眼睛的科学"[1]。在他看来,在代数中对字母的使用就提供了一种能够被实验和观察的图形(diagram)。

受到数学的启发,紧接着皮尔斯认为,在逻辑中使用图形记法不仅具有理论的价值,而且具有实践的价值,它能给出更简便的表达式。普通的三段论形式,即

所有的 M 是 P

S 是 M

∴ S 是 P

是 S、M 和 P 关系的一种图形。但虽然中项已经在两个前提中被表示出来,但这对于推理来说没有什么价值。后来皮尔斯将这个工具运用到了关系逻辑中才真正体现出它的优点。这里皮尔斯把代数公式看成一种图形。不过,这些公式不像其他的图,它们不是"像标"(icon),即它们与它们表示的客体或者关系之间没有相似性。皮尔斯认为这是一个缺点,但是直到1882年他才尝试为关系逻辑构造一个更加像标化的表示系统。

皮尔斯存在图的第二个思想来源是化学图。从1879到1884的5年间,皮尔斯在约翰·霍普金斯大学教授逻辑学。他与席尔维斯特(James J. Sylvester)来往密切,席尔维斯特和克利福德(William K. Clifford)一起首先用化学图来表示代数常量[2]。皮尔斯和席尔维斯特的交往影响了他,使他将图应用到逻辑学中。1896年,皮尔斯论述了他的本质图(entitative graphs)和化学图之间的联系。他将术语"图"(graph)定义为克利福德为他

---

[1] CP1.34

[2] Murphey, M. G., *The development of Peirce's philosophy*, Boston: Harvard University Press, 1961.

的图(Diagram)所起的名字,由点(spots)和线(Lines)组成的,类似于表示化合物结构的化学图①。皮尔斯在1889年到1896年间,一直在为构造一个逻辑的图式系统而努力。一篇发表于1892年题目为"The Critic of Arguments"的文章显示,他已经意识到一个比代数更为强大的图的方法是可能的,它是代数和克利福德图的一个扩展,只是他当时还不具备把它描述出来的条件。

下面的例子可以说明皮尔斯图与化学图的关系。

皮尔斯用短线(dash)替换指示代词和名词来制造命题的空白形式,称为"rhemata"。如果仅有一个名词被擦去,那么就制造出一个无关系的"rhema",如"_是平凡的"。如果两个或两个以上的名词被擦去,结果是一个有关系的"rhema",如"_被买通过_从_为了_"②。

一个rhema类似于化学原子或者不饱和化学基。一个无关系的rhema类似一个单价的基;它有一个不饱和连接端。一个有关系的rhema类似一个多价的基。一个rhema的空白处只能够填充术语或者同样的东西。那么,在化学中,不饱和连接端仅能够通过连接它们中的两个而饱和,但它们往往属于不同的基。如果把两个单价基连接起来,那么就构成了一个不饱和的化合物。所以,两个无关系的rhemas连接起来给出一个复合命题。因此,连接"_是平凡的"和"_是人",我们有"X是平凡且X是一个人",或者"某人是平凡的"。同样,一个不饱和的化合物可能连接一个单价基的两个端点,并且通过同样的方式,一个二元的rhema的两个空白可以被连接起来构成一个完整的命题。因此,"_爱_","X loves X",或者某物爱它自己。

皮尔斯存在图的第三个思想来源是肯普的数学形式理论的影响。肯普于1886年在《伦敦皇家社会哲学事务》(*Philosophical Transactions of the Royal Society of London*)上,发表了他的《关于数学形式理论的回忆录》。这篇论文对皮尔斯产生了深远且持续的影响。皮尔斯对这篇文章进行了细

---

① CP3.468—470.
② CP3.420.

致深入的研究,他在次年的1月17日给肯普写了一封信建议重新考虑和修订该回忆录中的一些段落。皮尔斯连续三个星期天天从早到晚都在研究这篇论文,并且他为了方便自己查阅,把回忆录的一个术语索引与一个名为"肯普的英语翻译"的定义列表合并了。

肯普指出,他的回忆录的目的是"把精确思想或数学思想的必要的东西与偶然的'衣服'——几何的、代数的、逻辑的等等分离开来。我们思考的时候常常得穿这些偶然的衣服,而且这些衣服可以指示出在哪里形成了这些必要的东西表示出来的无穷变化"。为了表示这个数学形式,肯普引入了一个点和线构成的图形记法,这种记法也模拟了表示化合物结构的化学图。点在肯普的系统中代表"单元",即心灵所依据的实体,它在推理的过程中处理思想材料。"这些单元在各种各样的外衣下被思考——如物理客体、间隔的或一段的时间、思维过程、点、线、表述、关系、布局、代数表达、操作员、操作等等"①。根据能否将这些线连接到确定的点可以把表示思考单元的点区分为两个集合:一个集合是它的单元(或者多个单元)彼此不相同;另一个集合是它的单元(或多个单元)彼此相同。肯普认为,这些线不可以用来表示自然中的任何关系,仅用来区分确定的事物的双方。

在肯普的上述思想的影响下,皮尔斯在他1893年写的《大逻辑》(*Peirce's Grand Logic*)未发表的部分中给出了一种关系逻辑图②。下面是这种逻辑图的一个例子。

这样一个命题,如"每一个母亲爱她的某些孩子",将它放入一个图中是有些困难的,因为这里的连接仅仅代替的是基本属性。我们想象一个客体,可以将它称为"成为一个母亲的特征"。它是这样一个物体,区别于其他的物体,母性身份中的每一个现象与这样的现象的元素相连接;而且这些现象与以同样的方式关涉的几个这样的现象有时空连续性。这就是我们称其为母亲的元素。"成为一个母亲的特征"被设想为是一种贴在母亲身上的标

---

① 同一段落中引号中的引文在没有另外注明的情况下,同上一处引文的出处。
② Ms 410.

记。但是它不能直接贴在母亲身上，它只能通过把一系列客体中的某一个作为媒介才能得以实现。我们给他们起一个一般的名称，称其为"事实的第一部分"。每一个这样的客体都被连接到另一个客体，它们的一般名称为"事实的第二部分"。因此，我们还需要一个特殊的东西，称为"成为一个孩子的特征"。让我们想象我们有两个其他事物被称为"爱的特征"且"被爱的特征"。最终，我们想象被称为"人"的客体的数量。现在看下面的图1.1。

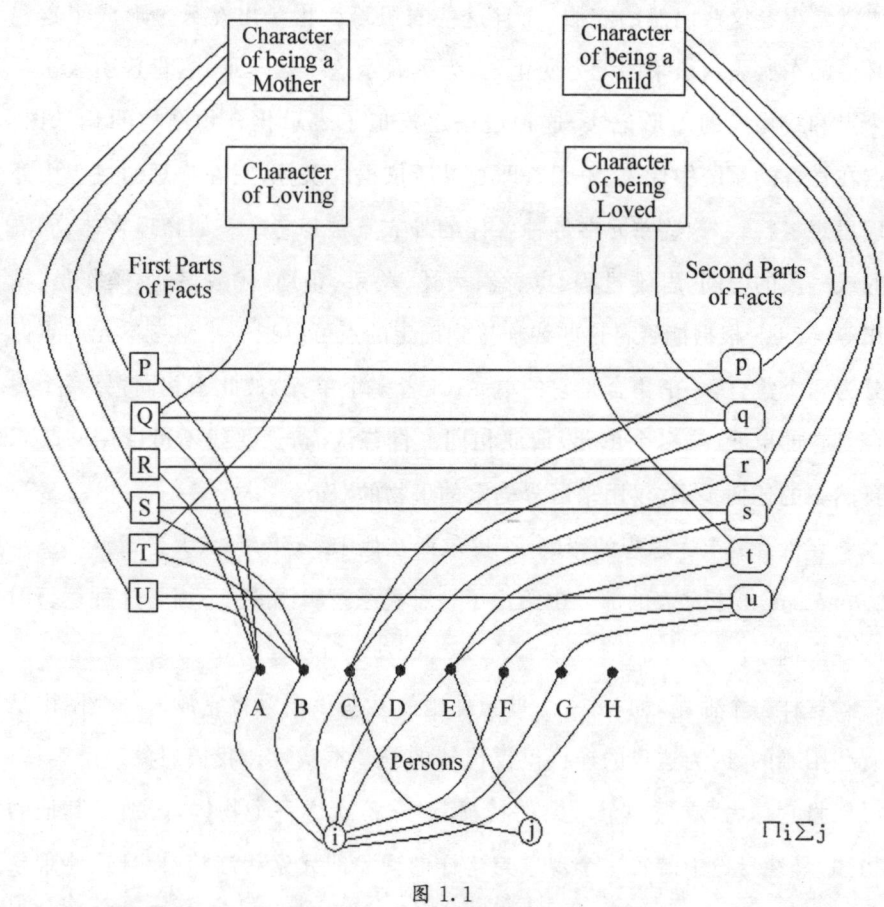

图1.1

可以看到，某人A与半事实（half-fact）P连接起来，P与半事实p相连接。半事实P是连接到成为一个母亲的特征，半事实p连接到成为一个孩子的特征同时也连接到某人C。这是表示A的母亲是C的一种方法。所以，通过半事实R和r，A被表示成D的母亲；通过半事实S和s，B被表示成

E 的母亲;并且通过半事实 U 和 u,B 被表示成 F 和 G 的母亲。更进一步,A 通过半事实 Q 连接到爱的特征;并且与 Q 成对的是 q,它与被爱的特征相连接并且与某人 C 相连接。从而,A 被表示为爱 C;并且用类似的方式通过半事实 T 和 t,B 被表示为爱 E。从而这个图表示了事物的一个状态,在这个状态中,每一个母亲爱她的某一个孩子。除了仅仅是一个图形,该图没有其他的优点。但是每个人都与 i 相连接;并且被她们的母亲所爱的 C 和 E 与 j 相连接。与被写成 $\Pi_i \Sigma_j$ 的图相反,该图断言,无论哪个人被拿出来,与像 C 和 E 一样放置的人相关的人都能够被找到。尽管有这个标注,该图并没有非常明确的断言目标命题;但它能够帮助我们非常清楚地显示出,除了一个特殊的各种各样的连结外什么特征都没有,这个特征即是分类的命题的特殊功能要表达的。

正如皮尔斯所承认的,这个表达命题"每一个母亲爱她的某个孩子"的方法非常的复杂。现在皮尔斯的最终目标是,构建一个表达这样的命题的简单的图形方法。他总结道,这个图的表示方法非常明显已经被肯普的《关于数学形式理论的回忆录》中的思想提出来了。皮尔斯在这里已经有了用点表示个体的思想,并且他也提到他自己对线的使用,即这些线作为这些点之间的连结或关系。但是,肯普在他的回忆录中并没有用这样的方式解释线,而是用适当的点表示关系,因为在心灵中思考这些关系的是单元,且单元是用点来表示的。

皮尔斯一直以来都高度赞扬肯普的文章。大约 1905 年,他仍然将它称为关系学中从未做过的最稳固的工作,它把我们带到了逻辑惯例之外,并向我们表示了数学家如何构造逻辑对象。

但是皮尔斯对那本著作的赞赏并没有阻止他对它的一些方面进行批评,也没有阻止他在构建自己的图式系统时对它进行改造。因此,在一个标注为 1889 年 1 月 15 日题目为《关于肯普的数学形式论文的注释》的手稿中,皮尔斯描述了用图中的线而不是通过点来表示个体的思想。皮尔斯早在 1882 年就有了这个想法,并且后来它成为存在图的一个基本的约定(convention)。

第三节　存在图的发明

从1870年开始,皮尔斯着手发展图形思维和关系逻辑。然而这两个想法直到12年以后才真正地合并或者融合在一起,即构造出所谓的关系图。从1882年皮尔斯第一次将图应用于一般关系逻辑到1896年构造出存在图历经了14年之久。而如果考虑皮尔斯1882年以前为构造逻辑图所付出的努力的话,这个时间可能还会大大增加。在这段漫长的时间里皮尔斯对逻辑图的思想从萌发逐渐走向成熟,皮尔斯存在图的发明过程实际是一座丰富的思想宝藏。从这个过程中的某些关键的点上看他逻辑图形态的变化,可以使我们稍稍追寻到皮尔斯发明存在图的轨迹。存在图的发明大致经历了三个关键点:第一个是关系图的初步尝试;第二个是本质图;第三个是存在图。

首先介绍关系图。皮尔斯于1882年12月21日写给他的学生米切尔的一封信中,作了将图应用于一般关系逻辑的首次尝试。他指出,通过将公式在二维空间中展开,关系逻辑的符号能够变得稍微简单一些。他给出了一个例子:

我们画 $\binom{b}{l}$ 来表达命题"某人是某人的恩人且情人",即,

$\Sigma_x \Sigma_y b_{xy} l_{xy} > 0$。

这里我们先介绍一下皮尔斯的代数的逻辑符号。Σ是皮尔斯存在量词符号,在现代系统中用∃表示。皮尔斯用Π来表示全称量词。在现代系统中,用倒写的A,即∀表示。在皮尔斯的公式中,符号b_{xy}是一个数字系数,在x是y的一个恩人的情况下它的值是1,反之它的值是0。皮尔斯把Σ和Π加在这个系数之前来构成数字,然后他通过在这个数字后面加上>0来构成这个陈述。在现代系统中量词∃和∀放在命题函数(或开放句子)前,结果不

是一个数字,而是一个陈述或命题。命题"某人是某人的恩人且情人"用现代逻辑符号表示为,∃x ∃y(B(xy)∧L(xy))。这个公式可以被读作"存在一个个体 x,并且存在一个个体 y,那么 x 是 y 的恩人并且 x 是 y 的情人"。

现在考虑图。在这种的情况下,线代表个体或人。当把线简单地画在页面上时,这条线被读作"某物"或"某人"。下述的图说明了皮尔斯的"系统"的一些特征。

图 1.2　　　图 1.3　　　图 1.4　　　图 1.5

四个图都载于给米切尔的信中,并且都给出了代数解释。图 1.2 和图 1.3 进一步说明线作为"某事物"的指号,并且图 1.4 和图 1.5 说明了皮尔斯的表示"所有的事物"的符号。下面是皮尔斯给出的四个图的解释。图 1.2 的意思是"某人是恩人且某人被爱,即某人是他自己的一个情人的恩人"。(皮尔斯的代数翻译是$\sum_x\sum_y b_{xy}l_{xy}>0$;用现代逻辑符号表示为∃x ∃y(B(xy)∧L(xy))。)图 1.3 的意思是"某人是他自己的情人"(即,$\sum_x l_{xx}>0$ 或者∃xL(xx))。图 1.4 表示"所有人都是他自己的情人"(即,$\Pi_x l_{xx}>0$ 或者∀xL(xx))。在这个系统中,画一段穿过一条线的短线(bar)来表示"所有的物体"。并且图 1.3 和图 1.4 仅有的不同就是画在穿过图 1.4 线上的那段短线(bar)。图 1.5 的意思是"所有的人要么是所有人的爱人,要么是所有人的恩人"。(即 $\Pi_x\Pi_y(b_{xy}+l_{xy})>0$ 或者∀x ∀y(B(xy)∨L(xy)))——这里的"+"皮尔斯用来表示析取。

这种记法的两个特征是使用线来表示个体和线的使用。这两个特征在皮尔斯的最后一个逻辑图存在图中是基础的,在存在图中线是"某事物"的一个指号。然而直到 1896 年存在图才被发明出来。在一个手稿中,皮尔斯写道:"我于 1896 年后期发明的被称为存在图的命题表示系统,作为另一个发表在 1897 年 1 月的《一元论者》上的系统的改进。但是令人惊奇的是,14 年以前我已经通过一个更简单的方式进入了存在图系统,到达它的门槛。我当时的研究把我推到了这个思想的丰富的宝藏的入口。我一定看到了这个表达的系统是可能的,但是我没有能欣赏到他的优点。"①。

其次介绍本质图。本质图是皮尔斯为了充分论述关系逻辑而引入的一个逻辑图系统。这个系统第一次出现在刚刚在前面的段落中提及的皮尔斯发表在《一元论者》题目为《关系逻辑》("The Logic of Relatives")的文章中。②

该图与这些被化学家用来表示物质结构的图相似。一个化学原子非常像一个有着确定数量的等同线网的自由端或者不饱和的端点(bonds)的关系术语,等同线网自由端或者不饱和的端点(bonds)对应于关系的空白处。事实上,命题"约翰把约翰给约翰"的本质图(图1.6)与氨的化学图非常接近(图1.7):

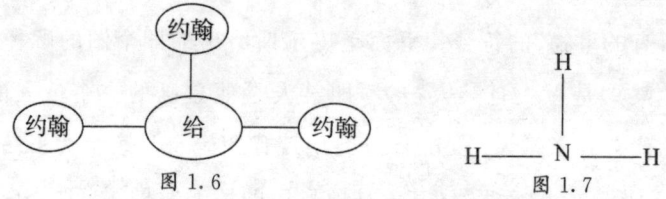

在本质图系统中,写出一个命题是为了断定它。从而,图1.8表示命题"蓝色的石蕊试纸被放在酸性的环境中"。

蓝色的石蕊试纸被放在酸性的环境中
图1.8

在相同的地方写两个命题是断言一个选择,它的组成部分(即选言肢)是那两个命题。从而图1.9表示选择命题"要么蓝色的石蕊试纸被放在酸性的环境,要么蓝色的石蕊试纸将变为红色"。

蓝色的石蕊试纸被放在酸性的环境中蓝色的石蕊试纸将变为红色
图1.9

将一个命题用圈围绕起来表示否定它。从而,图1.10表示命题"蓝色的石蕊试纸被放在酸性的环境中是假的"。

---

① Ms 498.
② CP3.465—552.

第一章 皮尔斯论存在图

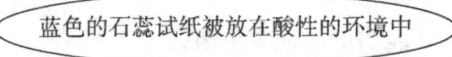

图 1.10

为了断定一个条件命题,形如"如果蓝色的石蕊试纸被放在酸性的环境中,那么蓝色的石蕊试纸将变为红色",前件用圈围绕,并且后件也就是结果只需放置在页面上,即图 1.11。

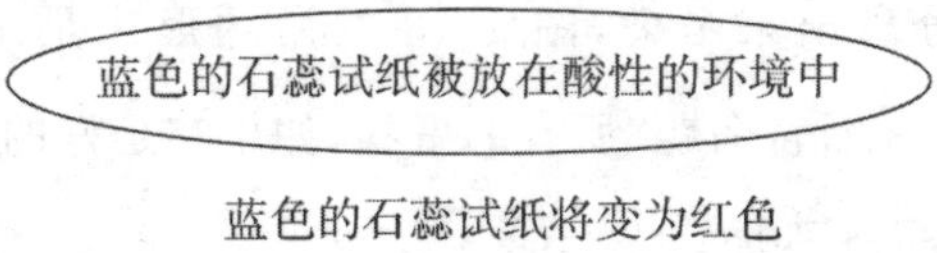

蓝色的石蕊试纸被放在酸性的环境中

蓝色的石蕊试纸将变为红色

图 1.11

最后,为了表示合取命题"蓝色的石蕊试纸被放在酸性的环境中并且蓝色的石蕊试纸将变为红色",即图 1.12。

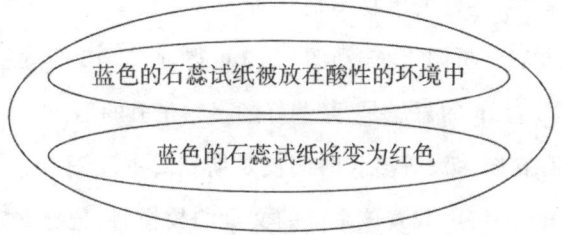

图 1.12

到此为止,仅表示无关系命题的符号是足够了。然而,这个系统还可以在 1882 年给米切尔的信中的符号上做一些改进(信中的系统仅能表示关系命题)。有了这个基础,皮尔斯给出一种关系命题的表达方法。但是这之前,首先需要给出系统的个体指号。一个能够用来表示一个单独客体指号即 dash "—",这个指号是皮尔斯为本质图创制的。关于这条线,皮尔斯给出了如下的解释,以它在图中的位置为基础,这个位置指示出了什么时候这条线被读作"所有的事物"并且什么时候被读作"某事物"。规则是它的最外面部分或者端点(最少被围绕的部分),如果没有被圈围绕或者被偶数个圈围绕,那么读作"所有的"或者"每一个";一条线它的最外面部分,如果被奇数个圈围绕,那么读作"某些"。

有了这些约定,让我们考虑如下的图:

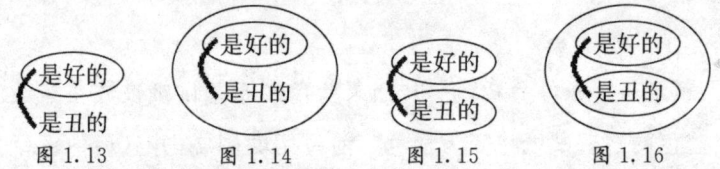

图 1.13　　　图 1.14　　　图 1.15　　　图 1.16

在图 1.13 中,线最外面的部分没有被圈围绕;因此它读作"所有的"或者"每一个"。把线分离出来考虑,图 1.13 的命题形式是条件的(可参见图 1.11)。因此图 1.13 断言命题"所有的事物,如果它是好的,那么它是丑",或者"所有好的事物都是丑的"。

在图 1.14 中,线最外面的部分是一次(或者奇数次)被圈围绕;根据我们的约定,它被读作"某些"或者"某事物"。把线分离出来考虑,该图的形式是一个合取命题(见图 1.12)。因此,图 1.14 的意思是"某些事物是好的并且不是丑的",或者"某些好的事物不是丑的"。

用同样的方法分析图 1.15 和图 1.16 可得,图 1.15 的意思是"没有好的事物是丑的",图 1.16 的意思是"某些好的事物是丑的"。

最后介绍存在图。没等多长时间皮尔斯就对本质图产生了不满。事实上,当他读《一元论者》上载着该系统的文章的校样时,他已经获得第二个系统。他马上对这个新的系统做出了一个完全的解释,并把他寄给了《一元论者》的编辑卡勒斯(Paul Carus),希望能够在后几期中把它发表出来。写于 1905 或者 1906 年的一些关于实用主义的论文中对这个事情作了描述:"作者描述了一个逻辑图系统,命名为'本质图';但是纸上的墨迹几乎还没干……他就发现更完美的存在图系统。总体上说,它仅仅是把本质图的里面反转到外面。他把关于这个主题的一篇论文发给了和蔼的编辑。但是编辑一方面害怕这会取消精确逻辑的优点,另一方面也害怕在该普型建立起一半的时候,第二个系统也有可能会被代替"[①]。

---

① Ms 280.

第一章 皮尔斯论存在图

事实上存在图的基本的约定和推理规则在几年之内都保持不变。正如所期望的那样,存在图仅有极小的改动,即切或者围绕的解释和伪图(pseudograph)的符号有所改动;还有就是扩展这个系统的建议,如通过特殊符号的方法涵盖抽象和模态逻辑的尝试,包括1903年引入的虚切(broken cut)和1906年引入的酊剂(tincture)。

皮尔斯说,存在图是"仅把本质图的里面反转到外面",也就是说,通过分别用圈围绕每一个点并且用圈围绕整个图,任何本质图都可以转换为等价的存在图。下面我们用一些具体的示例来解释上面的话。

在存在图中,像在本质图系统中一样,写下一个命题就是断言它。因此命题"蓝色的石蕊试纸被放在酸性的环境中"的存在图(图1.17)与这个命题的本质图(图1.8)是相同的。

蓝色的石蕊试纸被放在酸性的环境中

蓝色的石蕊试纸被放在酸性的环境中

图1.17

更进一步,在存在图中像在本质图系统中一样,用圈围绕一个命题表示否定它。因此命题"蓝色的石蕊试纸被放在酸性的环境中是假的",即图1.18,图1.18与图1.10相同。

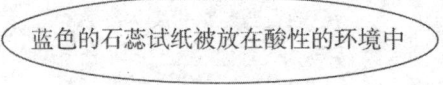

图1.18

两个系统将在这里分道扬镳。因为把两个命题写下来放在一起是断定一个合取,不是一个选择。图1.19是合取命题"蓝色的石蕊试纸被放在酸性的环境中并且蓝色的石蕊试纸将变为红色"存在图的表达形式。

蓝色的石蕊试纸被放在酸性的环境中
蓝色的石蕊试纸将变为红色

图1.19

把图 1.19 和图 1.9 做比较,显示出相同的装置,在本质图中表示选择,在存在图中却表示合取。图 1.20 是选择命题"要么蓝色的石蕊试纸被放在酸性的环境,要么蓝色的石蕊试纸将变为红色"的存在图表达形式。

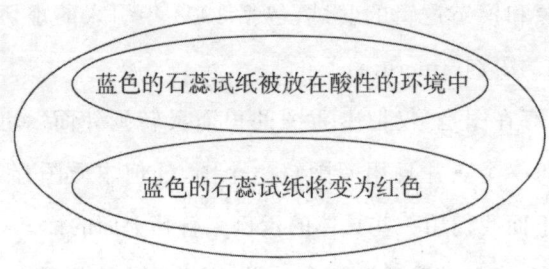

图 1.20

把图 1.20 与图 1.12 做比较显示,这个记法,在本质图中表示合取,在存在图中表示选择。

现在考虑条件命题"如果蓝色的石蕊试纸被放在酸性的环境中,那么蓝色的石蕊试纸将变为红色"。在存在图中它的表达是如下的图 1.21。相同命题的本质图在图 1.11 中给出。

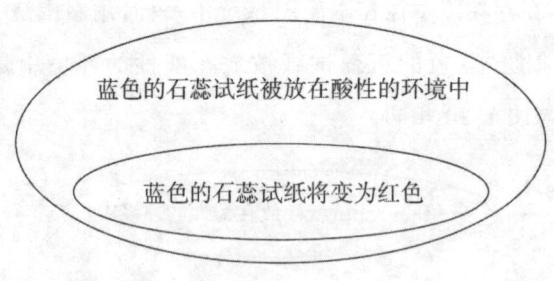

图 1.21

现在我们来看如何用存在图表达关系命题。在存在图中所用表示个体的指号与本质图系统中的相似。在两种情况下,皮尔斯都用一条线表示,但是在存在图中他把它画得粗一些,即——。皮尔斯称其为"等同线"。这条线的位置也决定着如何来读它("所有的"还是"某些"),但是存在图中的规则是本质图中规则的反转:一条等同线,它的最外面部分或者端点未被圈围绕或者被偶数个圈围绕读作"某些";并且一条等同线,它的最外面部分被奇数个圈围绕读作"所有的"或者"每一个"。考虑如下的图：

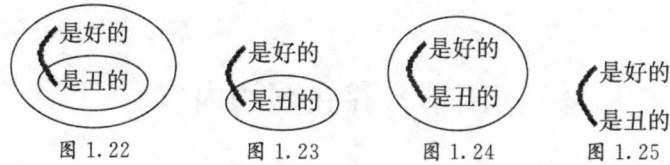

在图 1.22 中，等同线最外面的端点被围绕一次（或者奇数个），所以它被读作"所有的"或者"每一个"。把线分离出来考虑，这个图的形式是条件命题。因此图 1.22 断言命题"每一个事物，如果它是好的，那么它是丑的"，或者"每一个好的事物都是丑的"。

在图 1.23 中，等同线最外面的端点没有被围绕，它因而被读作"某些"。把线分离出来考虑，这个命题形式是一个合取。因此图 1.23 意思是"某些事物是好的且不是丑的"，或者"某些好的事物不是丑的"。

用类似的方法分析图 1.24 和图 1.25，图 1.24 的意思是"没有好的事物是丑的"，并且图 1.25 的意思是"某些好的东西是丑的"。因此图 1.22 到图 1.25 给出了传统逻辑的四类命题。

皮尔斯一开始并没有用"本质"（entitative）和"存在"（existential）称呼他的系统。存在图系统的一个早些的名字是"积极的逻辑图"，这个名字作为写于 1897 年一个手稿的标题出现。名字"本质"和"存在"出现在皮尔斯写于 1897 年 12 月 18 日给詹姆斯（William James）的一封信里，在这封信里皮尔斯告诉詹姆斯有关他在 1898 年剑桥会议上发表演讲的计划。"存在"（Existential）第一次出现在 1898 年 6 月 9 日的逻辑笔记本（Logic Notebook），并且此后开始频繁使用。皮尔斯之所以会选择这两个名字，是因为前一个系统的基本的符号表达了本质关系，而另一个系统里那些基本符号表达了存在关系。并且在存在图中，描绘或写下某些事物就断定这样一种事物存在。

第四节 存在图的内容

存在图的 Alpha 是整个系统的基础，Beta 是在 Alpha 基础上建立的，并且 Gamma 是在 Alpha 和 Beta 基础上建立。Alpha 关涉命题间的关系，它是命题演算的图式化。下面将从两个层面给出 Alpha。一方面我们将给出五个约定并解释。这些约定是用来指导读和写最简单的存在图的。Alpha 中仅有三个基本的符号，即断言页、切和图。另一个方面我们将给出图形转换规则。这些规则指导图的操作，将图转换为新的图。

1. 约定

存在图是二维的图形，所以我们一开始给出图形画于其上的一个表面。这个表面在现实中可以是黑板，也可以是一张白纸。不论什么情况下，我们都将它称为"断言页"(sheet of assertion)，即 SA。断言页代表论域，即涉及的客体的范围。从而我们在断言页上写

一个梨是熟的
图 1.26

它表示在我们的世界里[1]存在一个梨，并且它是熟的。现在我们给出第一个约定即：C1. 断言页的所有部分都是一个图。

根据皮尔斯的想法，尽管断言页上什么都没有画，它也是一个图。"如果页面是空的，那么这也是一个图，因为这个空白的存在构成了任何图的缺席状态。"[2]因此断言页的功能是一种万能公理，我们将第一个约定理解为这

---

[1] 这里"世界"的含义，即存在图指向的是现实的世界还是通常现代逻辑学中的虚拟世界不做过多讨论，因为不论是哪种理解，对内容本身的影响都不大。第四章将对这个问题做具体讨论。

[2] CP4.397.

个公理的一种表述。

C2. 无论在断言页上画出什么都断言这个页面表示的世界的是真的。根据前述的内容,很容易理解这个约定。

C3. 画在断言页上不同部分的图全被断言为真的。

第三个约定解释的是画两个或更多的图画在断言页上的情形。例如:我们的页面上有两个图

> 一个梨是熟的
> 某些橘子的果肉是红的

图 1.27

我们需在世界里理解它们的意思,存在一个梨是熟的且某些橘子的果肉是红的是真的。需要指出的是这两个图在页面上的顺序是没有意义的。从而这个约定使得并置表示合取。

C4. 嵌套是条件命题的指号。

第四个约定规定了在存在图中如何表示条件命题。皮尔斯引入术语"嵌套"(scroll)意思是两个封闭曲线一个处在另一个里面,如下图

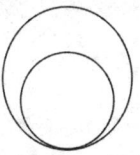

图 1.28

这里要注意嵌套形状和大小是不影响意义的。因此"如果 P,那么 Q"也可以用下面任何一个图表示:

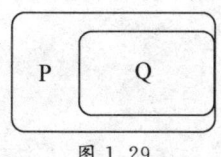 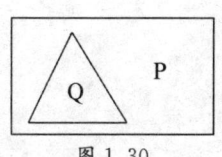 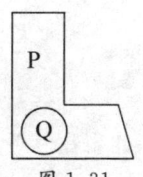

图 1.29　　　　　图 1.30　　　　图 1.31

嵌套的本质特征是它由两个封闭曲线构成,且其中一个曲线在另一个里面。我们把条件命题的前件放在外面的隔间中,把后件放在里面的曲线

的内部。我们可以将这种图读作"P 嵌套 Q"。

组成嵌套的每一条线都称为一个"切",且切围绕的空间称为"闭环"(close)或者"区域"(area)。切与其内部区域合称为"围绕",切把它的区域从页面中分离出来。一个嵌套的里层的切称为"回环"(loop)且它的区域称为"里面的"或者"第二个"闭环或区域。一个嵌套的外层的切的区域,且这个区域中环外面的部分称为"外面的"或者"第一个"闭环或区域。

C5. 空切是伪图(pseudograph);且切否定它的内容。

皮尔斯有时画一个填充起来的切或者涂黑的切

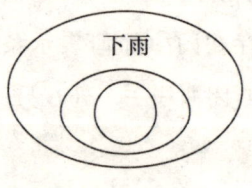

图 1.32

即"墨点"(blot)来表示伪图,即永假的命题。但他有时也用空的切来表示图。考虑命题"下雨是假的",用下图 1.33 的嵌套表示。

图 1.33

因为这个图是一个带有假后件的条件命题,空切表示伪图。因此上图与下图 1.34 等价

图 1.34

因此得出切否定它的内容。

在存在图中切不能穿过另一个,但是(如嵌套所显示的)它可以画在其他切里面。这就形成了皮尔斯所谓的切的"套叠"(nest)。

一系列切集合起来相互嵌套在一起就形成一个套叠,皮尔斯称这些切的区域为交替区域。他用数字标记这些交替区域,数字是通过这些套叠的切所经过的切的数目或区域的数目来决定的。例如图1.35。

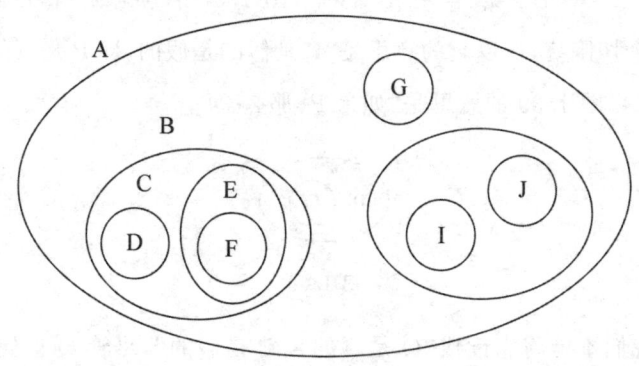

图1.35

根据皮尔斯的标记法有

(1)穿过5个区域,或者4个切的区域有一个;即A—B—C—E—F,

(2)穿过4个区域,或者3个切的区域有三个;即A—B—C—D⎫

(3) A—B—H—I⎬

(4) A—B—H—J⎭

(5)穿过3个区域,或者2个切的区域有一个;即A—B—G。

如果一个区域被奇数个切围绕,那么这个区域称为"被奇数的围绕";如果一个区域被偶数个切围绕或者没有被切围绕,那么这个区域称为"被偶数的围绕"。将这两个术语应用于图1.35中,因此A,C,F,G和H被偶数的围绕,其他的被奇数的围绕。不光是字母,图的任意子图都可以被偶数或奇数的围绕。例如,Ⓕ和Ⓖ被偶数的围绕,且嵌套ⒺⒻ被奇数的围绕。

根据C2和C5,被画在断言页上就意味着被断定,被单一的切围绕就意味着该切的内容被否定了。

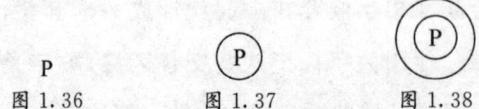

P　　　　　　　P　　　　　　　P
图 1.36　　　　图 1.37　　　　图 1.38

所以图 1.36 的意思是"P 是真的",图 1.37 的意思是"P 是假的"。图 1.38 被两个切围绕,所以它的意思是"P 是假的是假的,即 P 是真的"。

根据 C4,图 1.39 的意思是"如果 P,那么 Q"。

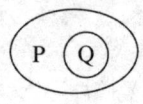

图 1.39

注意我们不能将它读成"Q 是真的且 P 是假的",尽管 Q 被偶数的围绕且 P 被奇数的围绕。因为在内部区域的命题 Q 是在外部区域的命题 P 的结果或者后件。换句话说,读图的时候,我们应该从最外面(或者被最少围绕的部分)开始。这是皮尔斯称为"endoporeutic"的读法。

通过应用 endopreutic 读法,我们发现了图 1.39 的一个不同但等价的读法,即"'P 是真的且 Q 是假的'这个命题是假的。"这与"如果 P,那么 Q"是等价的。

2. 转换规则

因为存在图的目的是分析和表示推理,所以它必须有推理规则之类的东西。并且如果这些规则是表示好的推理,那么它们必须是有效的,即它们不能把一个真前提转换成一个假的结论。下面给出规则和它们的解释。

R1. 擦去规则。任何被偶数的围绕的图可以被擦去。

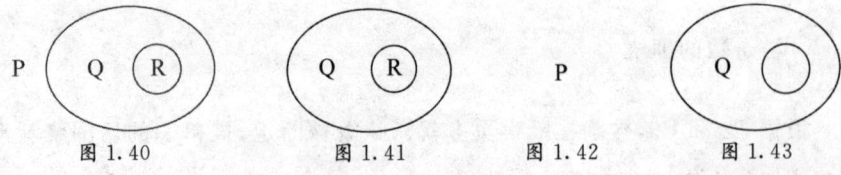

图 1.40　　　　图 1.41　　　　图 1.42　　　　图 1.43

图 1.40 的意思是"P 是真的,且 Q 嵌套 R"。根据 R1 整个图可以被擦去,只留下空白的断言页。这个转换的结果几乎不会导致错误的断言,因为断言什么都没有就是不断言存在假的事物。R1 允许图 1 转换为图 1.41,也允许图 1.40 转换为图 1.42,因为如果一个合取是真的,那么合取的每一项都是真的。通过 R1,可以证明从图 1.41 到图 1.43 的转换也是合理的,因为这个转换由擦去 R 构成,并且 R 在图 1.41 中被两次围绕。但是图 1.43 的意思是什么呢?如果图 1.41 是真的,那么图 1.43 也是真的吗?

比较图 1.43 和图 1.41。图 1.41 的意思是"如果 Q 是真的,那么 R 是真的"。但是如前所述,这个图也可以读作"命题'Q 是真的且 Ⓡ 是真的'是假的"。通过类似的方法,图 1.43 可以被读作"命题'Q 是真的且 ◯ 是真的'是假的"。

但 ◯ 是伪图,它永远是假的。因此图 1.43 的第一个区域是假的,整个图则是真的。无需考虑 Q 和图 1.41 的真假,图 1.43 就是真的,也就是说根据 R1 进行的从图 1.41 到图 1.43 的推理是有效的。

R2. 插入规则。任何图都可以画在被奇数的围绕的区域。考虑图 1.44。根据 R2,图 1.44 能够从图 1.41 推得。因为从图 1.41 到图 1.44 的转换是在一次围绕的区域插入图 S。

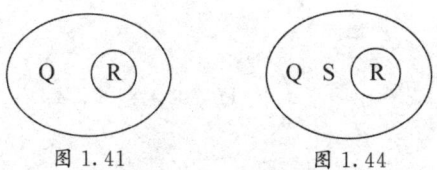

图 1.41   图 1.44

现在假定图 1.41 是真的,那么这个套叠的第一个区域是 Q 和 Ⓡ 的合取,得到的命题是假的。在图 1.41 的第一个区域加入 S 并不能改变这个区域的真值,无论 S 是真是假。因此图 1.44 是真的。

R3. 迭代规则。如果一个图 P 出现在断言页上或者发生在一个切的套叠之中,他可以被画在任何部分,除了 P 的部分。这就是说,任何出现在某个区域的图可以被再次画到该区域,或者画在任何被另外的切包围的区域。

图 1.40 中图 P 在断言页上出现。根据 R3,P 可以再次被画在断言页上,如图 1.45 和图 1.46。

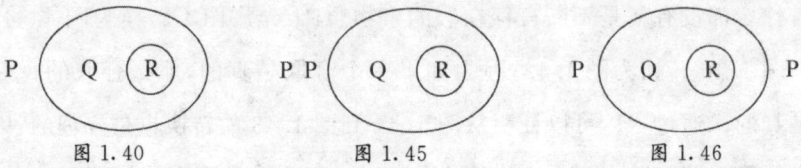

图 1.40　　　　　　图 1.45　　　　　　图 1.46

P 也可以被画到一次围绕的区域,如图 1.47;P 也可以被画到两次围绕的区域,如图 1.48;或者同时被画到两个区域,如图 1.49。

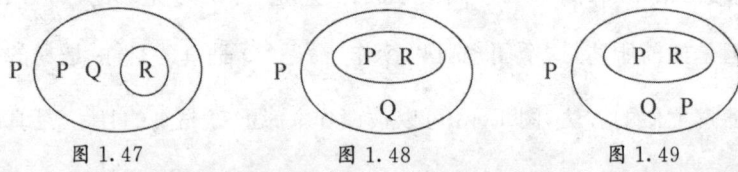

图 1.47　　　　　　图 1.48　　　　　　图 1.49

R4. 反迭代规则。任何图如果它的出现能被看作是由迭代规则转换的结果,那么它可以被擦去。无需要求 R4 中提及的图必须是由 R3 得到,重要的是必须满足从 R3 获得该图的条件。因此,为了运用 R4 擦去图,必须至少有一个图的两个图例在给定的切的套叠中。并且被多次围绕的图例可以被擦去(如果图例发生在同一个区域,只需剩余一个,所有其他的都可以被擦去)。例如 R4 可以证明从图 1.50 到图 1.40 的转换,因为这个转换由擦去一个区域中的一个 Q 构成,这个区域中出现两个 Q。

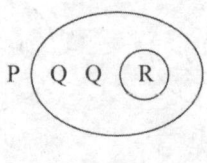

图 1.50

通过 R4,图 1.47 能够被转换成图 1.40,因为这个转换由擦去一个区域中的图 P 构成的,图 P 在该区域被一次围绕,但是它得留下这个区域外面的 P,因为它没有被切围绕。

R5. 双切规则。在任何区域的任何图中双切都可以被插入或者被消去。

为了描述 R5,我们需要定义新的术语。一个嵌套的第一个区域(它的外面的闭环或者区域)为空成为一个"双切"(double cut)。

因为断言页的任何部分都是图(根据C1),R5允许我们在空的断言页上的任何部分画一个双切。另外,这条规则允许从图1.40到图1.51、图1.52和图1.53的转换。并且它允许反转这个转换从而回到图1.40。

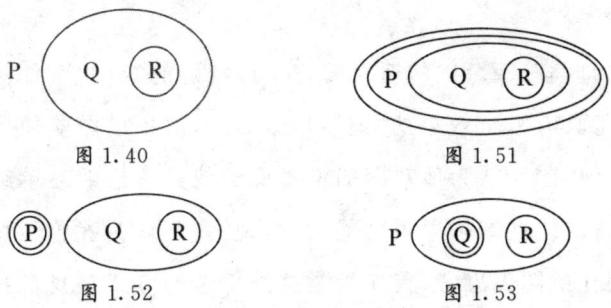

图1.40

图1.51

图1.52

图1.53

第五节 皮尔斯心中的存在图

从前述的内容来看,皮尔斯对图有一种特别的"喜欢",他甚至把数学公式也看成了具有视觉效果的"图"(Diagram),他相信图能使表达变得更简单更清晰。皮尔斯认为他对图的偏爱源于他异常地缺乏单纯地运用口头或书面语言的线性结构思考的能力,他说"我不认为我曾经用单词沉思过:我用可视化的图表思考,首先因为这种思考的方式是我自我交流的自然的语言;其次因为我确信它是达到那个目的最好的系统"①,他把这种能力上的缺陷归因于他的左撇子。于是与席尔维斯特的交往和对肯普著作的阅读,使他对图形的运用有了更深入的了解,他逐渐把图形思维和关系逻辑融合起来,构造出了关系图。之后他通过对关系图的改进,得到了本质图,最终在本质图的基础上得到了存在图。皮尔斯把存在图视为"我的杰作"(My chef d'oeuvre),并认为这一系统是"未来之逻辑"。

那么从客观的角度来说,皮尔斯如何理解存在图的合法性呢,亦或者说皮尔斯心目中是如何看待存在图的呢?令人遗憾的是,在皮尔斯的著作中这个问题并未得到明确清晰的解释。他说,他将不会停下来去为它辩护,因为太过乏味。他转移了主题说道,"事实上它是如此精细制作且我们对其如此不熟悉,以至于任何容许对它的清晰的阐述将占据比体面的要求我们优秀且可敬的编辑允许的篇幅要多……那个理论,尽管它已经被发展出来了,与命题逻辑理论相比,似乎对你们来说很可能仍会怀疑,但是根据我的想法,它足够被证明是合法的"。

我们只能从皮尔斯对存在图各种场合的不同论述中推测来理解上述问题,基于此以下将从三个方面来讨论皮尔斯对存在图的具体理解。首先,皮

---

① Ms 619:8.

尔斯认为存在图是严格的逻辑系统。也就是说他毫不怀疑存在图的逻辑地位。作为现代数理逻辑的创始人，皮尔斯在现代逻辑开创时代就已经构造出来图式逻辑系统。他不仅认识到存在图的价值，而且认为它作为研究推理的工具要优于符号表示的逻辑。这与20世纪以来的逻辑学家把"逻辑"和"严格"等概念仅仅限制在符号逻辑的范围内有很大的区别。尽管近二十年来的人们已经接受存在图为一个严格的逻辑系统，但和皮尔斯比起来就显得太晚了，而且事实上人们内心里并没有把图完全放置在与符号同等的地位上。这里不是要分析人们迟迟未能接受图式逻辑系统的原因，也不是要赞美皮尔斯的洞察力，而是要表明在皮尔斯的心目中存在图从来都是严格的，他从来没有为存在图的精确性担心过。对于早期的皮尔斯来说，存在图是否有优越性的确是一个需要考虑问题，而它的严密性却没有进入皮尔斯的思维。他说，"我一定已经看到了这个表达系统是可能的，只是我还没有能欣赏到他的优点"[1]。这里皮尔斯断定存在图系统是可能的，也就同时断定了系统的严密性。因为一个不严密的系统对研究推理是没有意义的。而且他相信存在图能够给他的实用主义提供严格的证明。

其次，皮尔斯认为存在图系统优于其他的逻辑系统。

一方面，与符号公式相比，像标(icon)具有更强的可观察性。皮尔斯把用符号公式表示的数学理论也看作是图(diagram)，看作是依赖于观察的学科，并且他把公式不是"像标"(icon)看作是公式的一个缺点[2]。图形在他的心目中优于其他的指号。在皮尔斯看来，可观察性更强的存在图比符号公式更简单且使用起来更方便。另一方面，与本质图相比，存在图的一些基本的约定显得更加自然。本质图系统中最不自然的特征是把两个命题的并置解释为选择。因为写下一个命题就断定了它，把两个命题都写下来自然地

---

[1] Ms 498.

[2] 皮尔斯的图(Diagram)表示的范围要大于像标(icon)表示的范围，且像标(icon)是图(Diagram)的其中一种。像标(icon)的一种重要特点是它与它表示的对象之间是相似关系，这是皮尔斯指号学中"三分法"的重要内容之一，第三章第二节对此有较详细的论述。

意味着同时断定了它们两个(如存在图中的情形)。这个特征还使得对条件命题的分析在本质图中不如在存在图中令人满意。皮尔斯说,"我应该区分现在的系统为积极的,因为它符合写下一个命题就断言它的原则"①。可视的图形和图形的自然使用是存在图必不可少的两个前提条件,缺少其中任何一个都会使它失去它的优越性。

最后,存在图是皮尔斯证明其实用主义的理想的逻辑工具②。

皮尔斯认为,他的实用主义最大的优点,也是与其他实用主义重要的区别之一,是他的实用主义可以被严格定义和证明。皮尔斯给出了几个证明,但证明的基础,如心理学、知觉理论等都不可靠,所以这几个证明都只能勉强算作论证,并不能令皮尔斯满意。后来皮尔斯把证明实用主义的任务交给了存在图。但令人遗憾的是,他承诺的用存在图给出的严格证明始终没有出现。存在图之所以能成为皮尔斯证明实用主义的理想工具,是因为存在图具有严密性和简单性,除此之外,笔者认为还有一点,即存在图与实在有着某种关联。

---

① Ms 488.
② 第四章将对皮尔斯实用主义证明做详细论述。

第二章　皮尔斯存在图多可读性的表象逻辑

皮尔斯存在图多可读性的表象逻辑是指存在图系统内部呈现出来的多可读性。这种系统内的多可读性主要体现在对于某一个存在图或者某一个存在图的推理存在两种及以上的读出方法。且对于同一个图和推理，不同的读出方法所读出的命题和推理是不同的。上述情况之所以会出现，是因为图形不像符号，有默认的读出顺序。符号的读出一般我们会遵循从左到右、从上到下的读出顺序。但是对于图来讲，没有上述的读出顺序的限制，从而就有了多种读出的可能性，而人们对于存在图的读出顺序的不同理解就构成了存在图多可读性的表象逻辑。这里所谓"表象逻辑"与后面三章的"深层逻辑"之间的区别在于，"表象逻辑"讨论的是存在图系统内部的命题和推理，即一个图和一个图的推理的不同的读出方式。而"深层逻辑"是指对存在图系统整体的理解不同，也就是说图和图的推理的不同读法背后的原因在于读图者对于存在图系统的理解不同。本章在内容安排方面做了如下处理，前三节介绍不同读法时以 Alpha 系统为例，因为 Alpha 系统相对简单便于读者理解；第四节讨论了不同的学者对典型的 Beta 图读法的不同理解与处理，因为 Beta 图的情况更为复杂，可以从更深层次上展示不同读法之间的思路与具体处理上的差异。

第一节　存在图的"endoporeutic"读法

长久以来,人们相信皮尔斯的 Alpha 系统只有两种句法装置:切和并列。把切解释为否定,把并列解释为合取,那么一个图的意思通常就是一个句子的否定,这个句子由几个合取组成,每一个合取的子句又是一个句子的否定等。这些嵌套的否定和合取增加了不必要的复杂度,正如一个仅用否定符号和合取符号的公式常常比用了析取符号和条件符号的表达相同意思的公式更加累赘。众所周知,这就是为什么我们通常使用比"¬"和"∧"更多的联结词的一个主要的原因,尽管这两个联结词足以表达所有的布尔函数。

因此,获得一个图的意思要通过两个步骤:(i)翻译一个切为一个否定,且翻译一个并列为一个合取,来得到一个由嵌套的否定符号和合取符号组成的句子,并且(ii)如果该结果看起来很复杂,那么就要采用一个附加的联结词来获得一个等价的句子。下面用一个例子展示这个过程。

例 2.1　下图被翻译为句子"¬(¬P∧¬(¬Q∧R))":

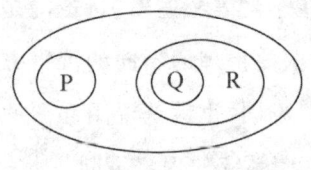

图 2.1

运用德摩根律得到个外观更简单的句子"(P∨(¬Q∧R))"。

这个例子容忍了皮尔斯系统更少的句法装置,但是这也使翻译的两步(上面的(i)和(ii))不可避免。因此在大部分情况下,皮尔斯的图一定是间接地读出的。

为了理解存在图,我们过分地依赖于一阶符号逻辑,但并没有努力去找在皮尔斯系统中与符号系统中的"∨"和"→"相类似的东西。很多对存在图有很深质疑的人,只是假定了 Alpha 图和符号句子相似的只有"¬"和"∧"。因此正如我们更喜欢用更多联结词的句子,实际应用中不会选择 Alpha 图。

当翻译一个句子公式为一个图时,就会出现一个类似的问题。给定简单句子"(P ∨ Q)",需要将这个句子翻译为外观更加复杂的句子"¬(¬P∧¬Q)",因为人们都相信在 Alpha 系统中仅存在两种句法设置。也就是,在这个图式系统中,无论我们需要表示什么信息,都需要用否定和合取操作。

通过研究皮尔斯的作品,罗伯茨强调对于读出如下的皮尔斯图(它表示并非 P 是真的且 Q 是假的,即,"或者 P 是假的或者 Q 是真的")否定和并列的次序是非常重要的。

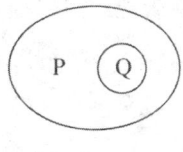

图 2.2

"注意我们没有把它读作:'Q 是真的且 P 是假的',尽管 Q 被偶数个切围绕,且 P 被奇数个切围绕……但是我们读图也是从外面(或者最少被切围绕的部分)开始逐步到里面……皮尔斯将这种方法命名为'endoporeutic',是皮尔斯心中原初的想法"①:

皮尔斯给出的存在图的读图法是 endoporeutic,这种解释过程是向内的;因此一个嵌套从外面向内直到中心汲取意义,正如一个海绵吸收水分。

上图的解释为"Q 是真的且 P 是假的"是不正确的,因为这个解释混淆了否定的范围和并列的范围。当我们考虑否定和并列为一个图的基本关系时,如何继续这个问题,即是向外的还是向内的,就非常关键,因为并列的否定不同于否定的并列。目前为止并没有人反对这种"endoporeutic"读法。

---

① Roberts, D. D., *The existential graphs of Charles S. Peirce*, The Hague: Mouton, 1973.

申顺珠认为这种读法阻止了人们从系统的可视化特征中获益①。她批评这种方法没有反映出系统中可视化的明晰的事实。正如罗伯茨在上面的引文中指出的,在引用的图中 Q 是被偶数个切围绕的且 P 是被奇数个切围绕的。然而,"endoporeutic"读法一点也没有直接地反映出这个可视化的明晰的事实,而且更糟糕的是,它给人留下的印象是可视化的事实是一种误导。在更一般的意义上,"endoporeutic"读法迫使我们只能用一种方式读一个图。例如,假定仅用如下这一种方式读出罗伯茨的例子:这个图是一个[P 和一个 Q 的切的并列]的切。然而,存在另一种可能的读法。我们可以说这个图有两个切,Q 被两个切围绕且 P 仅被外面的切围绕。这种读法并没有直接地反映在"endoporeutic"读法中。

---

① Shin, S. J., *The iconic logic of Peirce's graphs*, Massachusetts: Bradford Book, 2002.

第二节 存在图的"NNF"读法

为了突出在"endoporeutic"读法中被忽略的可视化性质,申顺珠在 EG 中识别出比在传统的方法中更多的句法区分。实际上她并没有在 EG 中引入新的句法元素,而是仅观察呈现在 EG 中重要的可视化的不同点。从而申顺珠提供了一种用否定标准形式作出的读法,称为"NNF"读法。

1. 合取的并列和析取的并列

如下的两个特征可直接地读出:

(1)一个句子符号被写在一个偶数个切围绕的区域中和一个句子符号被写在一个奇数个切围绕的区域中之间的可视化的区别;

(2)可视化的事实,一些并列发生在一个偶数个切围绕的区域和一些并列发生在奇数个切围绕的区域。

为了直接解释这些特征,让我们引入下面的定义:

定义 2.1 令 X 为一个皮尔斯 Alpha 图的一个子图。那么 X 在一个 E 区当且仅当 X 被偶数个切围绕,且 X 在一个 O 区当且仅当 X 被奇数个切围绕①。

定义 2.2 令 X、Y 分别为一个给定图的不相交的子图。那么 X 和 Y 的并列是一个 E 并列,当且仅当 X 和 Y 在一个 E 区并列,并且 X 和 Y 的并列是一个 O 并列,当且仅当 X 和 Y 在一个 O 区并列。

回到前面章节的例图中,在这里重复,来看看如何应用这些定义:

字母 P、Q 和 R 分别被断言在一个 E 区,一个 O 区和一个 E 区。R 和 Q 的切并列在一个 E 区,因此我们说这两个子图的并列是一个 E 并列。另一

---

① 这里将偶数个切围绕的区域称为 E 区域,相应的,奇数个切围绕的区域称为 O 区域。

方面,P 的切和[Q 的切和 R]的切之间的并列是一个 O 并列。

根据前述两个定义,我们将给出一个基于如下两个原则的读出算法。第一,对于一个图中一个字母 x 的任何记号,图的读出包含要么"x"要么"¬x"作为一个基本的组成部分,取决于 x 的记号是被写在一个 E 区还是一个 O 区。第二,把 E 并列和 O 并列分别翻译为"∧"和"∨"。

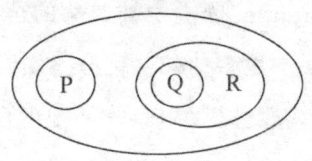

图 2.3(同图 2.1)

在陈述读出算法之前,一些定义需要被澄清。第一,用下述的方式定义皮尔斯 Alpha 图的集合 ζ',因此存在图读出算法可以被定义在这个集合上。

集合 ζ' 是满足下述条件的最小集合:

1.(a)对于任何句子符号 A_i,A_i 和一个 A_i 的单一切(我们写作'$[A_i]$',按照皮尔斯的线性记法)在集合 ζ' 中。

(b)一个空的区域(我们写作"φsp")和一个空的切(我们记作"[ ]")在集合 ζ' 中。(空白是指空白断言页。空的切是指切的内部为空。)

2. 如果 G 在 ζ' 中,那么 G 的一个双切(我们写作'[[G]]')也在集合 ζ' 中。

3. 如果 G_1 在 ζ' 中,……,G_n 在 ζ' 中,且 G_1,……,和 G_n 不是空白,那么 n 个图 G_1,……,G_n 的并列(我们写作'$G_1……G_n$')和 $G_1……G_n$(我们写作'$[G_1……G_n]$')也在集合 ζ' 中。

定义 2.3 图 G 是一个简单图,当且仅当 G 是一个句子字母,一个句子字母的一个单一切,一个空白,或者一个空切。

定义 2.4 公式 x 是一个简单公式,当且仅当 x 是一个句子字母,¬y(对于一个句子字母 y),⊤,或者⊥。

"NNF"读法 下述函数功能是可以将一个简单图读出为一个简单公式。

第二章 皮尔斯存在图多可读性的表象逻辑

i 令 Ai 为图 G 中一个字母的一个记号。那么 f(Ai)＝Ai,且 f([Ai])＝¬Ai.

ii if(φsp)＝T

iii if([])＝⊥

现在我们拓展函数 f 到 f̄ 以获得 Alpha 图的翻译。

1. f̄(G)＝f(G) 如果 G 是一个简单图
2. f̄([[G]])＝f̄(G)
3. f̄(G₁...Gₙ)＝f̄(G₁)∧...∧f̄(Gₙ)
4. f̄([G₁...Gₙ])＝f̄([G₁])∨...∨f̄([Gₙ])

第一条读出可视化事实一个句子符号是写在一个 E 区还是在一个 O 区来获得一个简单公式。第二条擦除一个图的任意双切。第三条和第四条读出 E 并列和 O 并列来分别获得合取和析取。不像"endoporeutic"读法,这种读法没有产生任何套叠的否定和合取。如果有一个否定的话,通过第一条仅得出为一个简单公式。

例 2.2 在第一节中,我们讨论了下面的图,用传统的读法它被翻译为"¬(¬P∧¬(¬Q∧R))":

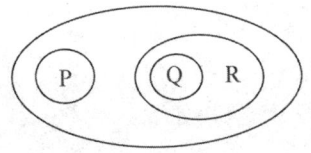

图 2.4(同图 2.1)

上面定义的函数 f̄ 应用如下:

f̄([[P][[Q]R]])＝f̄([[P]])∨f̄([[[Q]R]])	应用第 4 条
＝f̄(P)∨f̄([Q]R)	应用第 2 条
＝f̄(P)∨(f̄([Q])∧f̄(R))	应用第 3 条
＝f(P)∨(f([Q])∧f(R))	应用第 1 条
＝P∨(¬Q∧R)	应用 f 的定义

由于 P 和 R 都写在一个 E 区,且 Q 写在一个 O 区,所以翻译中 P、R 和

¬Q 是其组成部分。由于并列[P]和[[Q]R]的并列是一个 O 并列,它的翻译为"∨",而[Q]和 R 的并列是一个 E 并列,它读为"∧"。

例 2.3　如果我们仅有一个双切如下,那么我们将应用第 2 条擦除该双切得到空白。

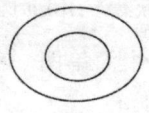

图 2.5

那么,函数 f 翻译这个空白为"T"。

例 2.4　我们将看看如何处理下面的双切:

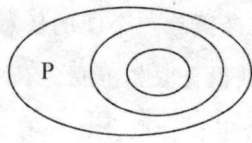

图 2.6

$$\bar{f}([P[[\,]]]) = \bar{f}([P]) \vee \bar{f}([[[\,]]])$$ 应用第 4 条
$$= \bar{f}([P]) \vee \bar{f}([\,])$$ 应用第 2 条
$$= f([P]) \vee f([\,])$$ 应用第 1 条
$$= \neg P \vee \bot$$ 应用 f 的定义

例 2.5　假定我们有一个空切如下:

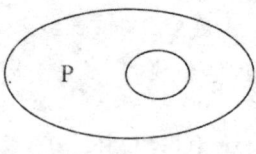

图 2.7

$$\bar{f}([P[\,]]) = \bar{f}([P]) \vee \bar{f}([[\,]])$$ 应用第 4 条
$$= \bar{f}([P]) \vee \bar{f}(\varphi sp)$$ 应用第 2 条
$$= f([P]) \vee f(\varphi sp)$$ 应用第 1 条
$$= \neg P \vee T$$ 应用 f 的定义

例 2.6 让我们测验一下从罗伯茨的例子中选出的如下外观复杂的图：

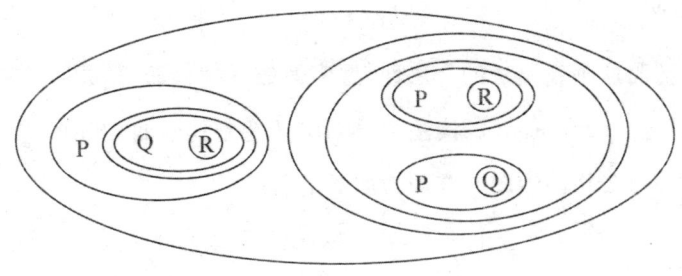

图 2.8

根据我们的新读法，一个双切任何时间都可以被擦除，因为在读图的过程中不可以在外切和内切之间写下任何东西。因此让我们擦除上图中所有的双切从而得到下图：

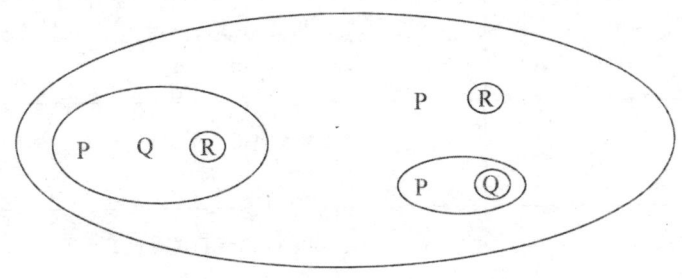

图 2.9

$\bar{f}([[PQ[R]]P[R][P[Q]]])$

$= \bar{f}([[PQ[R]]]) \vee \bar{f}([P]) \vee \bar{f}([[R]]) \vee \bar{f}([[P[Q]]])$ 应用第 4 条

$= \bar{f}(PQ[R]) \vee \bar{f}([P]) \vee \bar{f}(R) \vee \bar{f}(P[Q])$ 应用第 2 条

$= (\bar{f}(P) \wedge \bar{f}(Q) \wedge \bar{f}([R])) \vee \bar{f}([P]) \vee \bar{f}(R) \vee$

$\quad (\bar{f}(P) \wedge \bar{f}([Q]))$ 应用第 3 条

$= (f(P) \wedge f(Q) \wedge f([R])) \vee f([P]) \vee f(R) \vee$

$\quad (f(P) \wedge f([Q]))$ 应用第 1 条

$= (P \wedge Q \wedge \neg R) \vee \neg P \vee R \vee (P \wedge \neg Q)$ 应用 f 的定义

更重要的是，一个图获得的读出总是一个否定标准形式的句子。这大大优于套叠的否定和套叠的合取形式的句子。下面将检查这种直接的读法是否合法。

2. 语义

为了证明这种新读法的合法性,需要做如下的检验:给定一个赋值 v 为真,那么通过"endoporeutic"读法和"NNF"读法都能够将相同的真值赋值给某一个图和与之相同的图。整理为如下定义:

定义 2.5 令 v 为一个函数,它可以赋值 T 或者 F 给每一个句子符号,有 $v(T)=T$ 且 $v(\bot)=F$。那么 $\bar{v}$ 是 v 的扩展,它赋值 T 或者 F 给拥有 $\neg$,$\wedge$ 和 $\vee$ 的一个命题语言表示的一个公式:

表 2.1

$\bar{v}(\alpha)=v(\alpha)$	如果 α 是一个句子符号,T 或者 ⊥。
$\bar{v}(\neg\alpha)=T$ $\quad\quad\quad=F$	如果 $\bar{v}(\alpha)=F$ 反之
$\bar{v}(\alpha\wedge\beta)=T$ $\quad\quad\quad\quad=F$	如果 $\bar{v}(\alpha)=T$ 且 $\bar{v}(\beta)=T$ 反之
$\bar{v}(\alpha\vee\beta)=T$ $\quad\quad\quad\quad=F$	如果 $\bar{v}(\alpha)=T$ 或者 $\bar{v}(\beta)=T$ 反之

为了使比较更加清晰,我也将采用与在前述章节中定义"NNF"读法算法 $\bar{f}$ 类似的方式定义"endoporeutic"读法算法。

"Endoporeutic"读法

下述的函数 h 读出一个句子字母或者一个空白:

1. 令 Ai 为图 G 中一个字母的记号。那么 $h(Ai)=Ai$。

2. $H(\varphi sp)=T$

现在扩展这个函数 h 为 $\bar{h}$ 来获得 Alpha 图的翻译。

1. $\bar{h}(G)=h(G)$ 如果 h 是一个句子符号或者一个空白

2. $\bar{h}([G])=\neg\bar{h}(G)$

3. $\bar{h}(G_1...G_n)=\bar{h}(G_1)\wedge...\wedge\bar{h}(G_n)$

两个不同的函数 $\bar{f}$ 和 $\bar{h}$ 给两个不同的读法,用下面的方式定义两个语义:

定义 2.6 令 G 为一个 Alpha 图,且 v 为一个为真的赋值。

那么,

$v \vDash f\, G$ iff $\bar{v}(\bar{f}(G)) = T$

$v \vDash h\, G$ iff $\bar{v}(\bar{h}(G)) = T$

想要证明的是这两个语义 $\vDash f$ 和 $\vDash h$,是彼此等价的。为了该证明,需要阐明对于 $\vDash f$ 图 G 和图 [G] 之间的关系。在情形 $v \vDash h\, G$ 中,很明显 $v \vDash h\, G$ 当且仅当 $v \nvDash h[G]$,因为 $\bar{h}([G]) = \neg \bar{h}(G)$。然而,除了当 G 是一个简单图的情形,读法算法 $\bar{f}$ 对于图 [G] 并没有给出定义。因此,下面的引理需要被证明:

引理 2.7 给定一个赋值 v 为真,对于任何图 G,

有 $v \vDash f\, G$ iff $v \nvDash f[G]$。

证明图的归纳。

基础:当 G 是一个简单图,即,一个句子字母,一个句子字母的一个切,一个空白,或者一个空切,它是明显为真的。

归纳步骤:根据 ζ' 的定义,存在三种归纳情形。

(i) IH:假定 $v \vDash f\, G$ iff $v \nvDash f[G]$。

我们想要证明 $v \vDash f[[G]]$ iff $v \nvDash f[[[G]]]$。

$v \vDash f[[G]]$ iff $v \vDash f\, G$ 因为 $\bar{f}([[G]]) = \bar{f}(G)$

                  iff $v \nvDash f[G]$ 应用 IH

                  iff $v \nvDash f[[[G]]]$ 因为 $\bar{f}([[[G]]]) = \bar{f}([G])$

(ii) IH:假定 $v \vDash f\, G_1$ iff $v \nvDash f[G_1]$,...,

且 $v \vDash f\, G_n$, iff $v \nvDash f[G_n]$。

想要证明 $v \vDash f\, G_1 \ldots G_n$ iff $v \nvDash f[G_1 \ldots G_n]$。

$v \vDash f\, G_1 \ldots G_n$ iff $v \vDash f\, G_1$,...,

且 $v \nvDash f\, G_n$ 应用 $\vDash f$ 和 $\bar{f}$ 的定义

iff $v \not\models f[G_1],\ldots,$

且 $v \not\models f[G_n]$ 应用 IH

iff $v(\bar{f}([G_1]))=F,\ldots,$

且 $v(\bar{f}([G_n]))=F$ 应用 $\models f$ 的定义

iff $v(\bar{f}([G_1])\ldots\vee\bar{f}([G_n]))=F$ 应用 v 的定义

iff $v(\bar{f}([G_1\ldots G_n]))=F$ 应用 $\bar{f}$ 的定义

iff $v \not\models f[G_1\ldots G_n]$ 应用 $\models f$ 的定义

(iii) IH: 假定 $v \models f\, G_1$ iff $v \not\models f[G_1],\ldots,$

且 $v \not\models f\, G_n$ iff $v \models f[G_n]$。

想要证明 $v \models f[G_1\ldots G_n]$ iff $v \not\models f[[G_1\ldots G_n]]$。

$v \models f[G_1\ldots G_n]$

iff $\bar{v}(\bar{f}([G_1\ldots G_n]))=T$ 应用 $\models f$ 的定义

iff $v \models f[G_1],\ldots,$ 或 $v \models f[G_n]$ 应用 $\models f$ 和 $\bar{f}$ 的定义

iff $v \not\models f\, G_1,\ldots,$ 或 $v \models f\, G_n$ 应用 IH

iff $v \not\models f[G_1\ldots G_n]$ 应用 $\models f$ 的定义

iff $v \not\models f[[G_1\ldots G_n]]$ 应用 $\bar{f}$ 的定义

至此已经证明了两种读法的等价性。

引理 2.8   给定一个赋值 v 为真,对于任何图 G,有 $v \models h\, G$ iff $v \models f\, G$。

证明图的归纳。

基础:当 G 是一个句子符号或者一个空白,它很明显是真的。

归纳步骤:

(1) IH:假定 $v \models h\, G$ iff $v \models f\, G$。

想要证明 $v \models h[G]$ iff $v \models f[G]$。

$v \models h[G]$ iff $v \not\models h\, G$ 应用 $\bar{h}$ 的定义

           iff $v \not\models f\, G$ 应用 IH

           iff $v \not\models f[G]$ 应用引理 4.1

(2) IH:假定 $v \models h\, G_1$ iff $v \models f\, G_1,\ldots,$

第二章 皮尔斯存在图多可读性的表象逻辑

且 $v \vDash h\ G_n$　iff $v \vDash f\ G_n$。

想要证明 $v \vDash h\ G_1 \ldots G_n$　iff　$v \vDash f\ G_1 \ldots G_n$。

$v \vDash h\ G_1 \ldots G_n$　iff　$v \vDash h\ G_1, \ldots,$ 且 $v \vDash hG_n$　　　应用 $\overline{h}$ 的定义

　　　　　　　　　 iff　$v \vDash f\ G_1, \ldots,$ 且 $v \vDash fG_n$　　　应用 IH

　　　　　　　　　 iff　$v \vDash f\ G_1 \ldots G_n$　　　　　　　应用 $\overline{f}$ 的定义

第三节 存在图的"MR 多样"读法

虽然"NNF"读法捕捉到了存在图的可视化特征,但是申顺珠对此并没有满意太久,不久之后她又捕捉到了另一个重要的可视化特征,皮尔斯称之为一个"嵌套(嵌套)"。实际上皮尔斯曾讨论过这个特征,但是后续的工作并没有对其给予足够的重视。在吸收了皮尔斯的嵌套的想法后,申顺珠给出另一个读法算法,即存在图的"MR 多样"读法①。

一、嵌套作为条件

当皮尔斯给出他的 EG 的时候,他也给出了一些规则来告诉我们应该如何读出图。他的规则对应于一种非正式的系统的语义。这些规则涉及了如何读出并列和切,而且正如前述章节中讨论过的,在大部分对存在图的研究中采用了这两个规定。然而,有趣的是皮尔斯有一个单独的,对于实质蕴含的第三规定。我们回顾罗伯茨对于这个规定的表述:

C4[规则 4]②涉及 EG 中表达条件命题的方式……我们如何画出"如果 P,那么 Q"? 为了断言它,我们必须把它置于 SA 上[断言页,即其上画有一个图的一张纸上]。但是由于"如果 P,那么 Q"断言的既不是 P 也不是 Q,我们必须很小心地避免把它们描绘在 SA 上。我们通过皮尔斯称为一个"嵌套"的方式,得到我们想要的。"嵌套"是"两条闭合曲线,其中一条在另一条

---

① Shin, S. J. , *The iconic logic of Peirce's graphs*, Massachusetts: Bradford Book, 2002.

② 参见本书第一章第四节。

的内部"①,如下图:

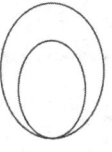

图 2.10

……假定现在将图 Q 置于最里面的圈中,且将图 P 置于最外面的区域,得到下图:

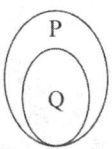

图 2.11

注意,我们已经成功地将 P 和 Q 都画出来了,但是并没有画在 SA 自己的表面上。且我们赞同用这种方式表达条件命题 de inesse:如果 P 那么 Q……这里即是 C4:嵌套是一个条件命题的符号 de inesse(即,实质蕴含)。

尽管除这个规定之外的其他规定已经足够得到存在图的 Alpha 图的一个正确的读出,但皮尔斯为什么仍然给出这个规定?他曾说过上面的图表达"它是假的[P 是真的且 Q 是假的]",并且这个读出可以通过其他的规则获得。

很清楚,皮尔斯的目的是为了得到一个嵌套的一个直接的读出,而不是绕道通过套叠的切和并列来得到。令人惊讶的是,嵌套规定的重要性没有被讨论过。切读为否定和并列读为合取已经足够说明 Alpha 系统的可靠性和完全性,这已经满足了人们对于该系统理论上的好奇心。但是当我们将存在图作为一个演绎表示系统投放到实际运用中时,嵌套读法不但给现有的读法而且给我们对皮尔斯的转换规则的理解,都增加了很多便利和自

---

① Ms 450.

然性。

尽管¬和→的集合是真值功能完全的,但是我们并不想在读一个 Alpha 图中仅仅用到切和嵌套。首先,很多图没有一个嵌套。在那种情形下,将不得不引入一个画双切的步骤,这是一个合法但是却很笨拙的过程。更方便、更自然的是给切和并列的规定列表上增加一个嵌套的规定。下面的例子将展示这一点。

例 2.7 读出切,合取并列,和嵌套,图 2.12(1)表示"(P∧Q∧R)→(P∧R)",图 2.12(2)表示"(P→Q)∧P",图 2.12(3)表示"(P→Q)∧¬Q"。

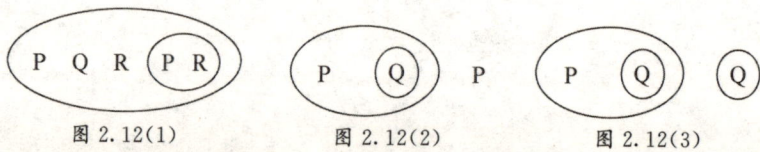

图 2.12(1)   图 2.12(2)   图 2.12(3)

因此,更重要的是我们很容易知道第一个图表示一个重言式,第二个图是肯定前件式,第三个图是否定后件式。

将皮尔斯的嵌套规定放到一个更一般的情形下:

读出一个嵌套令 X 和 Y 为图。假定它们中的每一个分别被翻译为 α 和 β。那么带一个嵌套的下图被翻译为(α→β):

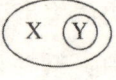

图 2.13

非常清晰的是,读出一个嵌套得到的结果与仅用切和并列得出的结果相同,因为¬(α∧¬β)逻辑地等价于(α→β)。

现在把这个重新发现的可视化特征增加到在前述章节中讨论过的特征上,我们可以获得一个 Alpha 图的多样读法。以一个简单的例子开始:

例 2.8 下图翻译为如下逻辑地等价的公式:

图 2.14

第二章 皮尔斯存在图多可读性的表象逻辑

1. $\neg(\neg R \wedge \neg S)$ ("endoporeutic"读法)
2. $R \vee S$ ("NNF"读法)
3. $\neg R \to S$ (读出一个嵌套$[X[S]]$,这里$X=[R]$)
4. $\neg S \to R$ (读出一个嵌套$[[R]X]$,这里$X=[S]$)

把不同的读法结合起来,读者在读出一个图时就会变得非常灵活。对于实现这种灵活性,首先要用比前述章节中更多的归纳性条款来定义皮尔斯 Alpha 图的集合,称之为 ζ''。

集合 ζ'' 是满足下列条件最小的集合:

1. 一个空白在 ζ'' 中。
2. 任何字母在 ζ'' 中。
3. 如果 G 在 ζ'' 中,那么一个 G 的单切($[G]$)在 ζ'' 中。
4. 如果 G_1 在 ζ'' 中且 G_2 在 ζ'' 中,那么所有下述的:G_1G_2,$[G_1G_2]$,$[G_1[G_2]]$,$[[G_1][G_2]]$也都在 ζ'' 中。

很明显,集合 ζ'' 等价于 2.2.1 中的 ζ'。但是,也存在一个重要的不同点。回顾 ζ' 是如何定义来保证对于每一个图都有一个唯一的构造树(building tree)。但是,这个新的归纳定义却没有。下面我们给出例子 2.8 中图的三种可能性,即构造历史(building histories)(更多的可能性之间)(见表 2.2),但没有穷尽所有可能性。

表 2.2

(ⓇⓈ)	第3条	(ⓇⓈ)	第4条	(ⓇⓈ)	第4条
ⓇⓈ	第4条	S	第2条	S	第2条
Ⓢ	第3条	Ⓡ	第3条	R	第2条
S	第2条	R	第2条		
Ⓡ	第3条				
R	第2条				

例 2.8 中图的三种可能的构造历史。

基于这个新的 Alpha 图的定义,另一个读法也随之产生。

多样读法算法　令 X 和 Y 为 Alpha 图。

1. 如果 X 是一个空白 SA,它的翻译为 T.

2. 如果 X 是一个字母,它的翻译为 X.

3. 如果 X 的一个翻译为 α,那么[X]的一个翻译为 ¬α.

4. 如果 X 的一个翻译为 α 并且 Y 的一个翻译为 β,那么

(a) X Y 的一个翻译为 (α∧β),

(b) [X Y] 的一个翻译为 (¬α∨¬β),

(c) [X[Y]] 的一个翻译为 (α→β),并且

(d) [[X][Y]] 的一个翻译为 (α∨β)。①

让我们通过下面的例子看看如何应用这些规定

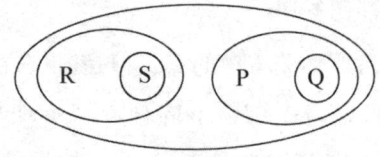

图 2.15

例 2.9　根据我们认为该图属于哪种构成方式,应用不同的规定。下面是一些可能的情形:

(i) 本图可看成[[X][Y]]的形式,X=R[S],Y=P[Q]。则需使用规则 4(d)。对于 X 和 Y 的翻译,需用规则 4(a),2 和 3,来得到 X 的翻译为 R∧¬S,Y 的翻译为 P∧¬Q。因此,通过规则 4(d),可以得到本图的翻译为 (R∧¬S)∨(P∧¬Q)。

(ii) 如果图形中有一个嵌套,则我们认为它是[X[Y]]形式,X=[R[S]],Y=P[Q]。这种情况下用规则 4(c)。Y 被翻译为 P∧¬Q,对于[R][S]的

---

① Shin,S. J. , *The iconic logic of Peirce's graphs*, Massachusetts:Bradford Book,2002.

翻译,有以下几种:

(1)可以用规则 4(c)和 2 得到 R→S。再用规则 4(c)得到(R→S)→(P∧¬Q)。

(2)可以用规则 3、4(a)和 2 得到¬(R→¬S)。用规则 4(c)得到¬(R→¬S)→(P∧¬Q)。

(3)可以用规则 4(b)、3 和 2 得到¬R∨S。用规则 4(c)得到(¬R∨S)→(P∧¬Q)。

(iii)此时还可将其看成另一个嵌套,但形式略有不同,即[[X]Y],X=R[S],Y=[P[Q]]。(详细步骤读者可以自己完成。)

(iv)本图还有一个形如[X]的结构,X=[R[S]][P[Q]]。即:从规则 3 开始,又会得到几个翻译[R[S]][P[Q]]的不同方法。读者可以自己完成。

二、多样切割原则

如同它的名字,以上多种解读算法告诉我们,能将同一个图形翻译成多个语句。因此,该方法并没有确定一个唯一的读图方式。申顺珠在这里强调,"多样读法算法的灵活性使它拥有其他算法都不具备的更自然的读图方式"①。因为图形并不像线性系统的语言,它可以通过不同方式被感知,如何感知取决于读者如何切割要解读的图形。将这种用多种方法切割同一个图形的方式称作"多样切割原则"(The Multiple Carving Principle)。依然以图 2.15 为例。

那么如何理解这个图的呢?正如皮尔斯起初告诉我们的那样,一些读者也许会从外切开始解读图形。即:读者会最先注意图形的最外切,然后是并置和次级切等。"Endoporeutic"对该图的翻译是"¬(¬(R∧¬S)∧¬(P∧¬Q))"。另外,读者也可能会注意到一些图形特征,R 和 P 都在偶数个切

---

① Shin,S. J. ,*The iconic logic of Peirce's graphs*, Massachusetts: Bradford Book,2002.

围绕的区域中,S 和 Q 在奇数个切围绕的区域中。但是方法远不止这两种。该图形可以用许多不同的方式切割。用下图 2.16 来说明其中几种切割方式。

在情况 1 中我们可以看到,整个图形可以表示为[[X][Y]],X=R[S],Y=P[Q]。另外,如果我们最先注意到嵌套,那么整张图就可表示为[X[Y]],X=[R[S]],Y=[P[Q]]。分别对应以上第 2 种和第 3 种。或者我们还会把这张图表示成[X],X=[R[S]][P[Q]]。

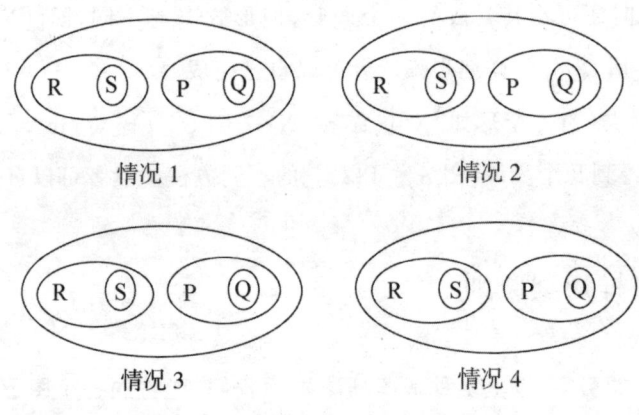

图 2.16

多种解读方法就是根据人们在读图时的关注点不同而发展出来的。我们认为这种方法反映了皮尔斯图形系统的多样切割原则,它比其他任何单一的读图方式都更加合理。根据多样切割原则,我们能用不同方法解读同一图形。读者能根据他们对图形的理解选择最方便合理的翻译方式。例如:情况 1 中,读者发现用多种解读算法中的第 4(d)条开始翻译会比较容易。另外,如果读者是先读嵌套,那么条款 4(c)就是最有用的。多种解读算法涵盖了切割同一图形的所有可能的方法,并允许读者选择最直观合理的方式。这种灵活性是传统方法不具备的。因此,基于多样切割原则的多种解读算法比任何其他的算法都更加合理。

我们需要用更具体的对称来表述推理规则,使得这些规则理解起来更直观。利用在存在图可视性质基础上建立的具体对称重新给出了 Alpha 的推理规则,来代替皮尔斯的简单对称,即擦除与插入、迭代与逆迭代。

与符号系统不同的是,Alpha 系统并不为合取和并置引入新的句法装置。这是图形系统相比符号系统的一个很大的优势。这两种连结是根据非常清晰的可视性质给出的,即是否两个子图之间的并置出现在了一个奇数的切或偶数的切的围绕的区域内。我们将偶数个切围绕的区域称为 E 区域,相应的,奇数个切围绕的区域称为 O 区域。因此我们能通过 E 区域和 O 区域的视觉的不同得到另一种对称。

虽然自然推演系统是自然的是因为其规则是根据公式形成的历史而构造的,但 Alpha 系统却不应该追求这一种特殊的自然性。要在存在图系统这样的图形系统中寻找自然性,系统中可视事实(而不是句法组成的历史)应该起作用。存在系统的一个重要的可视性质是是否在 E 区域或 O 区域擦除或画下某些图形元素。因此,进一步可以在一个 E 区域或者 O 区域应该画下或擦去什么这一对称的可视性质为基础,可以建立 Alpha 规则的新版本。这一做法将使得 Alpha 的规则以不同于自然推演系统的方式变得自然。这里的 Alpha 推理规则的自然性与系统的效率是相关的。

以下为申顺珠重构的推理规则[①]:

1. 在 E 区域中,我们称之为区域 α,

(a)可以擦去任何图形

(b)如果存在 X 的一个记号(token),可以画出图形 X

①在同样的区域,即区域 α,或

②在区域 α 的外一层的区域

2. 在 O 区域中,我们称之为区域 α,

(a)如果存在另 X 的一个记号,可以擦除图形 X

①在同样的区域,即区域 α,或

---

① Shin, S. J., "Multiple readings in peirce's alpha graphs", In Anderson, M., Meyer, B. and Olivier, P. (eds.), *Diagrammatic Representation and Reasoning*, Berlin: Springer, 2002, pp. 297—314.

②在区域 α 的外一层区域,且

(b) 可以画任何图形。

3. 图形任何部分都可以擦除或画下双切。

表 2.3　Alpha 图 X 的规则 1 和规则 2

	E 区域	O 区域
擦除	X	要么在同一区域,要么在外一层的区域,存在另一个 X,则 X
画下	要么在同一区域,要么在外一层的区域,存在另一个 X,则 X	X

第四节　对典型 Beta 图的不同处理

对皮尔斯存在图的讨论不能绕过 Beta 图,特别是在讨论图所表示的命题和推理的特征的时候,更应该将 Beta 图的不同读出细节展示出来。本章前三节对存在图系统内多可读性的描述里面只涉及了 Alpha 图,那么本节将对典型的 Beta 图的不同处理进行介绍。从句法消去和转换规则两个问题切入,分别梳理比较泽曼、罗伯茨和申顺珠对 Beta 图的不同处理。并且为了比较不同的 Beta 图读法,申顺珠给出了一个好的 Beta 图读法的四条标准:第一,作为一个必须的条件,读法应该产生正确的结果。第二,算法应该容易理解并使用。第三,读法应该尊重皮尔斯关于他的图式系统的直觉。第四,这个算法应当包含尽可能少的例外和尽可能少的特殊规定。

一、泽曼的读法

泽曼的 Beta 图读法是目前出现的读法中最具有可理解性和系统性的。尽管如此,但是这种读法几乎无法实际应用。原因是泽曼的算法引入了一个新的术语和一个相关的步骤,结果产生了一种看起来比原初的图还要复杂的读法。接下来将具体介绍泽曼的 Beta 读法,而且通过对泽曼读法的梳理将会发现为什么泽曼没有实现皮尔斯的清晰的想法,却引入了更多的词汇并且获得了一种更加难读的算法。

泽曼的基本想法是把一个 Beta 图转换成一个形如 Alpha 图,因为 Alpha 图的算法已经有了。他注意到 Alpha 系统和 Beta 系统的一个主要的不同是后者对于 LIs(Lines of identity 等同线网[①])的使用,因此转换一个

---

① 这里的 Lines of identity 与前述的 ligatures 的意思相同。

Beta 图到一个 Alpha 图需要一个用合法的方式擦除一个 Beta 图的所有的 LIs 的过程。擦除 LIs 涉及三个步骤①：

(1)给每一个 LI(Line of identity 等同线)赋值一个变量，

(2)在每一个 LI 的尽头写出一个合式公式，并且

(3)擦除 LIs。

下面一步一步展示这个过程。

当给定一个简单的 Beta 图，步骤(i)，给一个 LI 赋值一个变量，直接的方式就可以起作用。例如：

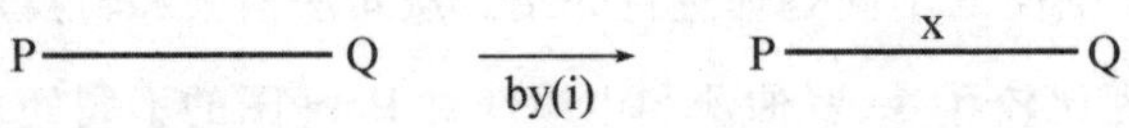

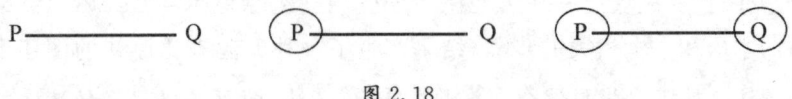

图 2.17

泽曼区分了不同的情况，一个"测地的(geodesic)"线直接收到一个变量，其他更加复杂的情况中"非测地的(non-geodesic)"线需要特殊的处理。下面是泽曼对于"测地的"线的定义：

应该将其称为 SA 上两点之间的一条 LI"测地的"，当且仅当它连接这些点，这些点仅穿过它们之间的切，并且这些切中的每一个都只有一次。

即，如果 LI 没有穿过一个切或者如果一个 LI 穿过任意一个切一次，那么它就是测地的。例如，下图中的 LIs 是测地的：

P————Q   (P)————Q   (P)————(Q)

图 2.18

在第三幅图中，尽管这条 LI 穿过两个切，但是它穿过每一个切都只有一次。

另一方面，如果一条 LI 穿过一个并且是同一个切超过一次，这条线就是非测地的。下图是非测地的 LIs 的示例：

---

① Zeman, J. J., "The graphical logic of C. S. Peirce", PhD Dissertation of University of Chicago, 1964.

图 2.19

在一条非测地线的情况下,穿过切之间的 LI 部分称为一个"回环(loop)"。在上面的例子中,第一幅图中的回环画在了切外部,并且第二幅图中回环画在了切内部。因此,每一个非测地线至少有一个回环。

泽曼建议每一个回环断为两部分并且在这个新产生的点插入一个临时谓词 L^2。上面的例子变成:

图 2.20

现在所有的线都是测地的,并且给它们赋变量,如下:

图 2.21

一个更加特殊的处理方式是这样:当三个分支相遇,泽曼建议应该把接头处断开,用一个新的谓词 L^3,并且给每一条线赋变量。例如,左边的 Beta 图翻译为右边的图:

图 2.22

泽曼称这两个新引入的谓词 L^2 和 L^3 为"一个翻译词汇"。上述的即是步骤(i)赋变量的最后过程。

下一步是用步骤(i)中赋值的谓词和变量来写一个公式。在一个 LI 的每一个端点,我们写一个合式公式,这个公式由一个写在端点处的谓词和给勾连谓词的每一条线赋的变量构成。泽曼需要照顾特殊的情况,当一个 LI 端点处没有写谓词时,即一个回环端点。他建议在一个回环处写另一个临时谓词 L1 并且和给这条线赋的变量共同构成一个公式。用下面的例子展示这些过程:

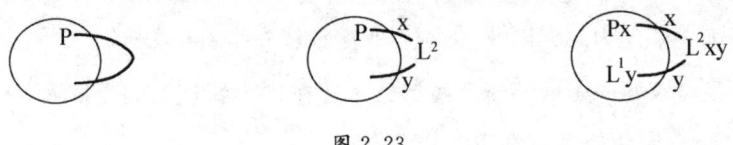

图 2.23

现在已经做好准备进行第三步,擦除 LIs 和临时变量,这就是将一个 Beta 图翻译为一个伪 Alpha 图的最后过程。从上面的最后一幅图擦除线得到如下的图。

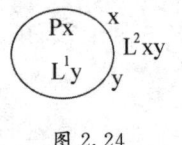

图 2.24

这个图很像一个 Alpha 图,除了句子字母被一阶公式所代替。泽曼称这些看起来很像 Alpha 图的图为 X'。一个人要读出形似 Alpha 图类似于读真正的 Alpha 图(用"endoporeutic"读法,根据泽曼):一个并列翻译为合取,一个切翻译为否定,并且我们从外面读到里面。所以,以上的形似 Alpha 图翻译为"$\neg (Px \wedge L^1 y) \wedge \neg L^2 xy$"。

下一步是通过增加存在量词将一个公式转换为一个句子。对于这个过程,在最短的子公式之前写下一个带变量的存在量词,即 $\exists x_n$,非常关键,这个最短的子公式包含所有变量 x_n 的事件。用这样的方式,我们确信可以处理量词和否定之间的作用域问题,并且得到一个正确的结构。从上面的图得到的句子"$\neg \exists x \exists y (Px \wedge L^1 y) \wedge \neg L^2 xy$"。

然而,这个通过增加存在量词,否定和合取得到的句子可能很有一些临时变量,即 $L^1, L^2,$ 和 L^3。最后的步骤是分别用 $x=x, x=y,$ 和 $(x=y \wedge y=z)$

替换 L^1x, L^2xy,和 L^3xyz。所以,"$\neg \exists x \exists y(Px \wedge y=y) \wedge \neg x=y$"是我们例子的最终翻译结果。

如下是申顺珠①重新构造的泽曼的翻译,反映了泽曼每一个步骤的想法:

1. 转换一个 Beta 图,G,为一个伪 Alpha 图,G',即将一个图从 LI 中释放,从而:

(a)用如下的方法赋一个临时的谓词:

(i)在回环端点,写 L^1。

(ii)断开一个回环并在断点处写 L^2。

(iii)断开三个分支的连接处并在断点处写 L^3。

(b)给每一个单 LI 赋一个变量。

(c)在一个 LI 端点写一个原子 wff:谓词 P 的断点处勾连 n 个 LI,这些 LI 带有被赋的变量 $x_1, \ldots$,和 x_n,写 $Px_1 \ldots x_n$。

(d)擦除 LIs 和给 LIs 赋的变量。

2. 用如下方法变换 G' 为一个公式:

(a)如果 G' 是一个空图,那么翻译为 $x=x$。

(b)如果 G' 是一个原子 wff,$Px_1 \ldots x_n$,那么翻译为 $Px_1 \ldots x_n$。

(c)如果 G' 是一个单切图 X 并且 X 的翻译为 α,那么 G' 翻译为 $\neg α$。

(d)如果 G' 是 $G_1 \ldots G_n$ 并且 G_1 的翻译为 $α_1, \ldots$,并且 G_n 的翻译为 $α_n$,那么 G' 翻译为 $(α_1 \wedge \ldots \wedge α_n)$。

3. 转换这个 wff 为一个一阶句子:对于 wff 中的每一个变量 x,在最短的子公式之前写 $\exists x$,该子公式包含了 x 所有的事件。

4. 移除临时词汇:用 $x=x$ 替换 L^1x,用 $x=y$ 替换 L^2xy,用 $(x=y \wedge y=z)$ 替换 L^3xyz。

举一个例子来说明这些方法步骤如何起作用。

---

① Shin, S. J., *The iconic logic of Peirce's graphs*, Massachusetts: Bradford Book, 2002.

例子 2.10 图 2.25 展示了从 Beta 图 G 获得伪 Alpha 图 G'。然后应用第二条获得如下公式：

$$\neg(Px \wedge L^3xyz \wedge \neg(Qy \wedge Rz))$$

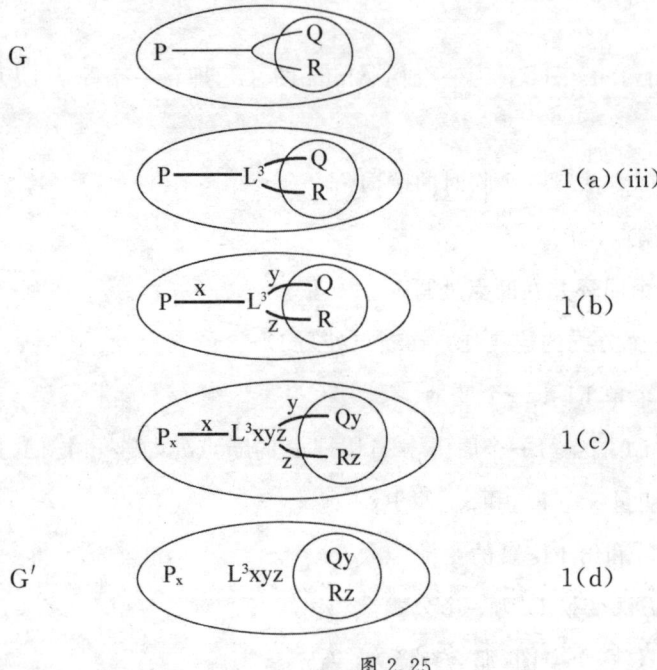

图 2.25

转换 Beta 图 G 为伪 Alpha 图 G'。

把这个公式转变为一个在最小子公式之前增加存在量词的句子：

$$\neg \exists x(Px \wedge \exists y \exists z(L^3xyz \wedge \neg(Qy \wedge Rz)))$$

替换了临时谓词 L^3 之后，得到如下的句子即为通过泽曼的读法最终得到的 Beta 图 G 的翻译：

$$\neg \exists x(Px \wedge \exists y \exists z(x=y \wedge y=z \wedge \neg(Qy \wedge Rz)))$$

这个形式非常复杂的公式逻辑地等价于"$\forall x(Px \to (Qx \wedge Rx))$"。

对这个例子的分析是探析在大多数情况下为什么泽曼的读法一定会产生一个形式非常复杂的翻译的起点。对于上面例子中给定的 Beta 图 G，即

图 2.26

(1)

比较泽曼的对 G 的翻译,即

$$\neg \exists x(Px \wedge \exists y \exists z(x=y \wedge y=z \wedge \neg(Qy \wedge Rz))) \tag{2}$$

和如下的句子,它逻辑地等价于(2)

$$\forall x(Px \rightarrow (Qx \wedge Rx)) \tag{3}$$

这里有趣的问题是(2)和(3)哪一个公式看起来更加接近于图 G。尽管这不是一个容易澄清的问题,除非一个图和一个公式之间"看起来更接近"这一关系已被定义,但是我们可以试着部分地回答,但也只能直观地在二者之间的明显的不同的基础上回答。一方面是每一个句子中的变量的数量,另一方面是每一个句子中量词的种类。重要的是,这两个主题与皮尔斯的直觉直接相关,一个是关于线的使用,且另一个是关于全称量词和存在量词之间的区别。接下来进一步检视这两个方面。

为了可视化的明晰,皮尔斯采用了一条线(它是图形对象)而不是变量(它是符号对象)来表示个体之间数量上的相等。通过一条线连接端点表示这些端点代表的个体相等。一条带有分支的线比几个一种类型的变量的象征符号要更加可视明了。不存在丧失一条线连续性的危险,除非是零散地同样地变量种类象征符号。例如,上述的图 G 中的线有三个分支,然而它的一阶翻译(3)用了变量 x 的三个象征符号。由此,当图 G 被翻译为句子(3)时,可视化的明晰减弱了。更糟的是,当 G 被翻译为句子(2),用了三个不同种类的变量 x,y,z,这个翻译中既没有反映出相等性也没有反映出连续性。很明显,泽曼的读法没有能够捕捉到皮尔斯使用线的动机。

皮尔斯没有用任何新增加的句法对象就成功地表示了每一个个体和某些个体。全称和存在量词被通过可视化的事实,即是否线的最外面的部分处于 E 区还是 O 区,表示出来。按照这个想法,由于 G 中的线的最外面部分处于一个 O 区,图 G 应该被读成一个全称量词,正如句子(3)。不幸的是,这个新颖之处并没有直接地反映在句子(2)中。当注意到泽曼的读法仅仅引入了存在量词,很明显这种读法一点也没有采用皮尔斯的可视的量词的区分。

没有能够遵循皮尔斯的直觉导致了在句子中变量、嵌套的否定和存在量词比真正需要的更多。变量和嵌套的否定越多,句子越难读。在泽曼的作品中没有明确地说明他为什么决定不贯穿皮尔斯的某些想法。例如,泽曼非常了解皮尔斯通过运用可视化特征表示不同种类的量词。引用了皮尔斯的手稿,泽曼正面地评价了皮尔斯对存在和全称量词的可视化表示①。

那么应用到一个给定的等同线上量词的类型将通过检查该线和注意有多少切围绕最少被围绕的线的部分而被决定。这里的特征是没有明确的量化符号,即在 Beta 中不需要量词来"进行量化"。

然而,在他自己的算法中,泽曼没有为两种不同的量词贯穿不同的可视化特征,并且对这个决定没有解释。申顺珠试着给出泽曼的工作中漏掉的部分,来重构泽曼读法背后的基本原理,并且评估忽视皮尔斯明确建立的可视化的量词的区分是否值得。

第一问题,即一个图中线的数量与它的翻译中变量的数量不匹配。这个问题来源于泽曼的读法需要一条线被断为两条或者三条线,断开线的数量取决于是否它有一个回环或者三个分支。通过断开一条线,该算法失去了与皮尔斯关于线的使用的直觉的联系。例如,下图中第一个图获得一个变量,但是第二个图获得两个变量,因为该图中的回环将被断开成两条线:

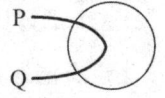

图 2.27

然而,两个图都能够被翻译为一个带有一个变量的表达:"第一个图是 $\exists x(\neg Px \wedge \neg Qx)$",且"第二个图是 $\exists x \neg (Px \wedge Qx)$"。在这一部分的开始,泽曼把带有一个回环的线视为一种特殊的情况,称为"非测地的"。

---

① 本节中皮尔斯的原文均转引自 Shin, S. J., *The iconic logic of Peirce's graphs*, Massachusetts: Bradford Book, 2002.

第二章 皮尔斯存在图多可读性的表象逻辑

泽曼为什么会相信这种非测地线是特殊的,且应该被断开成两部分?上面的例子中图右边的非测地线并不需要被翻译为带两个不同变量的句子。另一方面,泽曼认为某些非测地线需要这种处理是对的。

例如,下图中的线有一个回环:

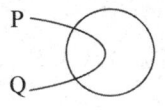

图 2.28

这个图的意思是"$\exists x \exists y(x \neq y \wedge Px \wedge Qy)$",表达它不能只用一个变量,因为两个不同的对象存在是该图所要表达的内容的一部分。如果我们给一条线只赋一个变量,就无法表示两个不同的对象,因为这个图只有一条线。

因此,泽曼认为我们需要对非测地的 LIs 进行特殊的处理的直觉是部分地正确的:某些非测地的情况不得不用与测地的情况不同的方式处理,但是并不是所有的非测地的情况都需要如此。泽曼应该在非测地线中做更精细的区分。或者不是在测地和非测地之间进行区分,泽曼应该采用一个不同的区分,即在可以赋一个变量的线和赋多于一个变量的线之间进行区分。他的测地的和非测地的区分不是在这里画下的(区分线)中最有用的。

泽曼读法中第二个引人注目的问题是一个翻译往往被证明是一个带有嵌套否定和存量词的句子。没有全称的表述可被直接获得。正如上面看到的,泽曼知道皮尔斯的系统通过画一条最外面的部分处 O 区的 LI 来直接地表示所有的。那么,为什么泽曼没有为这种表达写下一个方法步骤?有两个解释似乎是有道理。

一个可能的解释是泽曼的算法需要在读的过程中擦除 LIs。线被擦除以后,一条线最少被围绕的部分是处于一个 E 区还是一个 O 区这个可视化特征不容易被运用。因此,泽曼选择忘掉系统中全称量化的清晰的可视化表达。

然而,有一个比 LIs 的擦除更基本的原因。尽管泽曼把线留到了最后,但他没有运用表示所有的或者某些的个体的可视化不同,因为他的算法采用了"endoporeutic"读法。转换一个 Beta 图为一个形似 Alpha 图之后,泽曼用皮尔斯的"endoporeutic"读法来读出这个伪 Alpha 图。这就是说,当一个图有切时,解释是"内部过程"。从而,泽曼无法读出 LIs 要么是一个全称要么是一个存在量词的清晰的可视化特征。

例子 2.11　如下第一个图被解释为第二个图的否定:

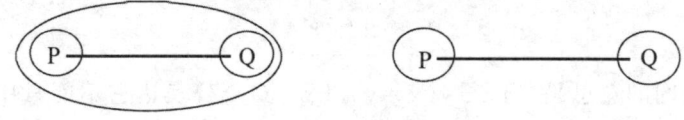

图 2.29

因此,我们解释第二个图为"$\exists x(\neg Px \wedge \neg Qx)$"之后,在这个句子之前写一个否定来得到第一个图的解释,"$\neg \exists x(\neg Px \wedge \neg Qx)$"。注意对于第二个图的解释,运用了皮尔斯一条等同线的最外面的部分被偶数地围绕代表某些个体的观点。然而,对于第一个图的解释,在泽曼的方案中,没有机会读出线的最少的被围绕的部分处于 O 区的可视化事实。相反,泽曼算法中第三条步骤中条件"最短的子公式"变得至关重要。如果忽视这个条件,我们将得到一个错误的翻译"$\exists x\neg(\neg Px \wedge \neg Qx)$",而"$\neg \exists x(\neg Px \wedge \neg Qx)$"才是正确的那一个。因此,根据组成泽曼算法的"endoporeutic"读法,无法直接从第一个图中读出"$\forall x(Px \vee Qx)$",但是可以在一个带有嵌套否定和存量词的句子上运用德摩根律之后得出。

这个问题并不是泽曼的读法中特有的,因为皮尔斯给 Alpha 图的"endoporeutic"读法已经被关于这个主题的所有文献都接受了。只要一个图有一个切就会被解释为图的解释的否定,皮尔斯的关于存在和全称描述的表示的洞见没有应用的空间。皮尔斯的洞见引导一个人直接读出每一个(全称量词)或者某些(特称量词),而"endoporeutic"读法引导一个人直接读出量化。

这里用申顺珠的读法标准分析泽曼的读法。这个读法很清晰地通过了一个读法必须具备的条件,即得到一个正确的结果。描述一个可理解的没有例外规则的方法是泽曼方法的主要目标,且他成功了。每一个 Beta 图可以翻译成一个相同的一阶句子。另一方面,一个读法的效率,即在一个给定的图和它的翻译之间保持一种相似的结构,和忠实于皮尔斯的主要想法在泽曼的项目中是第二位的。尽管辨别一个给定的读法是否简单是非常主观的,但是一般的共识是泽曼的方法不是足够的简便所以没有被广泛地使用。泽曼的方法非常明显地不符合皮尔斯对 Beta 图的想法,也即这个读法没有充分利用存在图的图形方面。

二、罗伯茨的读法

罗伯茨[①]的重要贡献促使皮尔斯的 EG 比其他方面更广泛地被人们知晓。在这个部分我们将集中在罗伯茨关于如何读出 EG 的 Beta 图方面的工作。

罗伯茨的方法与泽曼的非常不同。泽曼的主要兴趣是表述 Beta 系统的一个形式化的和一般的方法,而罗伯茨的目标是用一个更加直觉的和非形式的方法介绍这个系统。罗伯茨非形式地解释在系统中 LIs 的含义和以皮尔斯自己的约定为基础应该如何表达量化。通过这些非形式的解释,罗伯茨展示了如何读出一个 Beta 图。

一张纸上的点能够被延长为一条线。罗伯茨说:"从而,EG(存在图)把个体符号和量化符号结合成一个符号[点或线]。"如下三条皮尔斯的约定提出了如何这一个句法策略执行了一阶语言两个句法策略——量词和变量——的功能:

  C6 在断言页上画一个重的点或者不连接线表示一个单一的个体

---

① Roberts,D. D., *The existential graphs of Charles S. Peirce*, The Hague: Mouton,1973.

对象在普遍的语境中存在。

C7 一个重的线,称为等同线,应该是一个图断言他的两端表示的个体在数量上相等。

C8 带有 n 个分支的等同线的一个分支将被用来表示它的 n 个端点所表示的 n 个个体相等。

一个重的点是系统中的最小单元之一且不能被进一步分析。它表示一个对象的存在,但是不能断言关于这个对象的性质。严格地说,没有句法装置对应于一阶语言的一个非句子公式。点这个图形对象在表示个体方面有一个巨大的优点。通过把它延长成一个重的线和带有若干分支的线不会丢失数量上的相等,根据 C7 和 C8 这条线能够被与不止一个谓词相连接。尽管它口头上听起来非常复杂,但是当我们看见的一条线,如下图提及一个和带有三种性质的相同的个体在视觉上是非常清楚的:

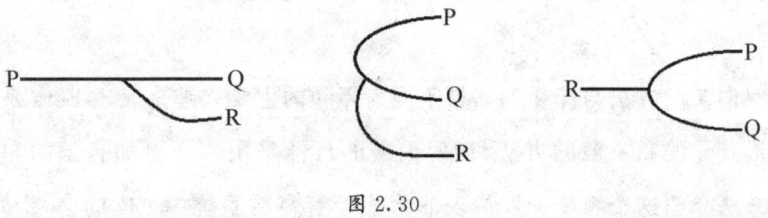

图 2.30

罗伯茨告诉我们用最自然的方式读出 LIs。对于一个分支没有像泽曼的读法中那样的断点。如果罗伯茨尝试使用变量,他将说变量的一个种类已经给到了一个 LIs 网。泽曼的算法中的 1(a) 下的三条方法步骤将没有可对应的过程。罗伯茨不会将一个 LIs 分割或者引入一个临时的变量。

为什么泽曼采用了 1(a) 中的方法步骤呢?泽曼认为如果一个变量被赋值到一个 LIs 网,那么带有一个回环的线将导致错误的结果。然而,一条带一个回环的线并不总是得到一个不正确的结构,仅仅有时会出错。因此,我们得出结论,泽曼走太远以至于没有包括所有的情况且最后使得很多简单的情况更加复杂了。那么在罗伯茨的读法下,罗伯茨的简便的读等同线的方法是否照顾到了泽曼非常担忧的真正的错误结果的情况呢?

为了回答这个问题，让我们把前面讨论过的两个图带回来：

图 2.31（同图 2.27）

根据泽曼，两种情况都有一个回环，因此在每一个翻译中都将有两个变量。在第一个图中，罗伯茨强调这个单一的线可能被考虑为有三个部分，一部分在切外面，另外两部分在切里面，它表示相同的个体。因此，我们得到一个正确的翻译"某些东西不都是 P 和 Q"。这个翻译，"$\exists x \neg (Px \wedge Qx)$"看起来比泽曼给的相同的图的逻辑等价的翻译"$\exists x \exists y (x = y \wedge \neg (Px \wedge Qy))$"简单很多。

然而，一个 LIs 表示相同个体的想法在右边的图中不起作用。尽管所有的三个部分（两个在切外面和一个在切里面）连接起来似乎是一条线，但是这个图指称两个不同的变量。它表示"某些东西是 P 且某些东西是 Q 且两种对象相互区别于对方"。泽曼的读法给了一个正确的结果，"$\exists x \exists y (Px \wedge Qy \wedge \neg x = y)$"。

在他的原初的讨论中，罗伯茨新写了一段，关于"涉及一条线穿过一个切的情况留下来被讨论，等同线整个穿过一个空切[如下图]的情况"：

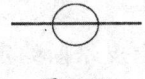

图 2.32

这里是罗伯茨直觉的和非形式的读法对这种情况的解释：

这个句法的意思是通过等同线网的端点表示的个体不相等："存在两个这样的对象，没有第三个对象与它们两个相等"。

然而，他如何得到这个解释，即存在两个彼此不相等的个体，并不是很清楚。

在罗伯茨之后的著作中，在一个题目为"特殊情况"的另外的段落中出现了几个图作为一个单线和一个单个体之间简单表示的例外，且为每一个

图都规定了特殊的读法。在之前引用的段落中的图就是其中之一,且这次他给出了一个更加详细的解释:

照字面的意思,["这个一条线整个穿过一个空切的图中"]意思是"存在一个对象且这些对象相等是假的",这些对象由线的两个没有被围绕的部分表示。

皮尔斯自己在其中一个解释性推论中处理了这种情况:

解释性推理7 一条等同线穿过一个切将意味着不相等。

通过使用术语"推论",皮尔斯暗示这种情况的读法符合他的约定。然而,由于如何从皮尔斯的约定中消解这个推论并不清楚,罗伯茨觉得一个特殊的规定是需要的。这就是罗伯茨用以避免泽曼的临时谓词 L^2 的方法。

那么临时谓词 L^3 怎么处理呢?我们已经看到那种情况,泽曼的三个变量中的 L^3 的引入导致一个复杂的翻译,而关于一个 LI 的直觉的想法是只引入一个变量。泽曼的看起来笨拙的选择来自一个正确的意识,即不是所有的情况都能够给一个 LIs 网只引入一个变量。假定三个分支的连接处被一个切围绕:

图 2.33

皮尔斯的约定且同样依赖于皮尔斯约定的罗伯茨的读法,又一次不能清楚地指导我们如何解释这个图。两种读法都给了相当含糊的英语句子"三个个体不是完全相等"。

罗伯茨如何避免引入另一个泽曼的临时谓词 L^1 呢?没有看到罗伯茨的非形式读法如何引导我们读出如下看起来很简单的而泽曼却需要引入 L^1 的图:

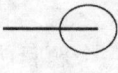

图 2.34

相反,罗伯茨将下图作为一个特殊情况进行了讨论:

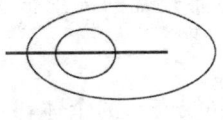

图 2.35

他的解释是"存在某种东西,且存在其他的某种东西与它不相等是假的",即"某种东西与所有的东西相等"这个读法是如何获得的也不清楚。另一方面,泽曼的读法将经历如下的过程。

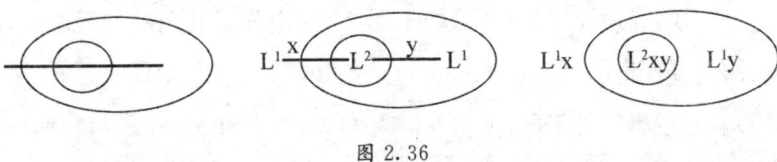

图 2.36

所以我们获得读出的结果,"∃x[x=x∧¬∃y(y=y∧¬(x=y))]",它逻辑等价于"∃x∀y(x=y)"。

因此,罗伯茨的读法实现了皮尔斯的等同线的使用背后的主要想法来获得一个简单的且直觉的读法,但是这个直觉读法似乎没有覆盖所有的情况。所以,一些图需要被处理成特殊情况。如果每当遇到一个直觉的方法无法获得它的读法的图时都需要规定,那么这个方法几乎不能成为一个理想的算法。首先,无法分辨在几条不同的规定下是否覆盖所有的特殊情况。当没有一个可理解的形式的算法时,也很难确认是否一个特殊情况下的读法获得的结果是否正确。

这里有一个很好的例子说明这个问题。罗伯茨自己给命题"每一个母亲爱她的某个孩子"作出下图:

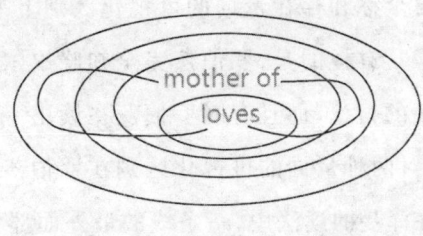

图 2.37

然而,这个图表达句子"∃x∀y(MotherOf(x,y)→Loves(x,y))",它并不等价于英语句子"每一个母亲爱她的某个孩子"。罗伯茨自己读出这个图很简单,但是很不幸是错的:

令 i 为左边(母亲)的等同线表示的个体,且 j 为右边(孩子)的等同线表示的个体,且读出该图为:"拿出你喜欢的任何一个个体,称为 i,存在一个个体 j,如果 i 是 j 的母亲,那么 i 爱 j"。

这个错误是可以理解的,因为罗伯茨没有一个完全的算法来检查他对这个图的读法的错误。

另一方面,在泽曼的读法中,如下图 2.38 中相当复杂的过程之后,我们得到读法 ¬∃x∃y[x=y∧¬∃u∃v(u=v∧¬(MotherOf(u,v)∧¬Loves(y,u)))],它逻辑等价于∃x∀y(MotherOf(x,y)→Loves(x,y))。那么这个图并不是英语句子"每一个母亲都爱她的某个孩子"的一个正确的翻译。

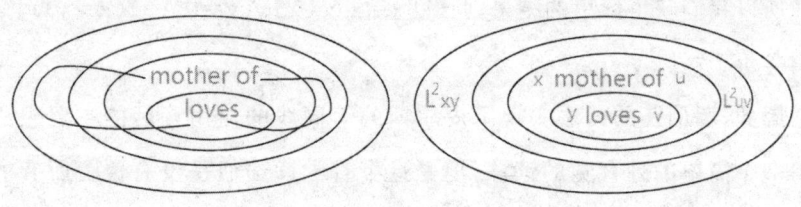

图 2.38

用泽曼的读法对罗伯茨建议的句子"每一个母亲爱她的某个孩子"进行转换。

罗伯茨忠实于皮尔斯对等同线的直觉,这导致他有两个相关联的麻烦。一个是该方法需要规定例外的情况,另一个更加严重,是缺乏系统的读法,使得不正确的结果很难被检测出来。

当转到皮尔斯对全称和存在量词的可视化区别上来,我们发现罗伯茨对于实现它非常犹豫。有趣的是,罗伯茨完全知晓皮尔斯关于这个区别的想法并且进行了详细的讨论,而且有时罗伯茨在读出一个图时运用了这个区别。总之,皮尔斯对两种量词的可视化区别在罗伯茨的读法中几乎没有得到应用。反而是在泽曼的读法中,一条线的最外面部分被围绕在 O 区读作一个存在量词的否定。再一次,在泽曼的读法中,获得了一个套叠的否定和存在量词。

罗伯茨对两种量词之间可视化区别的矛盾的态度在他如下的两个图的读出中得到了很好的说明。这个例子也将展示出当一个读法依赖于杂乱而直觉不是明确的指引时,它会变得很累赘。

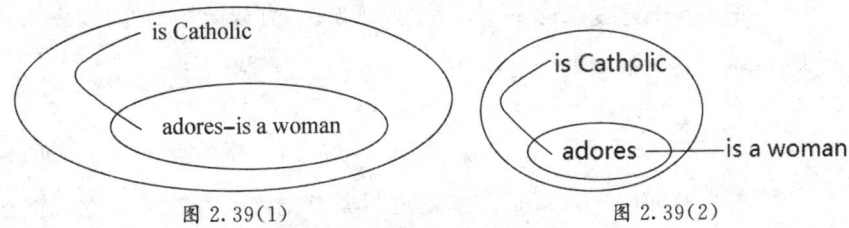

图 2.39(1)　　　　　图 2.39(2)

罗伯茨用皮尔斯对两种量词的可视化区别翻译图 2.39(1):

> 根据 C7,这[有两个没有连接的等同线]意识是 Fig.10[图(1)]指称两个个体。并且根据上面讨论的解释方法,外面的端点被围绕一次(并且因此是奇数次)的线指称每一个个体都被描述为天主教徒;并且外面的端点被围绕两次(并且因此是偶数次)的线指称某个个体被描述为一个被爱慕的女人…因此 Fig.10[图(1)]能被读为如下句子:"每一个天主教徒爱慕某个女人"。

然而,当他读出图 2.39(2)时,这个可视化区别没有起到任何作用:

> 那么 Fig.12[图(2)]呢?…如果把 Fig.12[图(2)]最外面的切移去,就可以得到第一个图:

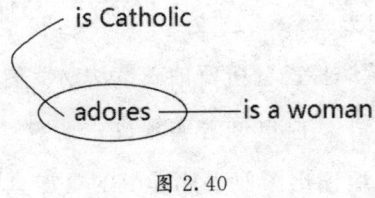

图 2.40

> 意思是"存在两个个体;一个是天主教徒,另一个是一个女人;并且该天主教徒爱慕该女人是假的",换句话说,"存在某个天主教徒,他没

有爱慕某个特别的女人"。现在如果我们恢复一个切又得到图(2),并且从图最外面的部分开始我们的解释(endoporeutically),它读作如下句子:"存在某个女人并且某个天主教徒没有爱慕这个女人是假的[这是恢复的切的力量]"。这个读法的第二部分,"某个天主教徒没有爱慕这个女人是假的",是一个O命题的否定,但是这等价于A命题的肯定"每一个天主教徒爱慕这个女人"。因此图(2)可以被读作"存在一个女人,每一个天主教徒都爱慕她"。

在这些引文中,对于图2.39(1)和图2.39(2)的罗伯茨的读法之间存在不一致。图2.39(1)中,罗伯茨运用皮尔斯对全称和存在量词之间的区别并且直接地将一个嵌套读作一个条件的形式,然而他在读图2.39(2)的时候却忽略了这两条原则。相反,他首先读出一个没有图2.39(2)的切的图,然后他否定了那个解释。当罗伯茨读图2.39(2)时,他为什么放弃了一个似乎更好的办法(在读图2.39(1)的时候采用)。采用类似于读图2.39(1)的方法能够更加容易地读出图2.39(2)。外面的端点没有被任何切(因此是被围绕了偶数次)围绕的线指称某个女人。并且外面的端点被围绕一次(因此是被围绕了奇数次)指称每一个天主教徒。根据皮尔斯对线的排序,应该首先读最外面的部分没有被切围绕的线。因此,读作'存在一个女人,每一个天主教徒都爱慕她'。罗伯茨不确信是否我们可以从图2.39(2)中读出一个套叠,因为连接"adores"和"is a woman"的线不符合嵌套的形式。另一方面,罗伯茨察觉到了图2.39(1)中的一个嵌套。从而在罗伯茨的读法中缺乏一个系统的算法,这可以解释他处理图2.39(1)和图2.39(2)的两种不同的方式。

这里用申顺珠的读法标准分析罗伯茨读法。罗伯茨的目标是要满足第二个标准,容易运用。并且他也试着实现皮尔斯对这个图式系统的直觉。因此,罗伯茨的非形式地读出图似乎比泽曼的更加直观且简单。然而这种直观且简单的读法的代价是当一个图变得非常复杂时,如何使用这个非形式的读法很不清晰。这就是为什么罗伯茨的读法不得不提供更多的规定和例外。同时像泽曼的读法一样,罗伯茨的读法并不能一直都实现皮尔斯的直觉。

三、申顺珠的读法

在分析了泽曼和罗伯茨的读法之后,申顺珠①给出一种 Beta 图读法的新算法,它保留了现存的读法的优点且避免了它们的缺点。她认为泽曼的读法在提供一个系统读出 Beta 图的方法方面非常成功,并且罗伯茨的读法似乎更加直观。一种方法的优点似乎是另一种方法的缺点。同时,二者都没有实现皮尔斯对 Beta 系统的原初直觉。申顺珠宣称,她的新读法将是一个把 Beta 图翻译为一阶句子的一个系统的可理解的算法,但是同时它将保留其直观性。更重要的是,这种新读法的直观性是通过皮尔斯的基本的想法获得的。因此,这个读法将摆脱现存的读法遭遇到的缺点,即忽略皮尔斯在存在图上的有价值的洞见。

为了进一步讨论,我们需要更加小心地定义一个双切和一个等同线网。在 Beta 图的情况下,双切需要用一个比在 Alpha 图情况下更加复杂的方式被定义。罗伯茨非常谨慎地用如下的方式为 Beta 系统定义一个双切:

> 一个特别的和重要的嵌套的种类由这些它外面的区域要么是空的要么包含仅仅部分等同线组成的。这些等同线从里面的区域出发穿过到外面的区域。任何这类嵌套称为一个双切(DC)。

申顺珠稍微修改这个定义但是不改变它的内容。在 Alpha 系统中,不存在占据多于一个切的句法。每一个句子符号的标识,要么在一个切的内部要么在一个切的外部。然而,在 Beta 系统中,一个 LI 能部分地或整个地穿过一个切。在如下的例子中,图 2.41(1)是一个 LI 整个地穿过里面的切

---

① Shin, S. J., *The iconic logic of Peirce's graphs*, Massachusetts: Bradford Book, 2002.

但仅部分地穿过外面的切，图 2.41(2) 是一个 LI 整个地穿过两个切，图 2.41(3) 是 LI 仅部分地穿过两个切：

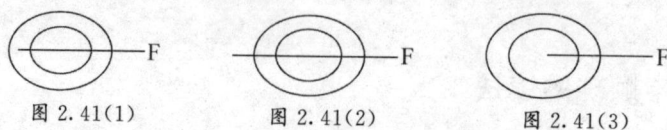

图 2.41(1)　　　　图 2.41(2)　　　　图 2.41(3)

在一个嵌套的外面区域写了什么决定该嵌套是否是一个双切。如果在一个嵌套外面区域什么都没写，那么他是一个双切，就像在 Alpha 图中一样。如果一个 LI 的一部分整个地穿过一个嵌套的外面区域，那么这个嵌套也是一个双切。因此在上面图 2.41(1) 中没有双切，但是 2.41(2) 和 2.41(3) 中的每个嵌套都是一个双切。

定义 2.9　一个嵌套是一个双切当且仅当嵌套的外面区域什么都没[即，内部和外部的切之间的区域]，除了 LIs 整个贯穿外面区域的情况。

现在我们更仔细地考察在 Beta 系统中如何运用等同线。在如下的两个图中，一个简单的等同线表示，某物是 P 和 Q(或者某个 P 是 Q)：

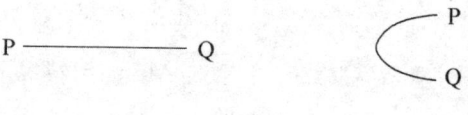

图 2.42

假定我们需要表达某物是 P、Q 和 R。一阶语言情况下，一个变量的使用和一个量词的作用域能够使我们多表达一个性质，即关于一个对象是 P 和 Q。这种情况下的图中，一个 LI 需要分支，如下图：

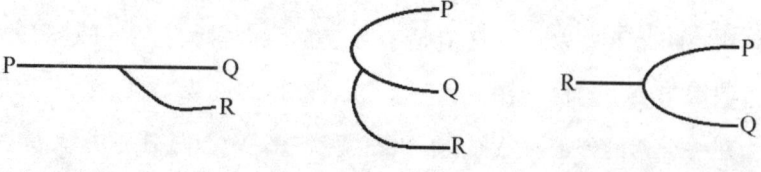

图 2.43(同图 2.30)

当一个对象展现出两个以上的性质或关系时，一个 LI 分支将出场。从而每一个 LI 的和相同的 LI 的分支的功能为一条等同线；每一个分支指称相同的对象。我们称这个相互连接的分支网为一个 LIs。应该注意到一条等同线是 LIs 最简单的形式。上图中,每一个图有一个 LIs,就如一个一阶语言要求一个存在量词作用域下有一种变量。如下更复杂的图来自于罗伯茨:

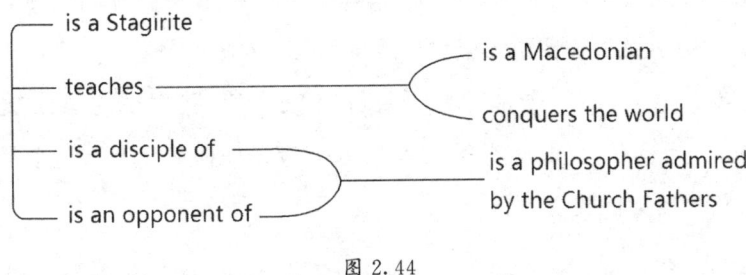

图 2.44

这个图表示命题"存在一个斯塔利亚人,他教导一个马其顿的世界征服者,并且他是一个信徒和反对者,他信仰和反对的是一个为教堂的神父所钦慕的一个哲学家"。这个图有三个 LIs,并且类似地,如果使用一个一阶语言的话,三个约束变量将被采用。

似乎在 Beta 图中一个 LI 和一阶语言中的一个变量之间存在一个强关联,并且将把这种关联体现在新的读法中。然而,LIs 和变量之间一个主要的不同在于一个 LI 指称一个对象,而一个变量不是。正如如下将看到的,也并不是所有的情况都是一个和相同的 LIs 指称一个相同的对象。

假定我们翻译命题存在一个 P 和一个 Q 且二者相互等同。句子"∃x∃y(Px∧Qy∧x≠y)"是一阶语言下的一个翻译。在两个存在量词作用域内使用了两个变量。然而,如果用两个 LIs 连接谓词 P 和 Q 如下,我们不能获得想要的:

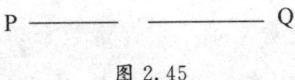

图 2.45

这个图是说某物是 P 且某物是 Q,即 ∃xPx∧∃xQx。也就是说,这个图不能表达两个对象之间不同一的关系。我们需要否定同一关系而不是否定性质 P 或 Q。如下任何一个图都可以实现:

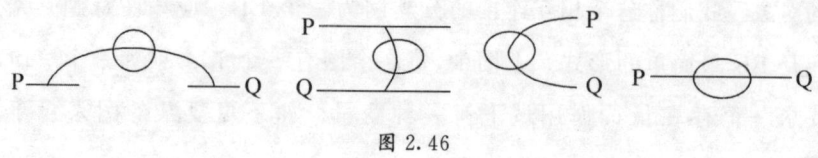

图 2.46

因此,当一个 LI 整个贯穿奇数个切时,每一个 LI 网指称同样的对象是不对的。相反,这里需要引入(至少)两个不同的对象。

如果一个 LI 的一个部分整个贯穿奇数个切,我们说这条线被剪断(clipped)。下图中,仅 l_3 是被修剪的。l_1 没有穿过任何切,l_2 没有整个贯穿任何切,l_4 整个贯穿偶数个切。

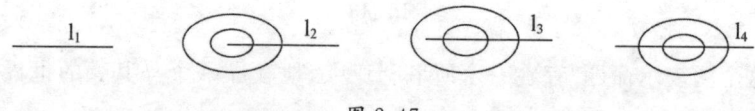

图 2.47

当一条线被剪断,计算处在奇数个切外面的部分(叫做 n),并且称在 LIs 中存在 n 个剪断。如下四个图都只有一个 LIs,但是图 2.48(1)中 LIs 被一个切剪断为两个部分,图 2.48(2)被一个切剪断为三个部分,图 2.48(3)被一个切剪断为两个部分。

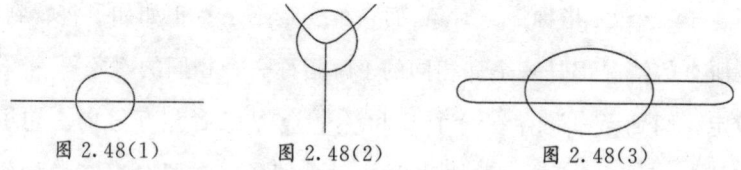

图 2.48(1)　　　图 2.48(2)　　　图 2.48(3)

为了顾及剪断,以下给出的读法将赋变量分为两种情况:

1. 擦除双切。

2. 给 LIs 赋变量。

(a)如果一个 LIs 没有分支整个贯穿奇数个切,那么赋一个新的变量到 LIs 的最外面部分(即,它最少被围绕的部分)。

(b)如果一个 LIs 有一个分子整个贯穿奇数个切(即,奇数个切将一条 LI 剪断为多于一个部分),那么

(i)赋一个不同类型的变量给此 LIs 被剪断的每一个部分的最外面部

分,且

(ii)处于这些奇数个切的最里面的每个分支的连接处,写 vi＝vj,这里 vi 和 vj 被赋在每一个剪断处(在上述过程中)。

3. 为 LIs 写原子 wffs。

(a)为每一个 LI 的端点处写一个谓词,称为 P,根据挂钩(hook)的顺序用 Pv1…vn 替代 P,这里 $v_1,\ldots,$和 vn 被赋到线的挂钩处的 P。

(b)对于一个 LI 的每个松散回环(loop)端点,即没有谓词的端点,写 T。

(c)对于一个没有原子 wff 或者 T 的线,即,没有剪断的圈,在 LI 的最外面部分和最里面部分写 T。

4. 获得复杂 wffs。

就像处理 Alpha 系统中的句子符号一样处理原子 wffs 或 T(通过前述的步骤获得)。用 Alpha 系统中的"NNF"读法,给原子 wffs 代入句子符号,来获得一个复杂 wff。(对于这个步骤,忽视了 LIs 和给 LIs 赋的变量。)像处理泽曼的准 Alpha 图一样处理它们。令 G 为一个简单准 Alpha 图。如下的 f 是一个基本的函数,它可以将一个简单的准 Alpha 图翻译为一个简单句子:

f(G)＝α　　　如果 G 是原子 wff α

f(G)＝¬α　　如果 G 是一个切围绕原子 wff α

f(G)＝T　　　如果 G 是 T

f(G)＝¬T　　如果 G 是一个切围绕 T

f(G)＝T　　　如果 G 是一个空白

f(G)＝¬T　　如果 G 是一个空切

现在我们扩展这个函数 f 到 $\bar{f}$ 来翻译一个准 Alpha 图为一个复杂 wff:

$\bar{f}(G)=f(G)$　　如果 G 是一个简单的准 Alpha 图

$\bar{f}([[G]])=\bar{f}(G)$

$\bar{f}(G_1\ldots G_n)=\bar{f}(G_1)\wedge\cdots\wedge\bar{f}(G_n)$

$\bar{f}([G_1\ldots G_n])=\bar{f}([G_1])\vee\cdots\vee\bar{f}([G_n])$

5. 获得句子。

对于 wff 中的每一个变量 v_i 通过如下步骤获得,

(a)如果 v_i 被写在一个 E 区,那么立即把 $\exists v_i$ 加在最小的 NNF 子公式前,这里的 NNF 子公式包含 v_i 的所有事件,

(b)如果 v_i 被写在一个 O 区,那么立即把 $\forall v_i$ 加在最小的 NNF 子公式前,这里的 NNF 子公式包含 v_i 的所有事件,并且

(c)如果不止一个量词,称为 $l_1 v_1, \ldots,$ 和 $l_n v_n$,加在同样的 NNF 子公式(通过 5(a)或且 5(b)),那么被围绕的 v_i 越少,$l_i v_i$ 获得作用域越大。

下面将用示例说明上述每一条是如何起作用的。第 1 条告诉我们把如下的左边的图转换为右边的图的两种情况:

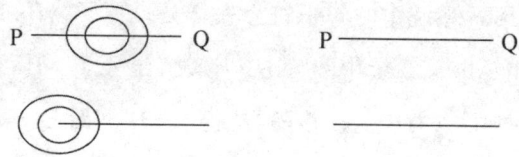

图 2.49

然而,下面的两个图中没有双切可以被擦除:

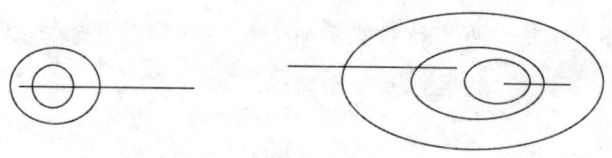

图 2.50

2(a)遵循了皮尔斯关于等同线的直觉。那就是,一条等同线,虽然可以有分支,但是只表示一个对象。可以看到 2(a)可以很容易得到下面的图:

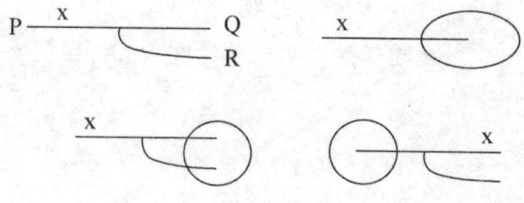

图 2.51

但是，存在一个破坏这个直觉的反例。这就是 2(b)(i)所说的情况。正如上面看到的，下面图 2.52①(1)的 LIs 中有两个剪断，图 2.52(2)中有三个剪断，图 2.52(3)中有两个剪断：

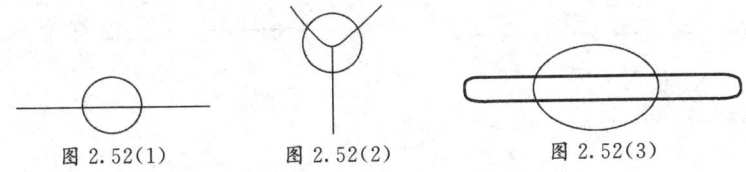

2(a)(i)建议不同的变量将被赋于每一个剪断处：

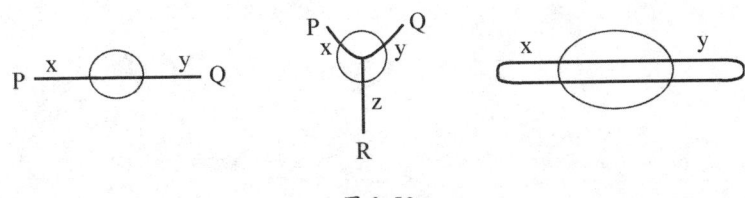

图 2.53

因为有 2(a)，所以对于 2(b)来说给最少的被围绕的部分赋一个变量是非常重要的，因为每一个变量的位置将决定应该赋哪种量词。假定给出下图：

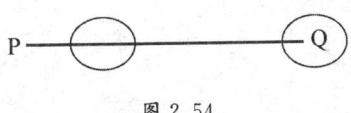

图 2.54

第一个切造成两个剪断。两个变量，x 和 y，应该被赋在每一个剪断的最少被围绕的部分。因此如下图，左面的图是正确的，而右面的图是错误的：

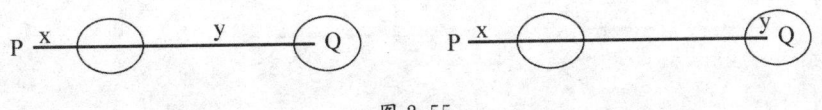

图 2.55

当应用第 2 条的时候，非常关键的是要注意是否一个 LIs 的一个分支整

---

① 图 2.52 同图 2.48。

个贯穿了奇数个切。如下的左图中，LI 整个地贯穿了一个切，而右图中两个 LI 都没有整个贯穿任何切。因此，第 2 条用下述的方式赋变量：

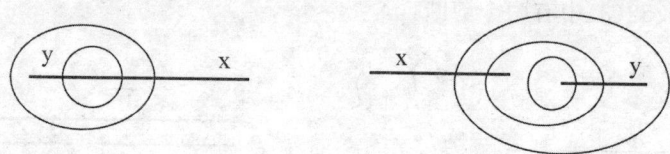

图 2.56

现在考虑一个稍微复杂的情况，如下：

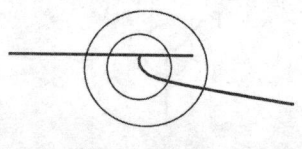

图 2.57

注意这里没有双切，因为 LIs 的一个分支端点在嵌套的外部区域。重要的是，这个 LIs 的一个分支整个贯穿一个切。我们可以用两者中的任何一种方式确定它的身份，并且根据 2(b) 赋变量：

图 2.58

为了在复杂的图中追踪一个或者相同的没有剪断的 LIs，可以在方括号中写下变量。例如，

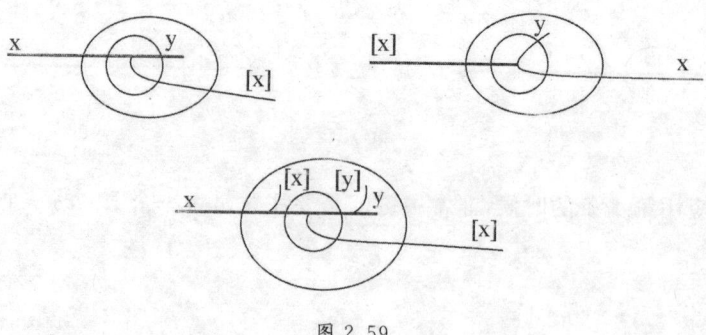

图 2.59

用方括号是为了更有效地运用第5条。

注意2(b)还有一个过程,那就是在切内写下 $v_i=v_j$。这个等同表达对应于图中这些两个剪断在一个切内相互连接的情况。下图即是应用这一条得到的结果:

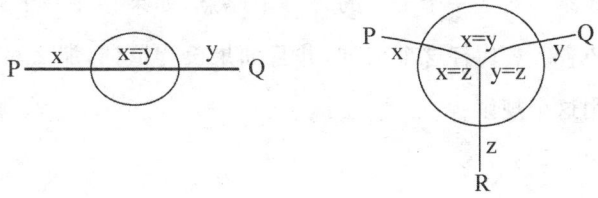

图 2.60

现在可以问是否2(a)和2(b)之间的区别与泽曼的测地线和非测地线之间的区别。当赋变量给下图时,泽曼的区别和申顺珠的之间的不同就变得清晰了:

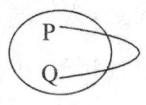

图 2.61

根据2(a),由于这条线的任何一部分都没有整个贯穿奇数个切,所以只给这条线赋一个变量。然而,这条线穿过一个和相同的切超过一次,所以用泽曼的术语是非测地线。因此,用泽曼的方法要赋两个变量。很清楚,2(b)的适用作用域内的线(即,剪断的线)总是非测地线,但是反之并非如此。所以,新的读法将比泽曼产生出更少的变量。泽曼要求任何连接点都应该断为三个部分。例如,用泽曼的读法如下所有的图都将得到三个变量:

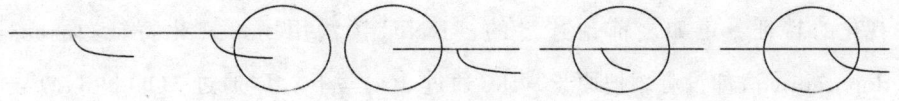

图 2.62

然而,新读法仅赋一个变量给前三个图,因为在这三个图中任何 LIs 的部分都没有整个贯穿一个切。第四个图有两个剪断,第五个图有三个剪断。

因此,给第四个图赋两个变量,给第五个图赋三个变量。在很多情况下,新读法产生的变量更少。我们期望变量种类的数目不同引导我们到达看起来更简单的一阶句子作为图的最终翻译。这个好处来自努力实现皮尔斯关于一条线的连续性尽可能的少作更改的直觉。

转到第 3 条。对于一个 LIs 的每一个端点,如果存在一个谓词 P,那么用原子 wff $Pv_1\ldots v_n$ 代替这个谓词,并且如果没有谓词,那么写 T。下图展示了如何应用这个规则:

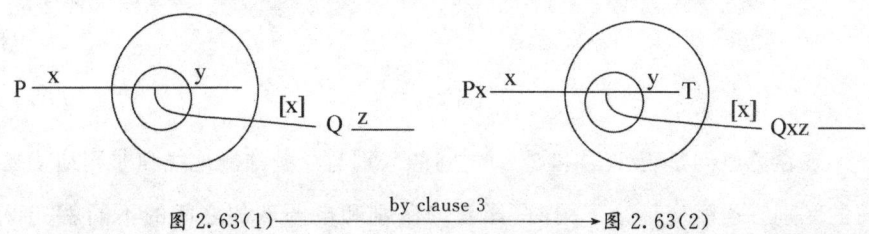

图 2.63(1)——by clause 3——→图 2.63(2)

回忆泽曼的读法,它也是在一个 LI 的端点处写一个原子 wff。他的读法和这个新读法之间主要的不同是,为了写原子 wffs,泽曼在自由端、回环和连接处引入三种临时谓词,而我们在自由端写"T"。很明显,这个不同使新读法比泽曼的更加简单。

下一步,第 4 条,展示了与皮尔斯的"endoporeutic"读法分道扬镳,而所有现存的读法却都跟随了 endoporeutic。"endoporeutic"读法阻止了实现皮尔斯在全称量词和存在量词之间作出的形象化区别。似乎非常清晰的是皮尔斯像所有他的追随者一样,没有考虑一种可以替代 endoporeutic 的读法。这或许就是为什么皮尔斯自己没有坚持在任何读法算法里反映他自己的关于全称量词和存在量词形象化区别的洞见的原因。

申顺珠在这里建议舍弃 endoporeutic 法而保留全称量词和存在量词可视化的特征。正如之前论述过的,"NNF"读法用了可视化特征,而 endoporeutic 法却没有。把原子 wffs(通过 3(a)写下)、T(通过 3(b)和 3(c)写下)和等同 wffs(根据步骤 2(b)(ii)写在分支的连接处)处理为 Alpha 系统中的句子符号。例如,从下图中,用第 4 条可以得到 wff "$Px \wedge Qy \wedge Rz \wedge (\neg x = y \vee \neg y = z \vee \neg x = z)$"。

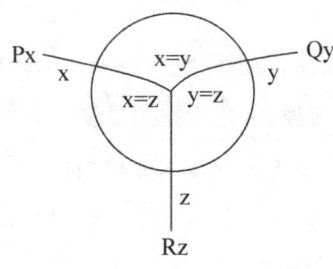

图 2.64

步骤 5 告诉我们如何从前述步骤构成的复杂 wff 中得出一个最终的句子,通过读出一些和所有之间的形象化区别。在步骤 2 中在 LIs 最外面的部分写下变量。根据是否一个变量写在 E 区或者 O 区,分别采用量词 $\exists$ 或者 $\forall$。上图中,由于所有的变量都写在 E 区,我们用三个存在量词得到"$\exists x[Px \land \exists y(Qy \land \exists z[Rz \land (\neg x=y \lor \neg y=z \lor \neg x=z)])]$"。

下一个例子需要用到一个全称量词。假定运用步骤 2 和 3,有如下准 Alpha 图:

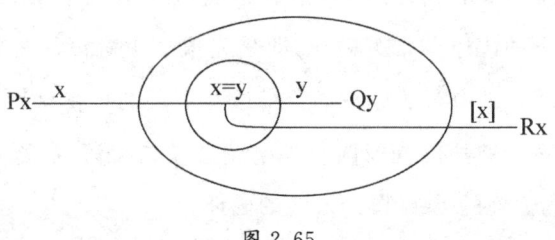

图 2.65

接下来,步骤 4 中的函数 $\bar{f}$ 被应用:

$\bar{f}(Px[[x=y]Qy]R\ x)$

$\quad = \bar{f}(Px) \land \bar{f}([[x=y]Qy]) \land \bar{f}(Rx)$ 应用 4(c)

$\quad = \bar{f}(Px) \land (\bar{f}([[x=y]]) \lor \bar{f}([Qy])) \land \bar{f}(Rx)$ 应用 4(d)

$\quad = \bar{f}(Px) \land (\bar{f}(x=y) \lor \bar{f}([Qy])) \land \bar{f}(Rx)$ 应用 4(b)

$\quad = Px \land (x=y \lor \neg Qy) \land Rx$ 应用 4(a)

变量 x 是写在一个偶数个切围绕的区域,并且 y 在一个奇数个切围绕的区域。因此,步骤 5 告诉我们引入量词来得到"$\exists x[Px \land \forall y(x=y \lor \neg Qy)$

∧Rx]"。

除了对∃或者∀的选择,需要注意作用域。5(c)反映了皮尔斯的直觉的想法——一个 LI 被围绕得越少,它的作用域就越大。上面的例子里,没有子公式获得量词。如下的例子将告诉我们如何应用 5(c)区分"最小的 NNF 子公式"的意思。

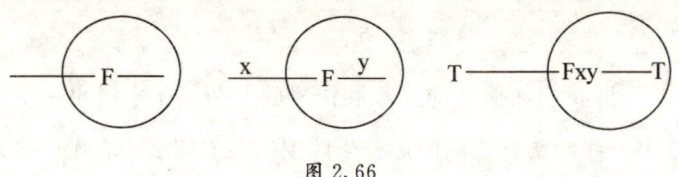

图 2.66

应用第 4 条得到复杂 wff"T∧(￢Fxy∨￢T)"。然后,应用 5(a)和 5(c),我们知道∃x 和∀y 需要被加在其上以得到一个句子。有两点需要被仔细地观察。一是条件"最小的 NNF 子公式",而不仅仅是最小的子公式;最小的 NNF 子公式包含的变量 x 是￢Fxy,而不是 Fxy。y 也是同样的情况。两种量词都需要被放置在一个或者相同的 NNF 子公式之前,并且两种不同种类的量词的次序非常关键,这即是完成这个翻译的另外一个重要的点。5(c)把注意力集中到了每一个变量被写下处的可视化特征。因为变量 x 是被写在了一个被切围绕的次数少于变量 y 的位置,所以得到句子"∃x∀y￢Fxy"作为上面的 Beta 图的最终的翻译。

为步骤 5 考虑了如下情况:

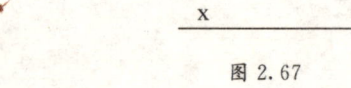

图 2.67

"T∧T"是应用步骤 4 得到的。变量 x 被写在一个 E 区。然而,因为不存在包含 x 的子公式,所以没有引入量词。因此,"T∧T"是这个图的翻译的最终形式。

现在比较这种新读法和其他的读法,通过如下几个例子。首先,回忆下图,它被用来展示泽曼的读法没有直觉性:

第二章 皮尔斯存在图多可读性的表象逻辑

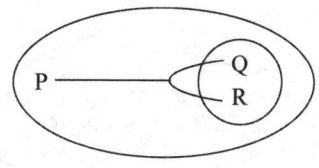

图 2.68

已经看到泽曼的读法一步一步引导我们读出这个图为"¬∃x(Px∧∃y∃z(x=y∧y=z∧¬(Qy∧Rz)))",这个句子逻辑等价于一个更加简单的句子"∀x(Px→(Qy∧Rz))"。新算法引导我们通过如下的步骤：

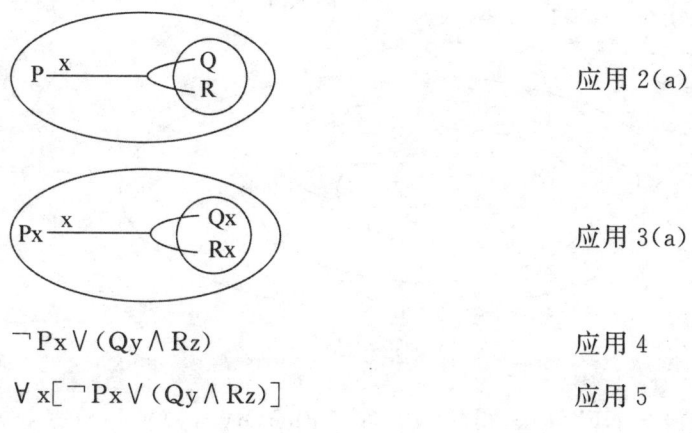

图 2.69

这个读图的过程比泽曼的更加简单。泽曼的读法采用了三种类型的变量，而新算法的引导只有一个。因此，泽曼的算法，不像新算法一样，并没有读出这个 Beta 图有一个没剪断的 LIs(不是三个)这一个可视化的事实。泽曼的读法也没有读出反映全称表述和存在表述之间区别的图形特征，而是仅仅制造了存在量词。因此，全称表达一直被表达为一个否定和存在量词之间的套叠关系。由于这些原因，不但最终的翻译句子外观上更加复杂，而且 LIs 也变得无关紧要，这就是为什么泽曼的方法中要在读图的过程中擦掉它们。

另一个例子分析前述的下图，

109

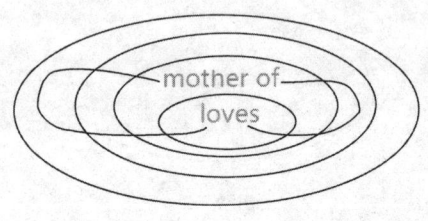

图 2.70

这个图没有双切,同时也注意两个 LIs 都没有任何部分整个地贯穿任何切。所以,需要给每一个 LI 赋一个变量。用这些变量,我们用两个原子 wffs "MotherOf(x,y)" 和 "Loves(x,y)":

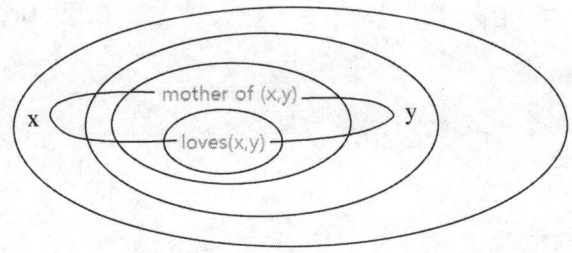

图 2.71

然后,根据"NNF"读法,得到 wff "¬MotherOf(x,y)∨Loves(x,y)"。由于 x 被写在了一个 O 区,并且 y 被写在了一个 E 区,最终读出为"∀x∃y (¬MotherOf(x,y)∨Loves(x,y))"。仅给两个 LIs 引入两个变量和两个量词。翻译的最终形式不需要进一步操作来寻找一个更简单的等价句子。

罗伯茨的读法为了它的直觉性不得不付出的代价是它需要给特定种类的图归类为特殊情况,而不是将它们覆盖在一个一般的读法下。特殊情况标题下,对于上图罗伯茨给出了如下解释:

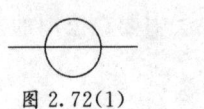

图 2.72(1)

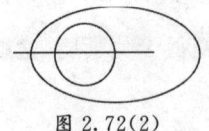

图 2.72(2)

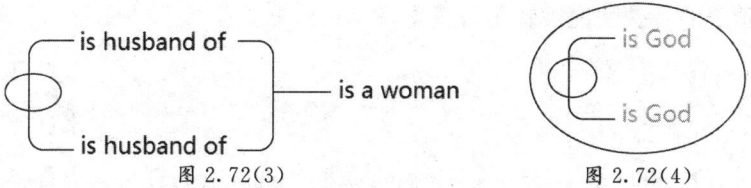

图 2.72(3)　　　　　　　图 2.72(4)

罗伯茨在他的读法中处理为特殊情况的图的例子

按照字面意思,[图 2.72(1)]意思是"存在一个对象,且存在一个对象,且这些对象是假的"——通过线的没有被围绕的两个部分表达出来——"是等同的。"依照这个图,能够说形如"某些女人有两个丈夫"这样的事情([图 2.72(3)])。[图 2.72(2)]意思是"存在某个东西,且存在其他某种东西与它不同是假的"——即,"某种东西与所有的东西等同"……[图 2.72(4)]将一神论宗教体系表达为如怀特海所总结的:"至多只存在一个上帝"。

泽曼的读法却没有将这些处理为特殊情况。将断点和临时谓词引入后,我们获得了这些图的翻译为更加复杂的句子:

$\exists x[x=x \land \exists y(x \neq y \land y=y)]$ (1)

$\exists x[x=x \land \neg \exists y(x \neq y \land y=y)]$ (2)

$\exists x \exists y[x \neq y \land \exists x \exists u \exists v(x=u \land u=v$
$\land \text{Husband of}(x,z) \land \text{Husband of}(y,v) \land \text{Woman}(u))]$ (3)

$\neg \exists x \exists y(\text{God}(x) \land \text{God}(y) \land x \neq y)$ (4)

根据新算法,应用第 1、2 和 3 条后,该图可以转换为 2.73 中的图。通过第 4 条,我们获得如下复杂的 wffs:

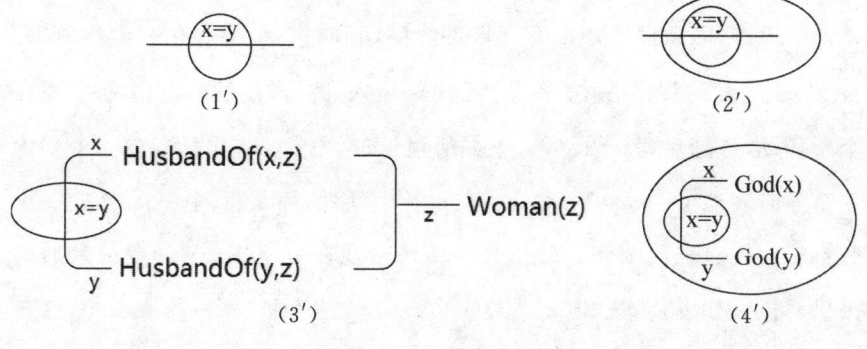

图 2.73

罗伯茨的特殊情况被转化为新读法

T∧x≠y∧T   来自(1′)

T∧(x=y∨¬T)   来自(2′)

x≠y∧HusbandOf(x,z)∧Woman(z)∧Husband(y,z)   来自(3′)

x=y∨¬God(x)∨¬God(y)   来自(4′)

根据变量是否被写在一个 E 区或者一个 O 区，最后的步骤(第5条)告诉我们如何在这些 wffs 中做出句子。这四个图的读出分别如下：

对于(1′)：T∧∃x∃y x≠y∧T

（即，至少两个东西存在。）

对于(2′)：T∧(∃x∀∀y x=y∨¬T)

（即，某种东西与所有的东西相等同。）

对于(3′)：∃x∃y(x≠y∧∃z[HusbandOf(x,z)∧Woman(z)∧Husband(y,z)])

（即，某个女人有至少两个丈夫。）

对于(4′)：∀x∀y[x=y∨¬God(x)∨¬God(y)]

（即，至多存在一个上帝。）

不像罗伯茨的方法，新读法算法覆盖这些情况，没有将它们处理为特殊情况。因此，这个读法比罗伯茨的更加系统化。同时，这个新方法比起泽曼的更容易产生更简单的句子。它和泽曼的一样可理解吗？是的，这个读法和泽曼的之间的等价性很容易被证明。主要的想法是检查是否泽曼做了临时谓词的工作，而新读法却没有。根据泽曼，临时谓词 L^1 写在一个自由端，且被 x=x 代替，而在新读法中一个自由端填入 T。泽曼的临时谓词 L^2 写在一个断环处，且随后写作 x=y。正如所讨论的，2(b)，赋变量和在一个切内写一个等同表述 x=y，x=y 不是写在每一个环处，而是仅当一个 LI 的一个部分整个地贯穿奇数个切。甚至当一个环出现在一个 E 区，泽曼的最后的读出仍将包含如下公式："P(x)∧Q(y)∧x=y"。然而，在新的读法中，这种情况下仅仅赋一个变量。因此，相应的公式为"P(x)∧Q(x)"，它等价于

"$P(x) \land Q(y) \land x = y$"。泽曼的临时谓词 L^3 能被用相同的方式解释。在第二节里,我们证明了"endoporeutic"读法和"NNF"读法之间的等价。泽曼的读法采用了 endoporeutic 方法,只允许使用存在量词,而新的读法将全称量词和存在量词都引入了。然而,二者是等价的,因为 $\forall x \neg P(x)$ 逻辑地等价于 $\neg \exists x P(x)$。

第三章 皮尔斯存在图多可读性的深层逻辑（一）：符号逻辑视域

接下来的三章将讨论皮尔斯存在图多可读性的深层逻辑，深层逻辑不像表层逻辑仅把注意力集中在图所表达的命题和推理上，而是着眼于系统整体，总结存在图研究者们从不同的视域解读存在图所形成的不同的存在图系统的理论结构及其相关性质。本章将首先介绍符号逻辑视域下的存在图理论结构。

从逻辑学发展的历史来看，弗雷格、罗素等人开创的数理逻辑是最成功的，是现代逻辑学的典范。自古以来，严密性就是人们学术追求的重要目标之一。而现代数理逻辑最重要的特点之一就在于它是一种形式化的理论，而这种形式化保证了数理逻辑理论的严密性。这符合大多数逻辑学家的想法。直到现在，很多逻辑学家仍然相信，符号表示的数理逻辑是逻辑学研究的唯一主题，即符号逻辑才是逻辑。所以某种理论要想被接受为逻辑学理论，必须拥有符号逻辑的所有特征。

具体到存在图，也就是说，逻辑学家会首先从符号逻辑的角度来理解和评价存在图。显然，由于存在图的图形表示，他们很容易将它拒绝在逻辑学大门之外。但是，泽曼、索瓦、伯奇等人还是找到了将存在图纳入逻辑学的突破口，它们将存在图三个部分中 Alpha、Beta 分别翻译为经典命题演算和带等词的一阶谓词演算，并且得到未完成的 Gamma 与模态逻辑和高阶逻辑相对应。更进一步，德奥认为存在图是数理逻辑的图式表示，他把存在图做成了一个形式的、图式的数理逻辑系统。本章将分别从句法、语义与演算、

第三章　皮尔斯存在图多可读性的深层逻辑(一):符号逻辑视域

一致性与完全性和与符号逻辑的相互翻译等方面给出符号逻辑视域下存在图的理论结构。

第一节　符号逻辑视域下研究存在图的思路和方法

现代逻辑系统,如命题逻辑系统、一阶谓词逻辑系统等,都是以数学的方式给出的,也就是说它们都被阐述成了数学理论。因此从符号逻辑的视域来看,存在图系统也应按照当代数学的严格形式给出,也就是说要将存在图形式化。

那么如何形式化存在图呢? 德奥给出了一个可能的办法,即区分存在图与它的图形表示,这一想法来源于皮尔斯。皮尔斯明确表示虽然图形副本的随机特点可能不同,但它们表示的是同一个存在图。他说:"约定第零条。我们可以根据需要改变图的特征,只要这些特征没有被当前的语言约定特别地要求有某种特征。这一约定为第零条,因为这是被普遍接受的观点"[1]。还有一个类似的说明是在他的《变形规则》中,"只要图各个部分之间的连接不变,图的任何部分都可以任意改变;而且一个切外面的等同线的延伸到这个切外面的边界点上,这不能被看作是一个连接。"[2]对于等同线他讲得更加清晰,"其形状和长度不是重点"[3]。我们还可以看到"等同线是等同线图的副本"[4]。尤其最后一句话给我们的启示很大,说得非常清楚,等同线的变形实际上只是表示的变化,而不是所表示的图的变化。从而我们可

---

[1] Ms 478. 转引自 Dau, F., *Mathematical logic with diagrams, Based on the existential graphs of Peirce*, http://dr-dau.net/Papers/habil.pdf（访问时间:2022年3月16日）.

[2] CP4.507.

[3] Ms 478.

[4] CP4.500.

以得到如下的结论,上面提到的变形(例如,改变切的形状)只是一个给定的存在图的表示的变化。例如下图 3.1 中的左面的两个图形副本不是具有相同含义的存在图,而是同一个存在图的不同的表示,而第三个图(graph)是不同的存在图的一个表示。同样,图 3.2 是同一个 Beta 图的三个表示。注意第三个图形副本与前两个图形副本表示的是同一个图,也就是上述的"一个切外面的等同线延伸到这个切外面的边界点上,这不能被看作是一个连接"。

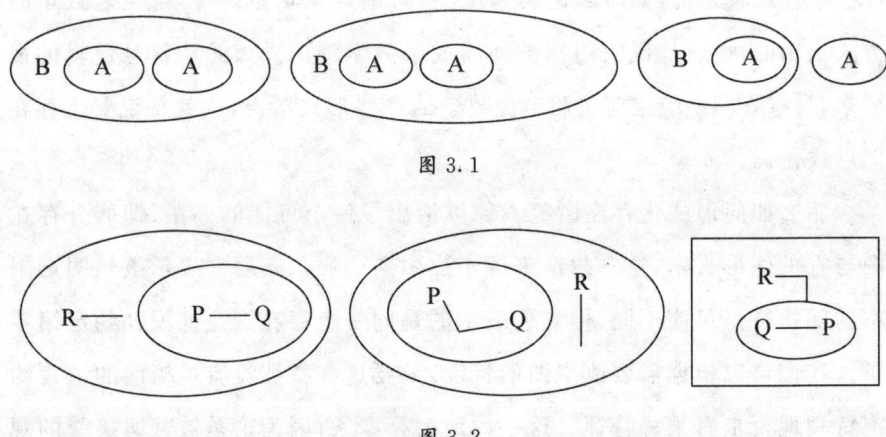

图 3.1

图 3.2

基于上述考虑,皮尔斯将存在图区分为图和图的图形副本(graph replicas)。图是指世界任何可能状态的一种表达。根据皮尔斯的理论,一个图是一个普型(type)或世界,与图的图形副本相区别。图的图形副本是图的图形表示,有时皮尔斯也称其为图例(graph instance)。图例就是一个图的一次出现。在皮尔斯的术语中,图例是一个记号(token)。

因为我们需要能够精确处理存在图重要特征的存在图定义,所以不能把存在图理解为图形实体,应对存在图作上述区分,即将图形副本理解为仅仅是存在图的表示。

因此,将存在图定义为抽象的数学结构。将存在图的数学结构和这种数学结构的图形表示区别开来。其中,存在图的数学结构与皮尔斯的图形对应,数学结构的图形表示与皮尔斯的图形副本相对应。给出一组约定来

第三章 皮尔斯存在图多可读性的深层逻辑(一):符号逻辑视域

规定如何画一个存在图的图形副本,并且说明存在图和它的图形副本之间的关系,即每一个图形副本唯一地表示一个存在图,且每一个存在图都可以被一个图形副本表示。存在图的这一定义与符号逻辑的定义的模式类似。以此为基础,我们就可以形式化存在图了。

下图 3.3 是上述关键概念的关系图。

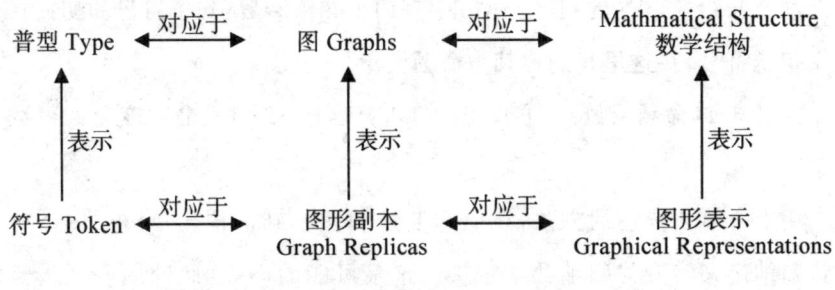

图 3.3

第二节 存在图的定义

本节介绍 Alpha 的句法。Alpha 有两个句法装置:句子符号和切。首先定义句子符号,在这里我们称其为命题变量。

定义 3.1(命题变量) 假设 $P:=\{P_1,P_2,P_3\cdots\cdots\}$ 是命题变量的可数无限集。

用上一节所描述的方法,在命题变量和切基础上构建 Alpha 图。可尝试将归纳定义转变为归纳数学定义。这是可能的,并且此处用一个步骤便可定义 Alpha 图。下面对数学定义中所获取的内容进行简单讨论。首先讨论图 3.4 中描述的两个图形副本。

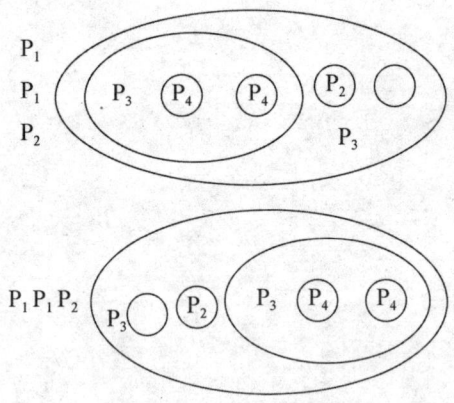

图 3.4 同一 Aplha 图的两个图形副本

这两个图形副本表示同一个 Alpha 图。尽管命题变量位置不同,并且切的绘制也不同,但命题变量出现的次数和切相同。切的形状和大小不影响图形副本的表示;同样,命题变量出现的位置也不影响图形副本的表示。给定一个切,我们必须知道的是图形副本中的其他切或命题变量的出现是否都被包含于切内。例如,在 3.4 图中的两个图形副本中,最外部的切围绕

第三章　皮尔斯存在图多可读性的深层逻辑(一):符号逻辑视域

其他所有切,即出现过一次的命题变量 P_2 以及出现过数次的其他命题变量 P_3 和 P_4。更精确地说,命题变量 P_3 和两个切是被直接地围绕,而其他的元素则是被间接围绕;被直接围绕的切和命题变量位于该切的区域内。同样,最外面的命题(最外部的切,出现过两次的 P_1,出现一次的 P_2)均在断言页的区域内。围绕关系是切与图形副本其他的元素之间主要的结构关系。因此,这两个图形副本表示同一个 Alpha 图。左面图形副本中命题变量的出现与右面图形副本中的命题变量的出现是一一对应的,并且左面图形副本中的切之间的围绕关系和右面图形副本中切之间的围绕关系也是一一对应的。

讨论下面两个图形副本。

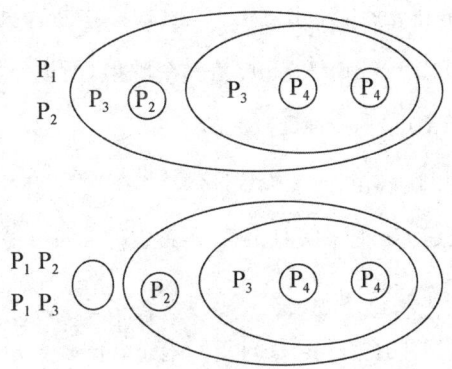

图 3.5　不同 Alpha 图的两个图形副本

图 3.5 中的图形副本表示两个 Alpha 图,与图 3.4 的 Alpha 图有着明显的区别。左边的图形副本与图 3.4 中左边的图形副本相比,切与命题变量的出现次数的集合不同。右边的图形副本与图 3.4 中左边的图形副本相比,切与命题变量的出现次数的集合相同,但围绕关系不同。

Alpha 图的数学定义须满足以下三点:

1. 命题变量出现次数的集合;2. 切的集合;3. 上述的围绕关系。

为了区分命题变量与命题变量的出现,我们引入了节点(vertics)来标注命题变量。这样一个命题变量就可能在一个图中出现若干次,甚至在同一个切中出现若干次。切是切集合中的元素。将断言页也作为句法装置非常合理,这样可以通过映射区域来捕获围绕关系,并且该映射区域可将图形副本中所有直接被切围绕的元素的集合指派到断言页和每个切中。这里须对切设定某些限制,比如切不允许重叠。在映射区域的条件下,这些限制可以通过数学方法捕获。为了将数学定义的 Alpha 图与皮尔斯的 Alpha 图区别开来,数学上的 Alpha 图被称作形式的 Alpha 图。形式的 Alpha 图定义如下:

定义 3.2(形式的 Alpha 图) 形式的 Alpha 图是一个 5 元的模型(V,T,Cut,area,k)。

(1) V 和 Cut 不相交,并且 V 和 Cut 无限集的元素分别被称为节点和切。

(2) T 是一个单独元素,且 T $\notin$ V$\cup$Cut,被称作断言页。

(3) area:Cut$\cup${T}$\rightarrow\beta$(V$\cup$Cut)是一个映射,所以

(a) $c_1 \neq c_2 \Rightarrow area(c_1) \cap area(c_2) = \phi$,

(b) V$\cup$Cut$=\cup_{d \in Cut \cup \{T\}} area(d)$,

(c) 对于每个 c$\in$ Cut$\cup${T}且 n$\in$N(在条件 $area^0(c):=\{c\}$ 且 $area^{n+1}(c):=\cup\{area(d)|d\in area^n(c)\}$ 下),有 $c \notin area^n(c)$,

(4) k:V$\rightarrow$P 是一个映射。

Cut$\cup${T}的元素被称作情境(contexts)。因此我们得出,对于每个 x$\in$V$\cup$Cut,我们只有一个情境 c 且 x$\in$area(c)。我们通过设置 c:=ctx(x),定义一个映射 ctx:V$\cup$Cut$\rightarrow$ Cut$\cup${T}。

在上述定义中,我们已捕获某些重要的技术术语。对形式的 Alpha 图的断言页和切进行了定义,并且还引入了一直以来都只有非形式的描述的映射区域。下面将形式的 Alpha 图简称为 Alpha 图。

形式的 Alpha 图与其他大部分逻辑语言之间有一个关键区别:形式的 Alpha 图只通过一步便可定义。相反,逻辑语言的合式公式通常是以归纳的方式构建的。主要通过以下推理完成,在逻辑的线性表示中,公式的归纳定义更易于获得,通常归纳定义就是规范定义,而通过一步便可获得的定义则

是不规范的。另外,通常情况下,逻辑线性表示法表示的公式满足独特的解析特性,也就是说它们有一个唯一的派生历史,从这个历史里能够得到公式证明的方法论,即该证明通过公式构造的递推原则或者归纳原则来实现。

该推理不一定适用于存在图的定义。尤其是对于 Beta 图,并不能直接得出 Beta 图的归纳定义(例如,在泽曼与申顺珠分别对 Beta 图的定义中就存在关键区别),并且归纳定义不一定比一步即可得出的定义简单。

下面定义节点和情境的排序,通过这个定义我们可以捕获围绕关系。

定义 3.3(情境下的排序,包含关系) 令 $\Delta := (V, T, Cut, area, k)$ 为一个形式的 Alpha 图。现在我们定义映射 $\beta: V \cup Cut \cup \{T\} \to Cut \cup \{T\}$ 通过

$$\beta(x) := \begin{cases} x & \text{对于 } x \in Cut \cup \{T\} \\ ctx(x) & \text{对于 } x \in V \end{cases},$$

且集合 $x \leq y :\Leftrightarrow \exists n \in N_0 : \beta(x) \in area^n(\beta(y))$ 对于 $x, y \in V \cup Cut \cup \{T\}$.

为了避免误解,令

$x < y :\Leftrightarrow x \leq \wedge y \not\leq x$ 且 $x \lneq y :\Leftrightarrow x \leq y \wedge y \neq x$

对于一个情境 $c \in Cut \cup \{T\}$,我们进一步设定

$\leq[c] := \{x \in V \cup Cut \cup \{T\} \mid x \leq c\}$ 且

$[\lneq c] := \{x \in V \cup Cut \cup \{T\} \mid x \lneq c\}$.

可以说 $\cup_{n \in N} area^n(c)$ 中的每个元素被 c 围绕,且反过来说,即 c 围绕 x。更精确地说,对于任何 $area(c)$ 中的元素,都被 c 直接围绕。

关系≤是用来简化围绕关系的数学表述的。下面让我们展示用≤描述的围绕关系。

引理 3.4(情境产生的顺序想法) 令给定一个形式的 Alpha 图 $(V, T, Cut, area, k)$,且 $c \in Cut \cup \{T\}$. 那么,$\leq[c] = \cup \{area^n(c) n \in N_0\}$,且 $\lneq[c] = \cup \{area^n(c) \, n \in N\}$

对于 $c_1, c_2 \in Cut \cup \{T\}$,我们有如下结论:

$c_1 \in \lneq[c_2] \Rightarrow \lneq[c_1] \subseteq \lneq[c_2]$

若在 Alpha 图中的数学表示中存在两条切,则要么任意一条切被另外一条切包围,要么(切线不允许相交)图形副本内所有元素都没有被两条切线围绕。该陈述也即下述引理。

引理 3.5(**顺序思想间的关系**) 对于一个形式的 Alpha 图$(V, T, Cut, area, k)$和两个情境 $c1 \neq c2$,精确地说,至少满足以下三个条件中的一个。

(1) $\leq [c_1] \subseteq \lneq [c_2]$

(2) $\leq [c_2] \subseteq \lneq [c_1]$

(3) $\leq [c_1] \cap \leq [c_2] = \phi$

引理 3.6($\leq$ **是** $Cut \cup \{T\}$ **上的一个树形图**) 令 $\Delta := (V, T, Cut, area, k)$为一个形式的 Alpha 图。那么$\leq$是$V \cup Cut \cup \{T\}$上的一个拟序,且对$\leq$的限制对于 $Cut \cup \{T\}$ 来说是 $Cut \cup \{T\}$ 上的一个顺序,且它是断言页 T 作为最大元素的一个树形图。

定义 3.7(**同构**) 令 $\Delta_i := (V_i, T_i, Cut_i, area_i, k_i)$为一个形式的 Alpha 图。其中 $i = 1, 2$ 是两个形式的 Alpha 图。

如果 $f_V: V_1 \to V_1$ 与 $f_{Cut}: Cut_1 \cup \{T_1\} \to Cut_2 \cup \{T_2\}$ 为双射,且满足 $f_{Cut}(T_1) = T_2$,那么对于每个 $c \in Cut_1 \cup \{T_1\}$,均有 $f[area_1(c)] = area_2(f(c))$ (在此记为 $f[x]$ 对于 $\{f[x] | x \in X\}$),且对于全部 $v \in V_1$,有 $k_1(v) = k_2(f_v(v))$,那么 $f = f_v \cup f_{Cut}$ 被称为同构。

从现在开始,同构形式的 Alpha 图已经确定。

已看到 Alpha 图的图形副本建立在两种不同的句法装置上。即 1. 闭合的、两端开放的平滑曲线,该曲线表示切,称之为切线;2. 表示命题变量 P_i 的指号,并且两种不同的图形元素既不能重叠也不能相交。

但是到现在为止,并未讨论形式 Alpha 图与其图形表示之间是什么关系。我们需要证明形式的 Alpha 图可以精确捕获 Alpha 的图形副本的本质特征。因此需要回答下列两个问题:

(1)每个形式 Alpha 图都有它的图形副本吗?

(2)每个图形副本能够表示一个 Alpha 图吗,并且如何从图形副本中重构该 Alpha 图?

为了回答这些问题,需要对 Alpha 图中的术语"图形副本"进行进一步分类。

非形式定义 3.8(Alpha **图的图形副本**) Alpha 图的图形副本由两种不同的句法装置构成,即

(1)表示命题变量 P_i 的指号;

(2)闭合的、两端开放的平滑曲线,也就是切线。

所以下述条件成立:

(1)不能有其他东西出现(也就是除了切线或表示命题变量的指号之外,并无其他图形);

(2)构建图表的两种不同项既不能重合,也不能相交。

很明显,一条切线将一个平面分为两个不同区域,切线外部的区域和切线内部的区域。当且仅当图形副本的另一个句法装置被置于切线内部时,那么这个句法装置被这条切线围绕。进一步,因为每个句法装置都被置于断言页之内,所以可以说每个句法装置都被断言页围绕。因为图形副本中的句法装置,尤其是切线,既不能重叠也不能相交,所以我们能够知道两个句法装置,其中哪一个围绕另外一个,或者没有围绕。现在可以说,当且仅当句法装置 x 被切线 cl(或者被断言页)围绕时,并且无其他切线 cl' 被 cl(或被断言页)围绕时,x 被切线 cl 直接(或包含于断言页)围绕。

现在给定 Alpha 图的一个图形副本。很容易找到(在同构意义下)对应的形式的 Alpha 图(V,T,area,k);我们选择集合 V 和 Cut,它们的元素应该分别表示图形副本中命题变量的出现和切线,并且据此定义映射 k。映射区域 area 的定义如下:令 c∈Cut 为一个切。所以在图形副本中我们有一个唯一的切线 cl 且与 c 对应。现在令 area(c)是所有 x∈V∪Cut 的集合,那么有 x 对应图形副本中的一个句法装置(一个命题变量或切的一次出现),且这个句法装置直接被切线 cl 围绕。进一步,令 area(T)是所有 x∈V∪Cut 的集合,那么有 x 对应于没有被任何切线围绕的句法装置。由此我们获得

一个由图形副本表示的形式的 Alpha 图,即在图形副本中表示命题变量的指号和 V 之间一一对应,且图形副本的切线与 Cut 之间也是一一对应,所以下述结论成立:

(1)如果图形副本中表示命题变量的指号 P_i 出现一次,且 P_i 被映射到节点 v,那么 $k(v)=P_i$。

(2)令给定的图形副本中的任意句法装置映射到 $x\in V\cup Cut$,且给定的任意切线(断言页)映射到切线 $c\in Cut(T)$。那么当且仅当 $x\in area(c)$ ($x\in area(T)$),有该句法装置直接被该切线(或断言页)围绕。

另一方面,给定一个形式的 Alpha 图 $\Delta:=(V, T, Cut, area, k)$。运用相关于树形图 $(Cut\cup\{T\}, \leq)$ 引理 3.6,我们可以给每一个情境 $c\in Cut\cup\{T\}$ 指派一个图形副本 Diag(c)。所以令 $c\in Cut\cup\{T\}$ 为一个情境,那么我们已经为每一个 $d\in area(c)$ 都构建 Diag(d)。那么通过下面的步骤即可构建 Diag(c)(注:两个步骤不能重叠):

(1)对于每个 $v\in area(c)\cap V$,写出表示命题变量的指号 k(v)的符号。

(2)对于 $d\in area(c)\cap Cut$,画出图形副本 Diag(d)且画出围绕 Diag(d)的一条切线(也就是说,该切线精确地围绕 Diag(d)中的所有的句法装置)。

很容易看出 Diag(T)是表示 Δ 的 Alpha 图的一个图形副本。

总结:我们给出了一个 Alpha 图图形副本的(非正式)定义,且一个形式的 Alpha 图的数学的(形式的)定义。我们已经解释了什么时候一个图形副本是一个形式的 Alpha 图。且已经证明一个 Alpha 图的每一个图形副本都是形式的 Alpha 图的一个表示,反之亦然,即每个形式的 Alpha 图都可以用一个图形副本来表示。

因此,从现在开始,可以在证明中使用形式的 Alpha 图的图形副本。

我们还需要子图的概念。非正式地说,置于情境 c 中某图形副本的一部分就是子图,所以

(1)若子图包含一个切 d,则子图包含所有被 d 围绕的句法装置,即 $\leq d$,

(2)子图的每一个元素都被子图的另外一个切或 c 围绕。

定义 3.9（子图） 令 $\Delta:=(V, T, Cut, area, k)$ 是一个形式的 Alpha 图。形式的 Alpha 图 $\Delta':=(V', T', Cut', area', k')$ 被称作 Δ 在情境 T' 下的子图,当且仅当

(1) $V'\subseteq V$, $Cut'\subseteq Cut$ 并且 $T'\in Cut\cup\{T\}$,

(2) $k'= k|_{V'}$,（即映射 k' 是 k 到 V' 的限制）。

(3) $area'(T')=area(T')\cap(V'\cup Cut')$,且对于每一个切 $d\in Cut'$, $area'(d)=area(d)$,并且

(4) 对于每一个 $x\in V'\cup Cut'$,则有 $ctx(x)\in Cut'\cup\{T'\}$。

写作 $\Delta'\subseteq\Delta$ 且 $ctx(\Delta')=T'$。

断言"子图包含一个切 d,则该子图也包含所有被 d 围绕的元素"隐含在上述定义的第三个条件中。该断言的实现将在下个引理中展示出来。

引理 3.10（子图遵守围绕关系） 令一个形式的 Alpha 图 $\Delta:=(V, T, Cut, area, k)$,且 $\Delta':=(V', T', Cut', area', k')$ 是它的一个子图。若 $d\in Cut'$,那么 $\leq[d]\subseteq V'\cup Cut'$。以上即存在图的形式的定义。

下面两个定义在演算的定义中非常重要,我们将在本章第三节论述。演算中的大部分规则只改变围绕于特定的情境下的图的某些部分,剩余的图保持不变。我们说起始图和生成图是同构。

对于某些规则来说,还需要区分是否该情境被奇数个或者偶数个切围绕。所以给出如下定义。

定义 3.11（偶数/奇数的围绕,正/负的情境） $\Delta:=(V, T, Cut, area, k)$ 是一个形式的 Alpha 图,x 是子图或是 $V\cup Cut\cup\{T\}$ 的一个元素。我们设定对于 $x\in V\cup Cut\cup\{T\}$ 有 $n:=|\{c\in Cut|x\in\leq[c]\}|$ 或者对于 x 是一个子图有 $n:=|\{c\in Cut|x\in\subseteq\leq[c]\}|$。如果 n 是偶数,我们说 x 被偶数的围绕或正围绕,其他情况下 x 被视为奇数的围绕或负围绕。断言页 T 以及每个偶数围绕的切被称作正情境,并且每个奇数围绕的切被称为负情境。

并排的画下图形副本是一个普遍的操作,称为并置。在形式的 Alpha 图的层面上,就是图形副本集合的不相交并集,即如下的定义。

定义 3.12(形式的 Alpha 图的并置) 对于 $n \in N_0$ 且 $i=1,\cdots,n$，令 $\Delta_i := (V_{ei}, T_{ei}, Cut_{ei}, area_{ei}, k_{ei})$ 是一个形式的 Alpha 图。Δ_i 的并置定义为下述形式的 Alpha 图 $\Delta := (V, T, Cut, area, k)$。

(1) $V := \bigcup_{i=1,\cdots,n} V_i \times \{i\}$，且 $Cut := \bigcup_{i=1,\cdots,n} Cut_i \times \{i\}$，

(2) T 是一个新元素，即在图中未出现的元素，

(3) area 定义如下：对于 $c \in Cut$ 有 $area((c, i)) := area_i(c) \times \{i\}$，且 $area(T) := \bigcup_{i=1,\cdots,n} area_i(T_i) \times \{i\}$，

(4) 对于所有 $v \in V \cup E$ 且 $i=1,\cdots,n$，则有 $k(v, i) := k_i(v)$。

在图形记法中，Δ_i 的并置仅是简单地将图并排画下来，例如 $\Delta_1 \Delta_2 \cdots \Delta_n$。

注意，也允许出现图的空集的并置。这样就产生了空图，例如 $(\emptyset, T, \emptyset, \emptyset, \emptyset)$。

第三章 皮尔斯存在图多可读性的深层逻辑(一):符号逻辑视域

第三节 存在图的语义与演算

本节将给出形式的 Alpha 图的语义与演算。

1. 下面我们给出形式的 Alpha 的语义。和符号逻辑一样,我们通过真值函数指派真值给命题变量。

定义 3.13(真值函数) 令 ff 表示真值"假"并且 tt 表示真值"真"。真值函数就是一个映射 val:P→{ff, tt}。

必须通过对切和并置的映射来将赋值扩展到图中。这与所谓的皮尔斯的 endoporeutic 方法类似。

定义 3.14(赋值与模型) 令一个给定的真值函数 val 和一个给定的非形式的 Alpha 图 Δ:=(V, T, Cut, area, k)。我们对 c∈Cut∪{T} 进行归纳,并通过 val 对 Δ 赋值。在情境 c 下对 Δ 的赋值写作 val ⊨Δ[c],且归纳地将其定义为,val ⊨Δ[c]⇔

对每一个 v∈V∩area(c)(顶点条件),Val(k(v))=tt,且

对于每一个 c′∈Cut∩area(c),有 val ⊭Δ[c′],(切条件:Cut∪{T} 上的迭代)

对于 val ⊨Δ[T],我们写作 val ⊨Δ,我们说对于 val,Δ是有效的,且 val 是 Δ的一个模型。val 是形式 Alpha 图的一个集合Γ的一个模型,当且仅当 val 是Γ中每一个形式的 Alpha 图的模型。如果Γ∪{Δ}是形式的 Alpha 图的集合,那么每个Γ的模型 val 也是Δ的模型,我们写作Γ⊨Δ,我们说认为Γ推出Δ。对于单独集合Γ={Δ′},我们将花括号删除,写作Δ′⊨Δ。

2. 对演算的准备性讨论。在讨论规则的形式定义之前,有以下几点需要注意。考虑下图 3.6。

图Δ包含子图A ⒶA,该子图置于负情境内。因为子图总是赋值为 ff,所

以很容易看出整个图表总是赋值为 tt，也就是表示一个恒真命题。

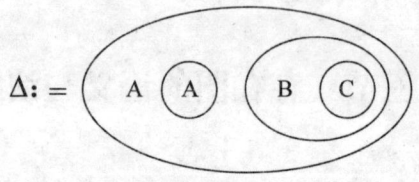

图 3.6

我们先从"擦除"和"插入"规则①开始研究。擦除规则允许将子图从正情境中擦除，插入规则允许将子图插入负情境中。在这个意义上说，规则是相互对应的，所以只研究擦除规则即可。

将擦除规则应用于 Δ 的可能结果是图 3.7 中的两幅图

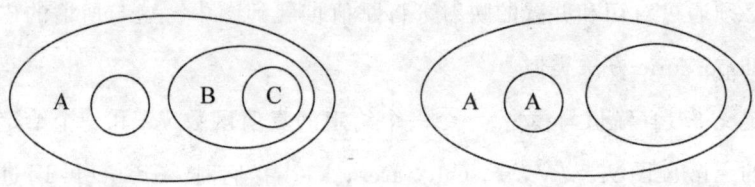

图 3.7

但是不允许擦除子图 Aⓐ，否则就会出现图 3.8

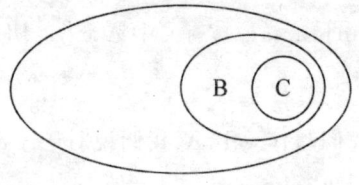

图 3.8

这样就会使赋值为 ff(例如 val(B)=ff)，因此从负情境中擦除子图可能从真前提中得出错误的结论。类似的，也不允许将子图插入到正情境中。

擦除规则将信息从图中移除，即它是一条概括规则。它与迭代规则、逆迭代规则或双切规则相反，仅在单方向上使用。很容易找到擦除规则（不可

---

① 这里的规则是指皮尔斯给出的非形式的规则，具体内容参见第一章第三节。

第三章 皮尔斯存在图多可读性的深层逻辑(一):符号逻辑视域

逆)的应用例子图 3.9,右图是左图使用擦除规则得到的,但是右图并没有在语义上隐含左图。

$$B \; \textcircled{C} \vdash^{ear} B$$

图 3.9

类似的,插入规则也是仅在单方向上使用。

下面讨论迭代规则和逆迭代规则。迭代规则可将多余的子图的拷贝添加到图中,反过来逆迭代规则允许将该多余的子图的拷贝移除。因此,仅讨论迭代规则就足够了。

对于迭代规则,有一点非常关键,就是如果多余的子图的拷贝被添加到图中,该多余的子图的拷贝不能被置于任意的情境中,只可置于与该子图相同或更深的套叠的情境中,并且该情境不能是子图的一个切。下图 3.10 即为图Δ应用迭代规则得到的三个可能的图,且是仅子图A 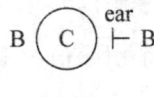 被迭代:

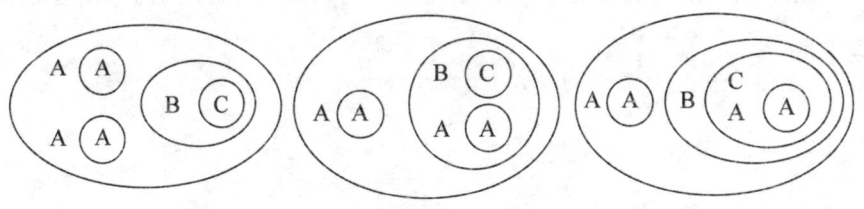

图 3.10

与Δ类似,很容易检查 3 个子图是否总是赋值为 tt。另外,如果将该子图置于另外一个情境中,那么我们得出的子图就不再是重言式了。下面图 3.11 的两个图是错误的运用迭代规则得到的。

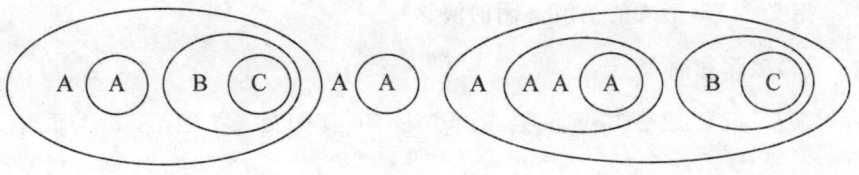

图 3.11

图 3.11 中第一个图是通过将该子图应用到高一级的情境,即断言页中得到的。与Δ相反,该图的赋值总是 ff,因此该规则的应用是错误的。第二个图是通过将该子图应用到该子图的一个切中得到的。如果给命题变量 A,B,C 都指派真值 tt,那么整个图赋值为 ff。因此,应用该规则可能会从一个真前提而得出一个错误的结论,也就是这个规则的这种应用是错误的。

迭代规则不是将信息添加到图中,亦不是将信息移除。因此,该规则可在两个方向(相反方向就是逆迭代)使用。

上述的情况适用于双切规则,该规则添加或移除双重否定。下面图 3.12 中的两对图都可以运用双切规则相互派生出来。

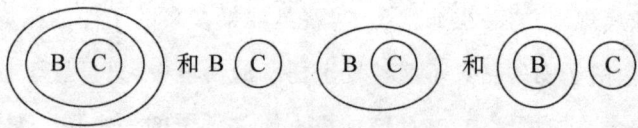

图 3.12

注意,添加或移除空双切也是允许的。例如图 3.13 中的两个图互相派生出来。

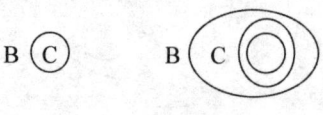

图 3.13

3. 下面给出形式的 Alpha 图的一个演算。我们将用精确的数学方式描述 Alpha 的图形转换规则。此处涉及的演算应被理解为图形副本的演算,也就是说,所有的规则都能够通过操作形式的 Alpha 图的图形副本实现。

定义 3.15(形式的 Alpha 图的演算)

(1)擦除和插入

令 $\Delta := (V, T, Cut, area, k)$ 为一个图,该图包含子图 $\Delta_0 := (V_0, T_0, Cut_0, area_0, k_0)$。令 $\Delta' := (V', T', Cut', area', k')$ 的定义如下:

(a) $V' := V \backslash V_0, T' := T$ 且 $Cut' := Cut \backslash Cut_0$, (b)$area'(d) := \begin{cases} area(d) & \text{对于 } d \neq T_0 \\ area(d) \backslash (V_0 \cup Cut_0) & \text{对于 } d = T_0 \end{cases}$

(c)$k' := k|_{V'}$

那么我们通过将子图Δ_0情境从T_0中擦除,可从Δ中推导出Δ',并且通过将子图Δ_0插入到情境T_0,可从Δ'中导出Δ。"擦除"规则与"插入"规则是下面的一般定义的限制:令Δ为一个图,Δ_0为Δ的子图,且$c := ctx(\Delta_0)$;令Δ'是由Δ导出的,通过在情境c中擦除Δ_0。如果c为正情境,那么通过在正情境中擦除Δ_0,便从Δ中导出Δ';如果c是负情境,则通过在负情境中插入Δ_0,便从Δ中导出Δ'。

(2)迭代与逆迭代

令$\Delta := (V, T, Cut, area, k)$为一个图,该图包含子图$\Delta_0 := (V_0, T_0, Cut_0, area_0, k_0)$。且令$c \leq T_0$为一个情境,且$c \notin Cut_0$。令$\Delta' := (V', T', Cut', area', k')$,为符合如下定义的图:

(a)$V' := V \times \{1\} \cup V_0 \times \{2\}, T' = T$ 且 $Cut' := Cut \times \{1\} \cup Cut_0 \times \{2\}$。

$area'$的定义如下:

(b)对于$(d, i) \in Cut' \cup \{T'\}$ 且 $d \neq c$,令 $area'((d, i)) := area(d) \times \{i\}$,且 $area'((c, 1)) := area(c) \times \{1\} \cup area_0(T_0) \times \{2\}$。

(c)对于所有$(k, i) \in V'$,有 $k'((d, i)) := k(k)$。

然后得出,通过将子图Δ_0迭代到情境c中,便从Δ中导出Δ',将子图Δ_0中在情境c中进行逆迭代,便从Δ'中导出Δ。

(3)双切

假设$\Delta := (V, T, Cut, area, k)$为一个图,且$c_1, c_2 \in Cut, area(c_1) = \{c_2\}$;令$c_0 := ctx(c_1)$,且令集合$\Delta' := (V', T', Cut', area', k')$符合下面的条件:

(a)$Cut' := Cut \backslash \{c_1, c_2\}$

(b)$area'(d) := \begin{cases} area(d) & \text{对于 } d \neq c_0 \\ area(d) \backslash (c_0 \cup area(c_2)) & \text{对于 } d = c_0 \end{cases}$

于是得出将双切 c_1,c_2 擦除,便从 Δ 中导出 Δ',并且将双切 c_1,c_2 插入,便从 Δ' 中导出 Δ。

以演算为基础,可定义可导性关系:

定义 3.16(可导性关系与证明) 令 Δ_a,Δ_b 为两个图。如果存在有限序列 $(\Delta_1\Delta_2\cdots\Delta_n)$,且 $\Delta_a=\Delta_1,\Delta_b=\Delta_2$,使得应用演算某个规则可从 Δ_i 导出 Δ_{i+1},那么可从 Δ_a 中导出 Δ_b(写作 $\Delta_a\vdash\Delta_b$)。该序列被称为 $\Delta_a\vdash\Delta_b$ 的证明。两个图 $\Delta_a,\Delta_b,\Delta_a\vdash\Delta_b$,且 $\Delta_b\vdash\Delta_a$,则 Δ_a,Δ_b 就是可证明的等价。

若 $\Gamma:=\{\Delta_i|i\in I\}$ 是一个(可能为空)图的集合,如果存在有限子集 $(\Delta_1,\cdots,\Delta_n)\subseteq\Gamma$,且 $\Delta_1\cdots\Delta_n\vdash\Delta$($\Delta_1\cdots\Delta_n$ 是 $\Delta_1,\cdots,\Delta_n$ 的并置),那么可从 Γ 中导出图 Δ。

引理 3.17(还原定理) 令 Δ_a,Δ_b 为两个形式的 Alpha 图,我们有 $\Delta_a\vdash\Delta_b$,当且仅当 ⓐΔbⓑ $\vdash$ ⓐΔaⓑ

引理 3.18(剪切与粘贴定理) 令 $\Delta_a\vdash\Delta_b$,对于两个形式的 Alpha 图,令 Δ 是另外一个图,那么我们有:

若 Δ_a 是 Δ 在正情境中的一个子图,则 Δ_a 可被 Δ_b 代替。

若 Δ_b 是 Δ 在负情境中的一个子图,则 Δ_b 可被 Δ_a 替换。

特别是,我们有可导出图 Δ_0(即满足 $\vdash\Delta_0$ 的图)可被插入到任意图的任意情境中。

下述引理非常明显:

引理 3.19 令 Γ 是形式的 Alpha 图的集合,Δ_a,Δ_b 为两个形式的 Alpha 图,且满足 $\Gamma\vdash\Delta_a,\Gamma\vdash\Delta_b$,那么我们有 $\Gamma\vdash\Delta_a\Delta_b$。

引理 3.20(演绎定理) 令 Γ 是形式的 Alpha 图的集合,且 Δ_a,Δ_b 为两个形式的 Alpha 图,那么我们有 $\Gamma\cup\{\Delta_a\}\Gamma\vdash\Delta_b\Leftrightarrow\Gamma\vdash$ ⓐΔa ⓐΔbⓑⓑ。①

---

① 进一步,德奥将 Alpha 的演算与命题演算作了比较,认为 Alpha 演算比命题逻辑的 cut-free 演算更快。

第四节　存在图的可靠性与完全性

本节将展示第三节中给出的规则的可靠性和完全性。

1. 可靠性

每个规则仅改变了一个特定情境 c 的区域。若图 Δ' 是通过在情境 c 中应用规则,进而从 Δ 导出来的,则 Δ 和 Δ' 是同构的,情境 c 除外。因此,下述定理就是证明规则可靠性的基础。

定理 3.21(主要可靠性引理)　假定 $\Delta := (V, T, Cut, area, k)$,和 $\Delta' := (V', T', Cut', area', k')$ 是形式的 Alpha 图,$f = f_V \cup f_{Cut}$ 是 Δ 到 Δ' 的同构(情境 $c \in Cut \cup \{T\}$ 与 $c' \in Cut' \cup \{T'\}$ 除外)。令 $val: P \to \{ff, tt\}$ 是一个真值函数。令对于 Cuts $d \in Cut \cup \{T\}$,$P(d)$ 有以下性质:

如果 d 为正,且 $val \vDash \Delta[d]$,那么,则 $val \vDash \Delta'[f(d)]$,且

如果 d 为负,且 $val \nvDash \Delta[d]$,那么 $val \nvDash \Delta'[f(d)]$。

如果 P 对于 c 成立,那么 P 对于每一个 $c \in Cut \cup \{T\}$ 且 $d \not< c$ 成立。特别是有从 $v \vDash \Delta$ 可推导出 $v \vDash \Delta'$。

证明:我们设定 $D := \{d \in Cut \cup \{T\} | d \not< c\}$。很明显,D 是 $Cut \cup \{T\}$ 的子树形图,且 d 是子树图的叶子(极小元素),并且 D 的所有其他叶子都是 $Cut \cup \{T\}$ 的叶子。因此可通过对 D 的归纳,实现我们的证明。因为 c 满足 P,所以能够对在 $d \neq c$ 上进行归纳。所以令 $d \in D$(且 $d \neq c$)是一个情境,那么对于所有切 $e \in area(d) \cap Cut$,$P(e)$ 成立。我们仅给出在 d 为正,且 $val \vDash \Delta[d]$ 的情况下的证明。类似地,d 为负,且 $val \nvDash \Delta[d]$ 的情况下的证明也可以给出。

必须检查 $f(d)$ 的顶点条件与切条件。先从顶点条件开始。对于 $v \in V$,且 $ctx(v) = d, k(v) = k'(f(v))$ 成立,因此有 $val(k(v)) = tt \Leftrightarrow val(k'(f_v(v)))$

= tt。从而,因为 f_v 是 area(d)$\cap$V 到 area'(d)$\cap$V'的双射,则当且仅当 f(d)中所有的顶点条件满足时,d 中所有的顶点条件成立。

现在检查 f(d)的切条件。因为我们有 val⊨Δ[d],所以对于所有的切 e∈area(d),有 val⊭Δ[e]。这些切为负,且被双射到切 e'∈area(f(d))中,且 e'∈area(f(d))也为负。所以,归纳假设产生,即对于所有切 e'∈area(f(d)),有 val⊭Δ'[e']。

因为已对 f(d)的所有条件进行了检查,所以可得 val⊨Δ'[f(d)]。

通过上述引理,可证明规则的正确性。

引理 3.22(擦除规则和插入规则是可靠的) 如果Δ与Δ'是两个形式的 Alpha 图,val 是一个真值函数,val⊨Δ,且Δ'是通过应用"擦除"或"插入"规则而从Δ中导出的,则有 val⊨Δ'。

证明:从"擦除"规则开始。令$\Delta_0 := (V_0, T_0, Cut_0, area_0, k_0)$是被擦除的子图。$\Delta_0$在正情境 $c := T_0$ 的区域中被擦除。很明显,如果 val⊨Δ[c],那么有 val⊨Δ'[c]。另外,除 c∈Cut$\cup${T}且 c∈Cut'$\cup${T'}之外,Δ与Δ'同构。因此,现在运用定理 3.21,可得 val⊨Δ'。

类似的,可证明插入规则的可靠性。

引理 3.23(迭代和逆迭代是可靠的) 如果Δ与Δ'是两个形式的 Alpha 图,val 是一个真值函数,val⊨Δ,且Δ'是通过应用"迭代"或"逆迭代"规则而从Δ中导出的,则有 val⊨Δ'。

证明:令$\Delta_0 := (V_0, T_0, Cut_0, area_0, k_0)$是被插入到情境 c≤ ctx($\Delta_0$)且 c∉$Cut_0$中的$\Delta$子图。我们使用第三节给出的数学概念,即 (c, 1)是Δ'中的情境,且该情境与Δ中的情境 c 相对应。有如下两种情况需要考虑:

第一种情况:val⊨Δ_0。由此得出 val⊨Δ[c]⇔val⊨Δ[c,1]。另外,除 c∈Cut$\cup${T}且(c,1)∈Cut'$\cup${T'}之外,Δ与Δ'同构。我们在两个方向上(从Δ到Δ'以及反方向)应用定理 3.20,可得

$$\text{val} \vDash \Delta \Leftrightarrow \text{val} \vDash \Delta' \tag{3.1}$$

第二种情况:val⊭Δ_0。由此得出 val⊭$\Delta(T_0)$且 val⊭Δ'[(T_0,1)]。T_0∈

第三章 皮尔斯存在图多可读性的深层逻辑(一):符号逻辑视域

$Cut \cup \{T\}$ 且 $(T_0,1) \in Cut' \cup \{T'\}$ 之外,Δ 与 Δ' 同构。现在应用定理 3.21。也可能得(3.1)。

(3.1)的方向"⇒"推导出迭代规则的正确性。(3.1)的方向"⇒"推导出逆迭代规则的正确性。

引理 3.24(**双切是可靠的**) 如果 Δ 与 Δ' 是两个形式的 Alpha 图,val 是一个真值函数,val $\vDash \Delta$,且 Δ' 是通过应用"双切规则"而从 Δ 中导出的,则有 val $\vDash \Delta'$。

证明:假定 Δ 是通过擦除两个切 c_1, c_2 且 $area(c_1) = \{c_2\}$ 而从 Δ' 中导出的。我们设定 $c := ctx(c_1)$。我们想要应用定理 3.21,就必须证明定理 3.21 的性质 P 对于 $c \in \Delta$ 且 $c \in \Delta'$ 是有效的。我们有

$$area'(c) = (area(c) \cup area(c_2)) \setminus \{c_1\} \qquad (3.2)$$

加上条件(3.2),我们可得

val $\vDash \Delta[c]$ val $\xLeftrightarrow{Def \vDash}$ val 满足 $area(c)$ 内所有顶点条件及切条件

$\Longleftrightarrow$ val 满足 $area(c) \setminus \{c_1\}$ 内的所有顶点及切条件,且 $v \nvDash \Delta[c_1]$

$\Longleftrightarrow$ val 满足 $area(c) \setminus \{c_1\}$ 内的所有顶点及切条件,且 val $\vDash \Delta[c_2]$

$\xLeftrightarrow{(2.2)}$ val 满足 $area'(c)$ 内的所有顶点及切条件

$\xLeftrightarrow{Def \vDash} \Delta[c]$

应用定理 3.21,我们有 val $\vDash \Delta \Leftrightarrow$ val $\vDash \Delta'$。

从上述引理中我们得出演算的可靠性。

定理 3.25(**Alpha 演算的可靠性**) 形式的 Alpha 图的一个集合 $\Gamma \cup \{\Delta\}$ 满足

$\Gamma \vdash \Delta \Rightarrow \Gamma \vDash \Delta$。

证明:令 $\Gamma \vdash \Delta$,并且存在 $\Delta_1, \cdots, \Delta_n$,且 $\Delta_1 \cdots \Delta_n \vdash \Delta$。从上述引理 3.22、3.23 及 3.24 中,我们可得

$$\Delta_1, \cdots, \Delta_n \vdash \Delta \vDash \Delta \qquad (3.3)$$

现在令 val 是一个真值函数 val ⊨Γ，即对于每个 $\Delta' \in \Gamma$，都有 val ⊨Δ'。于是便得出对于每个 $1 \leq i \leq n$，都有 val ⊨Δ_i，因此 val ⊨$\Delta_1, \cdots, \Delta_n$。由等式 (3.3)可推出 val ⊨$\Delta$。

2. 完全性

因为空的断言页恒真，则图◯恒假。因此有下述的定理和引理。

定义 3.26（α 图的一致集） 如果 Γ⊢◯ 不成立，那么形式的 Alpha 图的一个集合 Γ 被称为一致集。如果 $\{\Delta\}$ 为一致集，则形式的 Alpha 图 Δ 被称为是一致的。

引理 3.27（一致性引理 1） 当且仅当对于形式的 Alpha 图 Δ' 满足 Γ⊢Δ' 时，形式的 Alpha 图的集合 Γ∪$\{\Delta\}$ 不是一致集。

证明：只需证明有"⇒"。令 $\Delta_1, \cdots, \Delta_n \in \Gamma$，且 $\Delta_1 \cdots \Delta_n$⊢◯。我们可得出：
$\Delta_1 \cdots \Delta_n$⊢◯Δ' $\xrightleftharpoons{\text{Def}\ \vdash}$ Γ⊢Δ'。

引理 3.28（一致性性引理 2） 令 Γ∪$\{\Delta\}$ 是形式的 Alpha 图的一个集合，那么我们有 Γ⊢Δ⇔Γ∪$\{$⊘Δ⊘$\}$⊢◯，且 Γ⊢═⇔Γ∪$\{$══$\}$⊢◯。

特别的，对于形式的 Alpha 图 Δ_1 和 Δ_2，我们有
$\Delta_1 \vdash \Delta_2 \Longleftrightarrow \Delta_1$⊘$\Delta_2$⊘⊢◯，且 Δ_1⊘Δ_2⊘$\Longleftrightarrow \Delta_1 \Delta_2$⊢◯。

证明第一个等式（第二个等式的证明是类似的）：我们有

Γ⊢Δ $\xrightarrow{\text{Def}\ \vdash}$ 存在 $\Delta_1, \cdots, \Delta_n \in \Gamma$，且 $\Delta_1 \cdots \Delta_n$⊢Δ

$\xrightarrow{\text{T3.8}}$ 存在 $\Delta_1, \cdots, \Delta_n \in \Gamma$，且 ⊢ ⊘$\Delta_i \cdots \Delta_n$⊘$\Delta$⊘

$\xrightarrow{\text{Dc}}$ 存在 $\Delta_1, \cdots, \Delta_n \in \Gamma$，且 ⊢ ⊘$\Delta_i \cdots \Delta_n$◯⊘◯

$\xrightarrow{\text{T3.8}\ \vdash}$ 存在 $\Delta_1, \cdots, \Delta_n \in \Gamma$，且 ⊢$\Delta_1 \cdots \Delta_n$══⊢◯

$\xrightarrow{\text{Def}\ \vdash}$ Γ∪$\{$══$\}$⊢◯

图的一致集可扩展成极大（关于 ⊆）图的一致集，且能够规范地给它们赋值。这将在下个引理中进行阐述

引理 3.29(**极大一致集性质**)　令Γ是一个极大(关于⊆)图的一致集。那么:

(1)对于任意一个形式的 Alpha 图Δ,有Γ⊢Δ或Γ⊢Δ⃝。

(2)对于任意一个形式的 Alpha 图Δ,有Γ⊢Δ⇔Δ∈Γ。

(3)对于所有的形式的 Alpha 图Δ1,Δ2,有Δ1 Δ2∈Γ⇔Δ1∈Γ且Δ2∈Γ。

证明:很容易看出Δ Δ⃝⊢○。因此,如果Γ是一致的,那么Γ⊢Δ或Γ⊢Δ⃝不能同时成立。我们现在可以证明该引理的所有命题:

(1)假定对于图Δ,Γ⊬Δ。由引理 4.8 可推出Γ∪{Δ⃝}是一致的。因为Γ是极大的,所以我们得出Δ⃝∈Γ,并由此得出Γ⊢Δ⃝。

(2)令Γ⊢Δ。因为Γ是协调的,于是我们得出Γ⊬Δ⃝。所以由引理 3.27 可推出Γ∪{Δ⃝}是一致的。因为Γ是极大的,所以我们有Δ∈Γ。

(3)可由(1)和(2)推出。

形式的 Alpha 图的一致集可扩展成形式 Alpha 图的极大一致集。这一步和通常逻辑学中的做法一样。

引理 3.30(**将一致集扩展成极大一致集**)　令Γ是一个形式的 Alpha 图的一致集,那么存在一个形式的 Alpha 图的极大一致集Γ′且Γ′⊇Γ。

证明:假定$\Delta_1, \Delta_2, \Delta_3, \cdots$是所有形式的 Alpha 图的列举。我们归纳地定义对于每一个 i∈N 的一个图集Γ_i。我们首先设定$\Gamma_1 := \Gamma$。现在假定$\Gamma_i \supseteq \Gamma$已被定义且是一致的。

如果$\Gamma_i \vdash \Delta_i$⃝不成立,那么根据引理 3.29,$\Gamma_{i+1} := \Gamma_i \cup \{\Delta_i\}$是一致的。

反之,若$\Gamma_i \vdash \Delta_i$⃝成立,那么$\Gamma_{i+1} := \Gamma_i \cup \{\Delta_i$⃝$\}$是一致的。

现在$\Gamma' := \bigcup_{n \in N} \Gamma'_n$为极大一致图集,且$\Gamma' \supseteq \Gamma$。

因此,我们已经规范地给出极大一致图集的模型。

定理 3.31(**最大协调集的值函数**)　令Γ是一个形式的 Alpha 图的极大一致集。那么存在一个规范的真值函数 val,使得对于每个图Δ∈Γ,有 val

⊨Δ。

证明：令 $\Delta_i := (\{v\}, T, \emptyset, \emptyset, \{v, P_i\})$（有一个任意节点 v）为一个图，且对应于命题变量 P_i。令 val: $P \to \{ff, tt\}$ 为一个真值函数，且 $val(P_i) := tt :\Leftrightarrow \Gamma \vdash \Delta_i$。

现在令 $\Delta' := (V, T, Cut, area, k)$ 为一个形式的 Alpha 图。我们证明对于每个 $c \in Cut \cup \{T\}$，则有

$$val \vDash \Delta'[c] \Leftrightarrow \Gamma \vdash \Delta'[c] \tag{3.4}$$

该证明通过对 $Cut \cup \{T\}$ 进行归纳实现。所以令 $c \in Cut \cup \{T\}$ 为一个切，使得对于每个 $d < c$，(3.4) 都成立。我们有：

$val \vDash \Delta'[c] \xLeftrightarrow{\text{Def eualuation}}$ 对于每个 $v \in V \cap area(c)$，有 $val(k(v)) = tt$

且对于每个 $d \in Cut \cap area(d)$，有 $val \nvDash \Delta[d]$

$\xLeftrightarrow{\text{Def ual 和 Ind Hyp}}$ 对于每个 $v \in V \cap area(c)$，有 $\Gamma \vdash \Delta(k(v))$

$\xLeftrightarrow{L4.9 \vdash}$ 对于每个 $v \in V \cap area(c)$，有 $\Delta(k(v)) \in \Gamma$

且对于每个 $d \in Cut \cap area(d)$，有 $\overline{\Delta'[d]} \notin \Gamma$

$\xLeftrightarrow{L4.9 \vdash} \Delta[c] \notin \Gamma$

因为我们有 $\Delta = \Delta[T]$，所以由 3.4) 可推出对于 $c := T$，$val \vDash \Delta' \Leftrightarrow \Gamma \vdash \Delta'$。现在准备证明演算的完全性。

定理 3.32（演算的完全性） 形式的 Alpha 图的一个集合 $\Gamma \cup \{\Delta\}$ 满足

$$\Gamma \vDash \Delta \Rightarrow \Gamma \vdash \Delta$$

证明：满足 Γ 的每一个真值函数也满足 Δ，即 $\Gamma \cup \{\overline{\Delta}\}$，没有模型。因此，根据定理 3.31，$\Gamma \cup \{\overline{\Delta}\}$ 不是一致的。也就是说，存在 $\Delta_1, \cdots, \Delta_n \in \Gamma$，且 $\Delta_1 \cdots \Delta_n \overline{\Delta} \vdash \bigcirc$。将演绎引理 3.28 应用于两个图 $\Delta_1 \cdots \Delta_n \overline{\Delta}$ 和 $\bigcirc$，可推出：

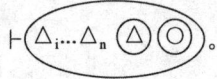。

应用双切规则，我们得出：

第三章 皮尔斯存在图多可读性的深层逻辑(一):符号逻辑视域

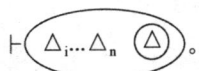。

现在我们在反方向上将演绎定理应用于 $\Delta_1\cdots\Delta_n$ 和 ⊿ 上,可推出:

$\Delta_1\cdots\Delta_n \vdash \Delta$,

从而我们有 $\Gamma \vdash \Delta$。

第五节 存在图的翻译

本节将把形式的 Alpha 存在图翻译为命题逻辑。先从命题逻辑公式的定义开始,这里仅考虑使用连接符"¬"(否)和"∧"(且)的情形。众所周知,其他连接符都可用上述两种符号表示。

定义 3.32(命题逻辑) 命题逻辑的公式归纳地定义如下:

(1)每个命题变量 $P_i \in P$ 是一个公式;

(2)如果 f' 是一个公式,那么 $f := \neg f'$ 也是一个公式;

(3)如果 f_1 和 f_2 都是公式,则 $f := (f_1 \wedge f_2)$ 也是一个公式。

对于一个给定的真值函数,公式的真值函数规范的定义如下:

定义 3.33(公式的真值函数) 我们在公式的组成上归纳地定义真值和公式之间的语义蕴含关系 $val \vDash f$ 如下:

(1)对于 $P_i \in P$,我们设定 $val \vDash P_i \Leftrightarrow val(P_i) = tt$。

(2)对于 $f = (f_1 \wedge f_2)$,设定 $val \vDash f_1 \wedge f_2 :\Leftrightarrow val \vDash f_1$ 且 $val \vDash f_2$。

(3)对于 $f := \neg f'$,设定 $val \vDash \neg f' :\Leftrightarrow val \nvDash f_1$。

我们现在准备对 Alpha 图系统和命题逻辑之间的翻译进行定义。两种翻译都是归纳地定义。从图到符号逻辑的翻译用字母 Φ 表示,反方向的翻译则用字母 Ψ 表示。

先定义形式的 Alpha 图系统到命题逻辑的翻译。

定义 3.34(Ψ) 在公式组成上进行归纳。

对于 $P_i \in P$,用图形记号表示形式的 Alpha,我们设定 $\Psi(P_i) := P_i$(我们形式的定义 $\Psi(P_i) := (\{v\}, T, \varnothing, \varnothing, \{v, P_i\}))$。

对于 $f = (f_1 \wedge f_2)$,令 $\Psi(f) := \Psi(f_1) \Psi(f_2)$,$\Psi(f_1) \Psi(f_2)$ 是 $\Psi(f_1)$ 和 $\Psi(f_2)$ 的并置。

第三章 皮尔斯存在图多可读性的深层逻辑(一):符号逻辑视域

对于 $f := \neg f'$,我们设定 $\Psi(f) := \overline{\Psi(f')}$。形式定义如下所述:首先令 $\Psi(f') = (V, T, \text{Cut}, \text{area}, k)$,且 T' 是一个新的断言页。那么我们设定 $\Psi(f) := (V, T', \text{Cut} \cup \{T\}, \text{area}', k)$ 且 $\text{area}' = \text{area} \cup \{(T', \{T\})\}$。

对于翻译 Ψ 的定义,我们必须注意,有可能会出现存在图的空切,它在命题逻辑中并无对应的公式("○"是一个合式图,但"¬"不是一个合式公式)。我们使用下述方法:一个空区域(切的空白区域或空白的断言页)被翻译为公式 $\neg(P_1 \wedge \neg P_1)$,这个公式总是恒真的。

定义 3.35(Φ) 令 $\Delta := (V, T, \text{Cut}, \text{area}, k)$ 是一个形式的 Alpha 图。应用引理 2.6,我们归纳的给每一个情境 $c \in \text{Cut} \cup \{T\}$ 指定一个公式 $\Phi(\Delta, c)$ 如下:

(1)如果 c 是一个空情境,也就是 $(\Delta, c) = \varnothing$,那么 $\Phi(\Delta, c) := \neg(P_1 \wedge \neg P_1)$。

(2)如果 c 不为空,令 $\Phi(c)$ 是公式 $\neg\Phi(d)$ 对切 $d \in \text{area}(c)$ 和公式 $k(v)$ 对节点 $v \in \text{area}(c)$ 的合取。

最终我们设定 $\Phi(\Delta) := \Phi(\Delta, T)$,则 Φ 的定义完成。

应注意,严格意义上说,Φ 不是一个函数。"$\Phi(c)$ 是公式的合取"并不是具体的要求对于 $\neg\Phi(d)$ 对切 $d \in \text{area}(c)$ 和公式 $k(v)$ 对节点 $v \in \text{area}(c)$ 必须组合,也不管怎么使用括号。因此,$\Phi(\Delta)$ 不设定合取的子公式的顺序。例如,下图 3.14

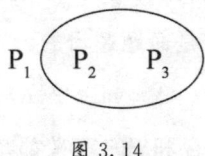

图 3.14

可被翻译成下述公式:

$P_1 \wedge \neg(P_2 \wedge P_3), P_1 \wedge \neg(P_3 \wedge P_2), \neg(P_2 \wedge P_3) \wedge P_1$,

和 $\neg(P_3 \wedge P_2) \wedge P_1$。

但是,因为合取是(在语义学意义上而言)是一种联系且可交换的操作,所以所有可能的图的翻译都是语义等价的,因此我们认为Φ作为映射,可将一个公式指派到每一个图。

我们举一个复杂点的例子,考虑图 3.15。

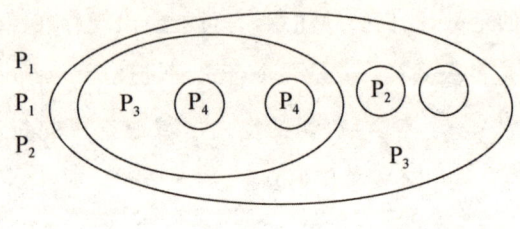

图 3.15

该图可被翻译为:

$P_1 \wedge P_1 \wedge P_2 \neg(\neg(P_3 \wedge \neg P_4 \wedge \neg P_4) \wedge \neg P_2 \wedge P_3 \wedge \neg\neg(P_1 \wedge \neg P_1))$。

且上述公式可被翻译为下图 2.16(并不是说该图与原图不同):

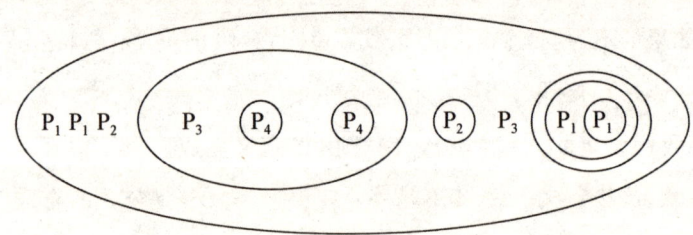

图 3.16

下述定理证明,Ψ和Φ是的含义保持的。

定理 3.36(Ψ和Φ是的含义保持的)。令给定一个真值函数 val:P→{ff, tt},Δ是形式的 Alpha 图,且 f 是命题逻辑的公式。那么我们有:

val ⊨ f ⇔ val ⊨ Ψ(f),且 val ⊨ Δ ⇔ val ⊨ Ψ(Δ)。

证明:所有命题公式的集合和Ψ的定义都是归纳地定义的。因此,在公式的组合上的归纳实现了对第一个等式的证明。如果 P_i 是一个命题变量,很容易得出 val ⊨ P_i ⇔ val ⊨ Ψ(P_i)。如果 f = ($f_1 \wedge f_2$) 是一个公式,我们明显有

val ⊨ f $\xLeftrightarrow{\text{Def 5.2}}$ val ⊨ f_1,且 val ⊨ f_2
$\xLeftrightarrow{\text{Ind Hyp}}$ val ⊨ Ψ(f_1),且 val ⊨ Ψ(f_2)

$\xLeftrightarrow{\text{Def 5.2}}$ val ⊨$\Psi(f_1)$ $\Psi(f_2)$

类似的，$f = \neg f'$ 情形下的结论也可证明，这可以证明第一个等式。

现在令 $\Delta:=(V, T, Cut, area, k)$ 是一个确定的、形式的 Alpha 图。与 Ψ 的证明类似，我们可通过对树形图 $Cut \cup \{T\}$ 的归纳证明

$$\text{val} \models \Delta[c] \Leftrightarrow \text{val} \models \Phi(\Delta, c) \tag{2.5}$$

对于每个情境 $c \in Cut \cup \{T\}$ 都成立。因此我们有

val ⊨Δ $\xLeftrightarrow{\text{Def 5.2}}$ val ⊨$\Delta[T]$ $\xLeftrightarrow{\text{Eqn 5.1}}$ val ⊨$\Phi(\Delta, T)$ $\xLeftrightarrow{\text{Def 5.4}}$ val ⊨$\Phi(\Delta)$

这可以证明第 2 个对等。

下述推论是该定理的直接结果。

推论 3.37 令 f 是一个公式，F 是一个公式集合，Δ 是一个形式的 Alpha 图，Γ 是形式的 Alpha 图的集合。那么：

$$F \models f \Leftrightarrow \Psi(F) \models \Psi(f) \tag{2.6}$$

$$\Gamma \models \Delta \Leftrightarrow \Phi(\Gamma) \models \Phi(\Delta) \tag{2.7}$$

另外，我们还有 Δ 与 $\Psi(\Psi(\Delta))$，且 f 与 $\Phi(\Phi(f))$ 语义相等。

证明：Δ 与 $\Psi(\Psi(\Delta))$，且 f 与 $\Phi(\Phi(f))$ 语义相等可从定理 5.5 中推出来。该语义相等可证明等式(10.2)和(10.3)。我们仅证明等式。(10.2)的方向"⇒"，相反方向与等式。(10.3)的证明类似。所以令 f 是一个公式。F 是一个公式集合，且 $F \models f$。令 val 是一个真值函数，且 val ⊨$\Psi[f']$，也就是说，对于所有 $f' \in F$，都有 val ⊨$\Psi(f')$。由定理 3.36 推出对于所有 $f' \in F$，都有 val ⊨ f'。从 $F \models f$ 可得出 val ⊨ f。现在由定理 3.36 可推出 val ⊨$\Psi(F)$。

根据上述推论，形式的 Alpha 图和命题逻辑是等价的。

第六节　存在图图形副本的形式化

本章首先给出了从符号逻辑角度分析存在图的方法,即存在图数学结构与它的图形表示的区分,然后给出了 Alpha 的句法、语义与演算、可靠性与完全性证明,并把 Alpha 翻译成了命题逻辑。①

存在图按照数学结构进行定义,且图形副本是这种结构的表示。那么更进一步,还有一个可以探讨的问题是为什么图形副本要通过约定给出?如果存在图的图形副本也以数学方式进行定义,那么上述的存在图形式理论便会更加精确。

要想以数学方式定义存在图的图形副本,即寻求记号结构的数学定义,首先要解决的基本问题是,我们需要找到记号结构的定义,并且该定义能够给出图形副本的最好的编码。

下面我们尝试定义记号结构。一个明显的方法就是模拟存在图中的线(即切和等同线)为欧几里德几何学平面 R^2 中的曲线。例如,我们可以用光滑、两端点都开放的曲线模拟等同线,并且用光滑且两个端点都开放的封闭曲线模拟切。

然而在任何(合理的)数学定义中,都不能直接编码图形副本的所有的图形特性。如字母和文字是容易被数学定义捕获的,在 Alpha 图中的命题变量可由字母或文字表示,但表示命题变量的字母或文字的大小和字体是无关紧要的。对于 Alpha 图来说,命题变量出现的位置才是最重要的。但是恰恰是命题变量的位置不能被数学的定义捕获,所以必须通过其他的方

---

① 这里给出形式化的 Beta 图的相关文献,Dau,F.,*Mathematical logic with diagrams*, *Based on the existential graphs of Peirce*, http://dr—dau.net/Papers/habil.pdf(访问时间:2022 年 3 月 16 日)。

第三章 皮尔斯存在图多可读性的深层逻辑(一):符号逻辑视域

式处理它们。

更重要的问题是,从数量上讲,数学定义能够穷尽图形副本的图形特性吗?即便能够直接编码图形副本所有的图形特性,这里的关键在于图形副本的图形特性是有限的吗?例如,Alpha图中出现的命题变量能够由欧几里德几何学平面的点和位置进行模拟。事实上用数学方式定义图形副本的过程中,我们必须忽略某些图形特性。虽然我们试图完全捕获图形副本的图形特性,但图形副本的一些特性很可能会过于细致而无法完全捕获。例如,简单的等同线,即——如何能够用数学方式模拟?我们已经说过,在欧几里德几何学平面中,等同线能够由曲线模拟。这一曲线的长度应该是多少?在欧几里德几何学平面中其位置应在何处?因此我们不能通过数学定义确切地捕获图形副本。

在画存在图的图形副本时,会有一些无意识的启发。这更增加了用数学方式定义图形副本的记号结构的难度。

(1)表示不确定的等同线的边缘应该被画在离关系指号"足够远"的位置。我们考虑如下图形副本,图3.17:

P————Q————P————Q————P————Q————

图 3.17

最左边的图形副本应当理解为"事件 P 与事件 Q 相关,且事件 Q 与另一件事情相关",最右边的图形副本应当理解为"存在事件 P,存在事件 Q"。但是中间的两个图形副本的文本和含义并不清楚。因此我们应当注意不要画出这样的图形副本。因此,存在图的数学定义必须应对这里的"足够远"。

(2)图形等值的问题。先给出图形等值的一些描述。考虑图3.1中的前两个图形副本。它们是同一个普型中两个不同的记号。像这样的图形副本被称为普型等值。还是在3.1中的两个图形副本,我们会发现,我们通过一个映射,可以将命题变量和切从第一张图中转移至满足条件的第二张图。从某种程度上,可以说第一张图可以拓扑地改变为第二张图,这样的图形副本叫做图解等值。如果找到了普型结构和记号结构的恰当的定义,以及"一个记号结构代表一个类型结构"之间关系的定义,则可以从数学上证明普型等值和图形副本等值具有相同的意义。考虑下图3.18。

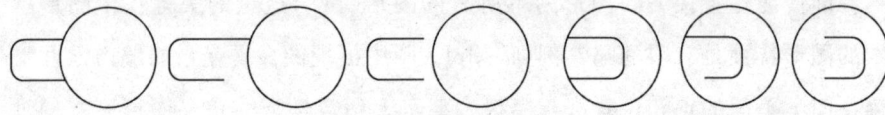

图 3.18

皮尔斯把切上的点看作外在于切。因此,左面三个图形副本在皮尔斯的理解中是同一个图片的三种不同表示。而在右面的三个图形副本则相互都不是类型等值的。因此,存在图的数学定义必须使得前三个图形副本为图解等值的,且后三个图片不是。

(3)图形副本画得越简单越好。虽然我们看到命题变量的大小和字体以及关系名称都毫不相关,显然,如果要使图形副本更加简洁,那么所选的字体及大小就不可以随意选择。考虑图3.19。

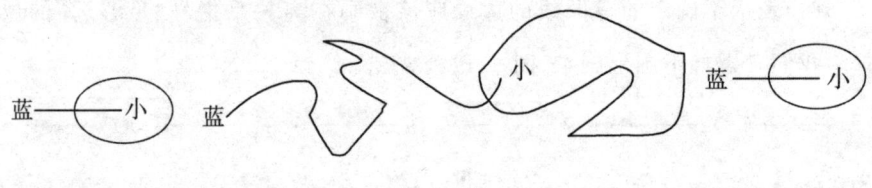

图 3.19

所有的图形副本都是同一个图的表示,该图意思是有个蓝色的东西,但是它并不小。很显然,最左边的图形副本是三个图形副本的最佳代表。这样的便捷是无法用数学定义表达的。

至此我们已经认识到,不能通过数学定义抓住所有图形副本的图形特性,也就是说我们无法给出图形副本的数学定义。

第四章 皮尔斯存在图多可读性的深层逻辑（二）：多模态视域

人们日常生活中的推理形式是多种多样的，而承载推理信息的媒介也不仅仅只有语言，还有图形、声音、气味等等，所以日常推理是多模态（multi-modal）的。多模态在这里指的是推理的表示（represent）方式，多模态推理就是由多种表示方式作为承载推理信息的媒介共同表示的推理。而逻辑学的研究对象是有效推理，所谓有效推理指的是结论与前提之间的必然关系。自弗雷格等人开创现代数理逻辑以来，学者们都将逻辑学理论中结论和前提的表达方式局限于符号，他们认为只有这样才是严密的，但这样就使得逻辑学研究偏离了人们的日常生活。为了使逻辑学能够更接近于日常生活，使逻辑学理论更容易被大众接受，在各个领域的应用更为广泛，很多学者开始研究多模态推理，且逻辑系统的概念也因此得到了大大地扩展。运用多种表示方式构造的逻辑系统被称为"异质系统"（heterogeneous systems）。异质系统是多模态推理在逻辑学理论中的具体表现，巴威斯首次提出"异质系统"①的概念，异质系统既包括语言元素，如公式，也包括非语言元素，如图、表等。申顺珠首先从多模态的视域对皮尔斯存在图进行研究。她根据皮尔斯的指号学中的"三分法"，对存在图进行符号分析，得出存在图是一个由多种指号构成的异质系统，所以从多模态的视域来审视存在图是可能的。

---

① 关于异质系统，巴威斯在下述文献中有详细论述，参见 Barwise, J. , *Heterogenous reasoning*, Berlin: Springer-Verlag, 1993.

本章将梳理申顺珠如何运用多模态的研究方法分析皮尔斯存在图,在申顺珠的研究中,系统中符号(Symbol)指号和像标(icon)指号将被放到同等重要的位置,图形的可视性质将最大限度地在理论中体现出来。

第一节 多模态视域下研究存在图的基本思路和必要前提

多模态的研究模式与现代数理逻辑研究模式最大的不同在于,在多模态研究模式中,图形等其他表示方式与符号表示方式具有同等的地位,即不能认为图形等非符号表示方式只具有辅助和启发的意义。多模态的研究模式有两个具体步骤,一是要确认所研究的系统是否是一个异质系统,如果是,符号性表现在哪里,非符号性表现在哪里;二是要分析系统中非符号要素的特性,并使这种特性在理论中体现出来。因此用多模态的研究模式分析皮尔斯存在图也需要两个步骤,一是要确认存在图是否为一个异质系统,如果是,符号性和非符号性各表现在哪里。本章第二节将梳理申顺珠对存在图的符号分析,她的研究表明,存在图是一个由像标元素和符号元素共同表示的异质系统,且指号切和析取信息的表示是符号性的,依赖于约定,而合取信息的表示、指号等同线、存在量词和全称量词的表示,是像标性的[①];二是分析存在图中非符号元素,并将其在理论中体现出来。存在图的非符号元素是它的像标元素。申顺珠认为存在图的像标元素的特性是它的可视性质。她还认为,存在图中可视性质在理论中最重要的体现是每一个存在图都可能有不止一种读法。本章第三节将详细梳理存在图的可视性质在理论上的具体体现,即梳理申顺珠给出的存在图的多样读法。

---

① 这里确认存在图是否为异质系统的理论依据是皮尔斯指号学中的"三分法",它是本章研究的前提条件,下面将详细论述。

第四章 皮尔斯存在图多可读性的深层逻辑(二):多模态视域

在分析存在图之前还有两个必要的前提条件需要给出。

第一,要完成第一个步骤,即确认存在图是否为一个异质系统,就必须先找到确认的理论依据。采用皮尔斯的指号学中的"三分法"作为确认的存在图是否为异质系统的理论依据。下面简单梳理一下皮尔斯指号学中的"三分法"。皮尔斯认为,可以根据指号与指号所表示的对象之间的关系,将指号区分为三类,即符号(symbol)、索引(indices)和像标(icons)。粗略地讲,像标和它的表示对象之间的关系为相似(resemblance 或者 likeness),索引直接指向它的表示对象,符号与它的表示对象之间的关系是通过约定(convention)建立起来的。在皮尔斯看来,有时一个指号可能同时属于不止一个范畴,也就是说,在某些情况下,三种类型指号之间的区别不太明显。这里只讨论指号类型能够清晰区分的情况。

具体来说,如果指号 A 与 B 通过约定建立联系,那么 A 是 B 的一个符号。大部分英语单词都属于符号。它们都是通过约定来表示事物。例如,我们能理解"book"的意思,并不是因为这四个字符的特征与一本书的特征相同,而是因为我们曾经学习过"book"的意思。然而,知道这个单词的意思并不能帮助我们挑选出一本特定的书。也就是说,一个作为符号的单词只关涉单词的一般意思,不能表示具体的事物。我们也能找到非单词的符号指号。例如,鸽子是和平的符号,白色的旗子是投降的符号。

一个索引与它的表示对象之间的关系是索引指出了它表示的客体。索引没有描述性的意思。在英语中,代词是典型的索引。一个合适名字可以被看成是一个索引。索引主要的功能是指示具体的事物,而不是描述它。有时索引功能的实现不是通过指出某物,而是通过我们熟悉的自然规律。例如,烟表示有火。也就是说,烟是火的一个索引。这里烟并没有约定的描述性的意思,而是自然规律引导我们找到了烟和火的关系。所以,我们不能说烟是火的一个符号。皮尔斯用读数小的气压计和潮湿的空气是雨的一个索引作为例子来解释:"我们认为是大自然的力量建立起了读数小的气压计和潮湿的空气与雨之间的一个可能的联系"①。读数小的气压计不能被说成是雨的一个符号。在这种表示关系中没有人为的约定。

一个像标通过与它所表示事物之间的相似性来表示这个事物。假定存在一幅张三的画像,张三在这里指一个人。那么对于知道张三长相的人来说,不需要约定就可以知道画表示的是张三,也不需要特别的说明来指出张三。理解张三的画像和张三之间的关系也不需要借助大自然的力量。因此,张三的画像既不是张三的符号也不是张三的索引。画像和张三之间的相似性已经足够让我们知道这是谁的画像了。中国的汉字就是从像标开始的。"所有的原始文字,如埃及象形文字,都是非逻辑的像标。"高楼里电梯的指号就是一个像标的例子。几何图形,如线、三角形、圆,也是像标。

某些指号能够马上让人们认出它们所表示的事物。地形的颜色和自然的颜色并不需要人为的撮合,只通过它们的外观就能使我们知道它们之间的表示关系。在这个辨认的过程中既没有一般的约定也没有一个具体的指示。关键概念是相似性。在符号中,指号和它们的表示对象之间没有相似性。单词"雨"在任何意义上都与现实中的雨不相似。鸽子与和平没有相似的地方,和平是抽象的。索引也与它的表示对象不相似。"我"指向说话者,但是这个字和说话者之间没有相似性。一个低读数的气压计和即将来临的雨之间也没有相似性。显然,相似是像标表示它的对象的唯一方式。

在符号理论的经典著作《艺术的语言中》②中,古德曼(Nelson Goodman)认为,相似性不是一个必要的或是足够的表示条件。相似是非常灵活的,没有人说自己表示自己。相似是对称的,但我们不说张三表示他的画像,而只说张三的画像表示张三。古德曼指出,一个双胞胎兄弟彼此相似,但不能用其中一个表示另外一个。但这里并不是要给出像标的准确定义,而是试着找出指号和它们表示的对象之间是如何相互关联的,也就是说事先假定我们知道谁是指号,谁是要表示的对象。

---

① CP2.286.
② Goodman, N., *Languages of art*, Indianapolis: Hackett, 1976.

第四章　皮尔斯存在图多可读性的深层逻辑(二)：多模态视域

现在的问题是像标在何种意义上或者在哪些方面与它的表示对象相似呢？在上述画相的例子中，物理的长相是相似的。然而，在皮尔斯看来，物理上的外观相似性不是像标和它的表示对象之间唯一的一种相似，"很多图(diagrams)完全不是看起来与它们的表示对象相似，而是它们各个部分之间的关系具有相似性"①。皮尔斯举的代数方程式的例子可以很好地解释这一现象："事实上，每一个用代数符号(代数符号本身并不是像标)表示的代数方程式，在它所展示的范围内，即数量关系范围内，都是一个像标"。

如果我们把相似性限制在物理方面，那么像标的表达能力就会变得太弱，这对表示系统来说就没有意义了。在很多情况下，如相等的表示，并不存在可以描绘的物理外观，因为像标的表示对象是抽象的。例如，欧拉图中集合与集合之间的关系(它们都是抽象的)就是被像标地表示的。另外变得更形象并不能自动地使一个指号成为一个像标。假如我们通过两个不同的指号表示动物的集合，一个是字母 A，另一个是一个圈。两种表示都是通过约定实现的，因为如果不通过学习，就不可能知道两种指号所表示的对象。

第二，要想理清从多模态视域研究存在图的第二个步骤的思路，就得先回应逻辑学家对存在图的读法等方面的批评。因为多模态研究模式分析存在图的第二个步骤中像标元素的可视特性在理论中最重要的体现是一个存在图有多种读法，可是逻辑学家对此多有质疑。如果不给予回应，就无法去除这些观点对我们思路形成的干扰，从而不利于理清研究的思路。

一个世纪以来，逻辑学家普遍地抱怨皮尔斯的存在图在实际使用中很不方便，这些抱怨中最主要的就是存在图没有唯一可读性。为了使存在图只有一种读法，人们规定了存在图的读法，即存在图的传统读法，这些读法主要包括皮尔斯的"Endoporeutic"读法、"NNF"读法、泽曼的读法以及罗伯茨的读法。这些传统读法虽然使每一个图都只有一种读法，但却使得图变得难以读出来。与符号句子相比，这些图被认为是不自然的且不直观的。逻辑学家们还批评说，存在图的推理规则不如自然演绎系

---

① CP2.282.

统中的推理规则直观。甚至有很多批评者认为,皮尔斯的图式系统中没有欧拉图中那样的可视力量。申顺珠认为,传统的读法只把存在图当作了符号表示的逻辑语句来读,而且逻辑学家们像理解自然演绎系统的规则一样理解存在图的推理规则,这也是使存在图推理规则劣于自然演绎系统规则的原因。

　　逻辑学家们之所以不自觉地把存在图当成了一种符号逻辑系统来看待,是因为长期以来符号表示的逻辑系统是形式逻辑的唯一主题,非符号表示的逻辑系统很自然地受到了逻辑学家的抵制。在逻辑学中,把符号逻辑系统置于优先的地位,我们将倾向于以符号逻辑的标准来理解和评估一个非符号系统。结果是,在还没有发现非符号系统的力量之前,非符号系统就已经因为缺乏符号系统的特性而受到批评。而且由于逻辑学家对符号系统的偏爱,非符号系统不能取得与符号系统同等的地位,两种逻辑系统理论上的比较研究也显得缺乏意义,因而逻辑学家很难真正认识到两种系统之间的区别,而如果对符号系统和非符号系统之间的区别没有一个稳固的理论背景,我们也很容易忽略这两种类型的系统各自的优点和缺点。反过来,对这两种系统之间的区别没有一个清晰准确的认识,只会进一步加强逻辑学家对符号系统的偏爱,同时也加剧了他们对非符号系统的排斥。"对符号系统的偏爱与对符号系统和非符号系统之间的区别认识不足,二者相互加强,已经形成了一种恶性循环。"①

　　所以我们必须打破这种恶性循环,停止以有无符号系统的性质来评价非符号系统。回到皮尔斯存在图,我们要抛开符号逻辑的影响,以一种新的眼光来看待存在图,这种新眼光也就是本节一开始提到的要把符号元素和图形等非符号元素放到同等重要的位置来考虑。然后分析存在图的性质,以获得存在图的积极特性。

　　申顺珠认为,没有唯一可读性恰恰是存在图的积极特性。逻辑学家对

---

　　① Shin, S. J., *The iconic logic of Peirce's graphs*, Massachusetts: Bradford Book, 2002.

第四章 皮尔斯存在图多可读性的深层逻辑(二)：多模态视域

存在图没有唯一可读性的抱怨是以符号逻辑的眼光评价非符号系统的结果。因为符号系统的句子的读法是唯一的，所以逻辑学家不能忍受不具有这一性质的存在图。抛开以符号逻辑的眼光评价非符号系统的错误做法，仔细分析就会发现，符号系统的语义解释要求唯一可读性，是因为如果一个符号句子的读法不是唯一的，那么该句子就会产生歧义。而对于存在图来说一个图有多种不同的读法是很自然的，因为这些不同的读法并不会导致原图产生歧义。也就是说，如果没有指示说明，并不是每个人都会从外向内来解读图形(Endoporeutic 只是其中一种解读方法)。有时嵌套会最先吸引我们的注意力。人们有时会将这些解读方法混合在一起。这实际是存在图的可视性质的体现。之前使一个图只有一种读法的传统读法，正因其取消了存在图读法的多样性，而把存在图的这种可视性质荒废了。传统的读法都没有能够充分地利用存在图的图形特点，所以我们需要用一种新的读法替代传统读法。

逻辑学家抱怨存在图推理规则不自然也是出于同样的原因，即从有无符号系统性质的角度来评价。逻辑学家之所以如此偏爱自然推演系统，是因为自然推演系统的推理规则更容易理解，也比其他系统更容易使用。所有命题逻辑的自然推演系统都是离不开连接符的。规则指导读者如何消去和引入这些句法对象。这是操作系统中意义单元的最自然的方法，因为公式是从句子符号和连接符中归纳地建立起来的。当推理规则的基础是系统的意义单元如何被构建时，使用者就能很容易在每一个证明步骤中选择合适的规则。例如：当一个前提是一个合取句子，我们就知道在用这个前提时要使用合取——消去规则。如果结论是一个条件句，我们就知道在证明中要用到条件——引入规则。这就是自然推演系统获得它们的名称的原因。申顺珠认为，在这个意义上，使得系统规则自然的因素和使得它高效的因素应该是不同的。但是，对于自然推演系统，其推理规则的自然性非常明显地提高了系统的推演效率，即一个演绎非常容易获得，因此自然推演系统比那些推理规则和系统单元结构不对应的系统效率要高。有趣的是，对于存在图系统,图形建立的句法历史并没有为我们提供最高效地陈述推理规则的方法。正如将要看到的,这一图形系统的自然性与符号系统的自然性是不同的。在自然演绎系统中,其自然性往往体现在连接符的引入和取消之间的对称,这种对称能够使该系统更为简单。申顺珠却认为,"虽然以对称的方式陈述规则能方便人们记忆和使用,但对称本身并不直接影响系统的演算效率"①。在传统读法下理解的 Alpha 系统中正如我们所看到的是有对称的。但是,不像在自然推演系统中,对称并不能使存在图效率更高。经过分析,申顺珠发现,如存在图可以有多种读法一样,它也可以拥有不同的具体对称。因此,我们可以找到一种基于存在图可视性质的对称,并将这种对称在图形转换规则中体现出来,这样的推理规则对于存在图来说才是自然的。

---

① Shin, S. J., *The iconic logic of Peirce's graphs*, Massachusetts: Bradford Book, 2002.

第二节　存在图的异质性

本节主要梳理申顺珠依据皮尔斯指号学的"三分法",分别对指号切、析取信息的表示、合取信息的表示、指号等同线、存在量词和全称量词的表示的符号特性做出分析,从而确认存在图是否为一个异质系统。

首先在皮尔斯那里找到存在图是异质系统的证据。皮尔斯认为,一个逻辑系统可以由不止一种指号共同构成。他指出,甚至一个代数系统也有像标的方面。事实上,皮尔斯承认存在图不是一个纯粹的像标系统:"该系统[存在图]……并没有所谓的欧拉图那样的像标性,但是它是目前为止构造的最好的一般系统。"[①]然后申顺珠作了具体的分析:

1. 切的指号特性

泽曼如下的描述显示了在这个逻辑记号中寻找像标性的尝试。"切在断言页上是不连续的,并且皮尔斯认为它们的意思对应于现实中的不连续性。非存在(non-existent)、不实际(unactualized),在一定意义上是指存在的间断,在这个范围内即指不是存在着的个体的世界的一部分。一般来说,一个切,在任何图的区域内,作为一个阻断指示在它里面的事物和在它外面事物之间连续性的一个确定的阻断。"[②]假定真实的现实和非真实(non-actual)的现实之间的连续性不存在,那么泽曼似乎认为皮尔斯选择切来表示这个不连续,通过切将不真实的命题孤立在一个切内。然而,泽曼没有能够确定切的表示是像标的,因为所有他能做出的切和非存在事实之间的断定是"对应于"或者"指示"。这两种关系不足以证明一个指号是像标。

---

① CP4.391.
② Zeman, J. J., "Peirce's graphs-the continuity interpretation", *Transactions of the Charles S. Peirce Society*, Vol. 4, No. 3, 1968, pp. 144—154.

尽管皮尔斯采用更宽泛的"相似"作为像标的判断标准,要想解释一个指号相似于一个否定事实也是不容易的。否定事实能够被像标化吗?如何使否定事实被看见。这是否定的一个经典问题。例如,我们可以使事实,如它是晴朗的被看到;但是能够使事实,如它不是晴朗的被看到吗?我们可以使事实,真正下雨被看到,并且这个事实隐含了另一个事实,它不是晴朗的。也就是说,"任何否定的记法工具一定是符号的"①。

2. 合取信息和析取信息的指号特性

为了更清晰地了解合取信息和析取信息指号的特性,我们从本质图与存在图表示方式的比较中进行以下分析。首先,在本质图中,皮尔斯的合取信息和析取信息之间的区别是什么?尽管皮尔斯没有在他的论文《关系逻辑》里直接解释这个问题,他在这篇论文里阐述了本质图,但他对于如何在系统中表示合取信息和析取信息这个问题有了清晰的解决情况。

本质图中,下图4.1表示命题"它是晴朗的或者是刮风的"

它是晴朗的　　　　它是刮风的

图 4.1

命题"它是晴朗的且是刮风的"用下图4.2的方法表示:

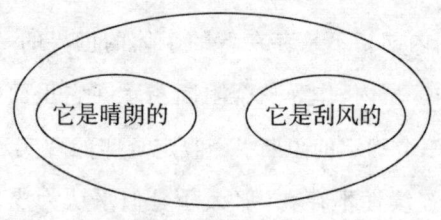

图 4.2

这与存在图中合取和析取的表示方法相反。在我们评价这两个记法装置的指号特性之前,需要讨论合取信息和析取信息之间的不同。

假定它是晴朗的切是刮风的。在这种情况下,我们同时可以观察两者,

---

① Shin,S. J., *The iconic logic of Peirce's graphs*, Massachusetts: Bradford Book,2002.

第四章 皮尔斯存在图多可读性的深层逻辑(二):多模态视域

即它是晴朗的且它是刮风的,但不是合取本身。在现实中,不存在对应于英语中的合取词"and"的对象。而是,仅仅把事实被累积起来,并且不需要其他任何东西来合并这些事实。在英语中,我们用单词"and"来传达合取信息,在符号逻辑中,连接符"∧""&"和"."是表达合取的指号。

假定它是晴朗的或者是刮风的,我们拍一张照片来判断这个信息。如果这个信息是真的,我们将得到符合下述三种可能中的其中一种的照片:(1)它是晴朗的且是不刮风的;(2)它是刮风的且不是晴朗的;(3)它是晴朗的且是刮风的。然而不可能将析取事实它是晴朗的或者是刮风的展示在一张照片里。而且发现,这三张可能的照片中的任何一张都传达了比原析取信息更多的信息。从而虽然能够找到支持析取信息的情况,但是这个情况中包含了比析取信息更多的信息。

现实中仅仅能展示合取信息,而不能展示析取信息。在合取信息的情况下,如上所述,事实是积累在现实中的而没有任何"连接事实"本身。不能在现实中找到任何相似于连接的东西。所以,任何合取的记法装置都是一个符号,而不是一个像标。因此,"如果一个系统想要像标的解释合取信息,它不应该引入一个指号而是应该展示信息片段"。这是目前为止我们能够得到的现实和合取信息之间最接近的相似性。另外,在析取的情形下,也不能够在现实中展示一个"析取事实"本身。所以,"析取信息的任何形式的表示——不论是否引入指号都必定是符号的,因为没有能与这种情形相似的东西"。

现在总结本质图与存在图中的对合取信息和析取信息的表示,如下图 4.3。

本质图引入一个指号表示合取信息,但是没有因表示析取信息而引入新的指号,而存在图则用了相反的方式。因此在本质图中,合取信息和析取信息都是用约定来表示的,而在存在图中合取信息的表示更为像标化,且析取信息的表示是符号的。由此可以看出"皮尔斯希望系统尽可能地像标化"。

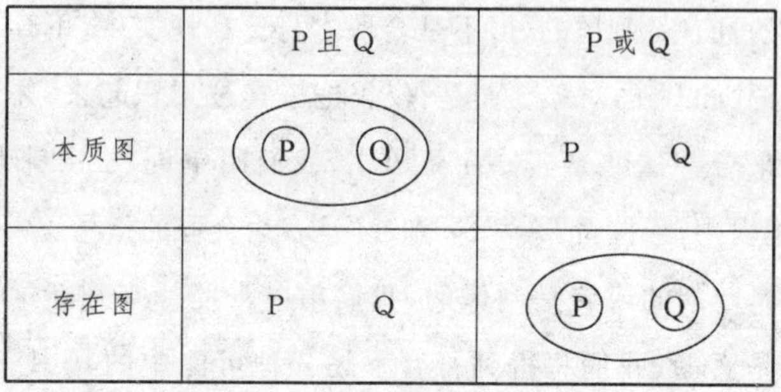

	P 且 Q	P 或 Q
本质图	(P Q)	P Q
存在图	P Q	(P Q)

图 4.3

3. 等同线的指号特性

先给出等同线的约定：一条画的粗一点的线，它是一个图且它的两个端点表示两个个体，而这条线本身表示它两个端点所表示个体数值上的等同性。

这个新词有两个功能。第一个是线的引入使存在图 Beta 部分有表示个体和关系的能力，从而增加了系统的表达能力。第二是这个指号可以表示相同，这使得 Beta 与其他符号谓词逻辑系统清晰地区别开来。也就是说，皮尔斯的存在图可以用一个由不同等同线连接起来的网像标的表示数值上的同一性。下面的皮尔斯的段落说明了等同线在 Beta 系统中的作用："存在图 Beta 部分因其有表示个体和个体的同一性的能力而与其他系统相区别。"①
例如下面的一阶句子，

∃x ∃y[高(y) ∧ 爱(x,y) ∧ 走(y) ∧ 老师(x) ∧ 笑(y) ∧ 女人(x)]，用 Beta 图表示为图 4.3，

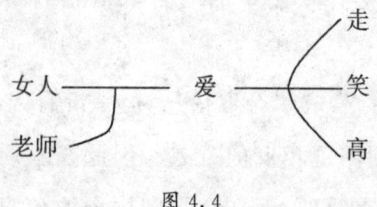

图 4.4

---

① Ms 462.

显然,等同性的可视的清晰的表示更容易在 Beta 系统中而不是符号系统中获得。而且我们很容易可以看出来用等同线表示个体的等同性是像标的,因为很容易想象线的两端连接起来与等同性的关系,将线两端连接与等同性之间有相似性。

皮尔斯的目标是使 Beta 系统尽可能地像标化,并且皮尔斯关于线的使用的直觉源于他的这个动机。当我们读和使用 Beta 图的时候,肯定会为皮尔斯的直觉而折服。因为这种直觉也是评价存在图读法和转换规则的标准。

4. 存在量词和全称量词的指号特性

正如罗伯茨所说:Beta 系统"是处理函数或者谓词演算的,是量词逻辑"①。然而令人惊讶的是,与其他谓词语言比起来,这个图形系统没有引入任何与符号语言中的量词相对应的句法装置。那么这个系统是如何能成为是关于量词逻辑的系统?

皮尔斯并没有采用增加句法装置来表示量词,而是利用图中早已存在的可视性质来表示量词。他说:"任何等同线,它的最外面部分被偶数的围绕,就表示某事物,并且任何等同线,它的最外面部分被奇数的围绕,就表示那里可以存在任何事物。"②

下面的图 4.5 是典型的偶数的围绕和奇数的围绕,

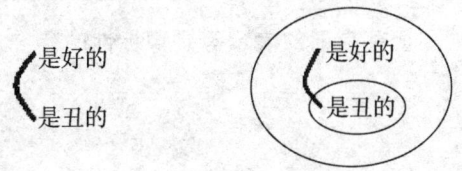

图 4.5

因为左图中线最外面的部分被偶数的围绕(这里被围绕了 0 次),这个图

---

① Roberts,D.D.,*The existential graphs of Charles S. Peirce*,The Hague:Mouton,1973.

② CP4.458.

表示某些好的事物是丑的。右图的意思是所有好的事物都是丑的,因为图中线最外面部分被奇数次围绕(这里被围绕了 1 次)。

存在量词和全称量词通过等同线的最外面部分被偶数或奇数次围绕而表示出来,这种表示无需增加另外的像标的或者符号的指号。那么这种表达是依赖于约定的吗?如果是这样的话,那么上述对这两个不同量词的表示方式在本质上应该与这两个量词的人工的符号的表示(如"∃"和"∀")相同。但是皮尔斯对这两个量词的表示不是人工约定的,原因如下:如前面所述,切表示否定而等同线表示某事物,切是符号而等同线是像标。从这个异质的表示很容易获得存在量词和全称量词的上述表示。当线最外面的部分处于被偶数的包围区域时,它被解释为"某事物",是因为这是"某物和相同对象"的像标的表示。如果线最外面部分被奇数个切围绕,我们得到存在量词的否定,即"不存在'某物是……'这种情况",因此"所有的都不是……"是这条线的解释。与此类似,符号"∀"是符号"¬∃¬"的缩写。在符号逻辑中如果没有引入新的符号"∀",表达就会变得笨拙且难读。但是不像符号语言,皮尔斯的像标的系统不需要另外的句法工具表示全称量词。只是得用图的可视的内容来读它,例如等同线最外面的部分被奇数的围绕。因此"存在图的量词表示是像标的"。

综上,存在图是一个由像标元素和符号元素共同构成的异质系统,且指号切和析取信息的表示等是符号性的,依赖于约定,而合取信息的表示、指号等同线、存在量词和全称量词的表示等是像标性的。

第四章 皮尔斯存在图多可读性的深层逻辑(二):多模态视域

第三节 存在图的多样读法

下面将讨论申顺珠的多样读法①,这种读法是存在图可视性质在理论中的体现,而且申顺珠认为图形的可视性质才是存在图最自然②的性质,从而多样读法与传统读法比起来也更自然。本节首先通过回忆第一章第四节中皮尔斯对于"嵌套"图形特征的讨论,引入申顺珠的由皮尔斯的想法发展而来的多样读法算法和相应的新的图形转换规则。然后比较申顺珠的新读法与传统的读法,展示出这一新读法的灵活性,并且证明该读法提高了系统的演算效率。

回忆第一章第四节,皮尔斯在表述他的存在图系统时,用约定的方式向我们展示了应如何读存在图,即他的"Endoporeutic"读法。他的约定对应于系统的非形式语义。其中,皮尔斯的第三约定用来读实质蕴含。例如图 4.6。

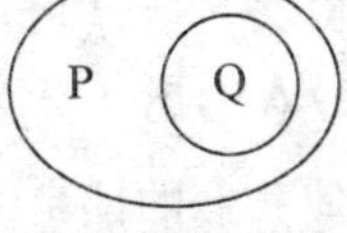

图 4.6

---

① 这里的多样读法算法与第二章的多样读法算法是一样的,有明显的重复,但是这一重复是必要的。因为第二章的多样读法算法仅仅提供了系统内的图表示的命题和推理的读出方法,而这里的多样读法算法是指基于多模态视角下皮尔斯存在图系统整体的一种解读方法,这里不光要给出读法算法本身和对推理规则的修正,而且将新的推理规则与皮尔斯推理规则进行了比较。实际上,第二章的多样读法算法作为图表示的命题和推理的一种读出方法,是这里的多模态视域下解读存在图的一种自然的结果,也即作为皮尔斯存在图多可读性"表象逻辑"的"深层逻辑"。

② 这里的"自然"是指图形的可视性质是它最显著的特性,而一个图有多种读法也是我们很容易理解和接受的,这是图的一种天然的属性,而我们从符号逻辑的角度人为规定一个存在图只有一种读法就违背了图形的这一天性。

我们根据皮尔斯"Endoporeutic"读法可将图 4.6 中的嵌套读作"P 为真 Q 为假"是假的。而根据皮尔斯的第三约定 C3,则可以直接将图 4.6 读作,如果 P,那么 Q。值得注意的是,既然"Endoporeutic"读法已经可以将上图读出,那皮尔斯为什么还要给出第三约定呢?

很明显,皮尔斯是想对嵌套进行直接解读,而不是通过嵌套的切和并置采取迂回解读。但奇怪的是,他并没有讨论嵌套约定的重要性。实际上,第三约定的重要性在于,虽然仅把切理解为否定、把并置理解为合取就足以展示 Alpha 系统是完全的,足以消除人们对该系统的理论质疑,但是当我们把存在图作为演绎系统用于实际推理时,对嵌套进行直接解读,就会使我们读出的命题简化。例如下图 4.7 中,

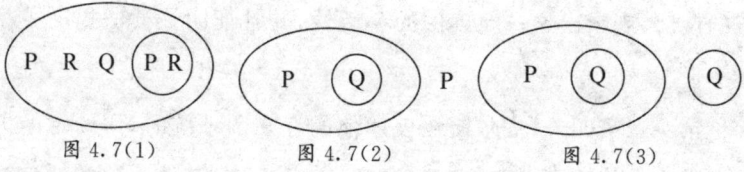

图 4.7(1)　　　　图 4.7(2)　　　　图 4.7(3)

如果使用第三约定则图 4.7(1)表示"P∧Q∧R→(P∧R)",图 4.7(2)表示"(P→Q)∧P",图 4.7(3)表示"(P→Q)∧¬Q"。

如果用"Endoporeutic"读法则图 4.7(1)表示¬(P∧R∧Q∧¬(P∧R)),图 4.7(2)表示¬(P∧¬Q)∧P,图 4.7(3)表示¬(P∧¬Q)∧¬Q。我们很容易比较出使用第三约定使我们的读出的命题更简单。

申顺珠在此基础上提出了存在图的多样读法算法①(Multiple-Readings Algorithm):

令 X 和 Y 为 Alpha 图。

1. 如果 X 是一个空白 SA,它的翻译为 T.

2. 如果 X 是一个字母,它的翻译为 X.

---

① Shin,S. J.,*The iconic logic of Peirce's graphs*,Massachusetts:Bradford Book,2002.

第四章 皮尔斯存在图多可读性的深层逻辑(二):多模态视域

3. 如果 X 的一个翻译为 α,那么[X]①的一个翻译为¬α.

4. 如果 X 的一个翻译为 α 并且 Y 的一个翻译为 β,那么

(a) X Y 的一个翻译为(α∧β),

(b) [X Y]的一个翻译为(¬α∨¬β),

(c) [X[Y]]的一个翻译为(α→β),并且

(d) [[X][Y]]的一个翻译为(α∨β).

通过充分利用图形的可视特征,使读图变得更加简单。而正如本章第一节中所说的那样,存在图的推理规则难以在实际推理中发挥作用,它们的对称性没能提高系统的推演效率,因而它们被认为是不自然的。申顺珠认为,我们需将推理规则的自然性②(naturalness)理解为是一个相对的概念。在自然演绎系统中,推理规则反映了公式发展的历史。然而,在存在图中,由于一个图有多种不同的起源,所以我们应该从在图的发展历史中寻找存在图的推理规则这一泥潭中解放出来,为存在图系统寻找一种更合适的自然性。

申顺珠认为,我们需要用更具体的对称来表述推理规则,使得这些规则理解起来更直观。她利用在存在图可视性质基础上建立的具体对称重新给出了 Alpha 的推理规则,来代替皮尔斯的简单对称,即擦除与插入、迭代与逆迭代。

以下为申顺珠重构的推理规则③:

1. 在 E 区域中,我们称之为区域 α,

---

① "[ ]"为存在图的一维线性符号表示一个 Alpha 切。参见 Shin, S. J. , *The iconic logic of Peirce's graphs*, Massachusetts: Bradford Book, 2002. 另外,哈默还详细讨论了存在图的一维线性符号,并与图形符号做了比较。Hammer, E. M. , "Linear notation for existential graphs", *Semiotica*, No. 186, 2011, pp. 129—140.

② 这里的自然性是指推导或得出公式的步骤是基于公式的构成。

③ Shin, S. J. , "Multiple readings in peirce's alpha graphs", In Anderson M. , Meyer B. and Olivier P. (eds.), *Diagrammatic Representation and Reasoning*, Berlin: Springer, 2002, pp. 297—314.

(a) 可以擦去任何图形

(b) 如果存在 X 的一个记号(token),可以画出图形 X

①在同样的区域,即区域 α,或

②在区域 α 的外一层的区域

2. 在 O 区域中,我们称之为区域 α,

(a) 如果存在另 X 的一个记号,可以擦除图形 X

①在同样的区域,即区域 α,或

②在区域 α 的外一层区域,且

(b) 可以画任何图形。

3. 图形任何部分都可以擦除或画下双切。

表 4.1 Alpha 图 X 的规则 1 和规则 2

	E 区域	O 区域
擦除	X	要么在同一区域,要么在外一层的区域,存在另一个 X,则 X
画下	要么在同一区域,要么在外一层的区域,存在另一个 X,则 X	X

表 4.1 给出了前两个规则的总结。

把新给出的规则与皮尔斯原来的规则相比较,看这两个规则的集合是否等价。

申顺珠提出的规则中的 1(a)、2(b) 和 3 分别与皮尔斯的规则 R1[①]、规则 R2 和规则 R5 相对应。语义上,这些规则分别与符号逻辑系统的 ∧ - 消去、∨ - 引入和双重否定规则相对应。申顺珠的规则 1(b) 和皮尔斯规则 R3、申顺珠的规则 2(a) 和皮尔斯规则 R4 之间的关系需要解释。

申顺珠的 1(b) 规则仅与皮尔斯迭代规则(规则 R3)的一部分对应。迭代规则允许我们无论是在该区域还是在任何被另外的切包含的区域内,都

---

① 参见第一章第四节。

第四章 皮尔斯存在图多可读性的深层逻辑(二):多模态视域

可以重画任何图形。首先,我们注意到皮尔斯迭代规则有些冗余,因为它部分与规则 R2 重合。因此,不需要任何其他条件来在 O 区域插入内容。问题是要在 E 区域插入什么。根据规则 1(b),如果 X 的一个记号存在于 E 区域,称为区域 n 或区域 n 的外一层区域,则允许在域 n 画另一个 X 的记号;而皮尔斯的迭代规则允许,如果 X 在区域 n 或任何外层的区域,那么可以把 X 复制到区域 n 内。

许多学者发现,皮尔斯原始规则的意思十分模糊。所以人们普遍认为皮尔斯的 Alpha 系统的可靠性并不像自然推演系统的可靠性理解起来直观。出现这种差别的主要原因是自然推演系统的推演规则更容易理解,因为它与每个连结的意思都有明显的对应,但皮尔斯的推演系统却没有。例如使用套叠否定和合取的传统读法,皮尔斯的迭代规则难以理解。

申顺珠的第一个规则有两个子句,子句 1(a) 允许我们擦除 E 区域的任何内容。E 区域的一个并置对应合取信息。很明显,擦除合取是有效的。子句 1(b) 的内容为两个条件其中一个满足时,就可以在 E 区域画下 X。这是需要检验的,因为增加合取不是有效步骤。

要说明的是,子句 1(b) 与符号系统的 ∧ — 引入规则有很大不同。∧ — 引入规则允许合取之前得到的公式,即合并信息的多个部分。但是,没有一个 Alpha 规则能同时处理多个图。子句 1(b) 的第一个条件对应符号系统的一下推演:α ⇒ (α ∧ α)。如果使用符号逻辑,就无需分别使用这些规则,因为逆迭代和 ∧ — 引入规则都能完成这一任务。第二个条件,即如果 X 的一个记号在 E 区域的外一层区域内,而我们要在 E 区域画下 X 的另外一个记号是非常复杂的。因为 X 的一个记号是在 E 区域的外一层区域内,那么必然是在 O 区域。因此我们知道,是在处理一个把如下的嵌套作为子图的图,即图 4.8。

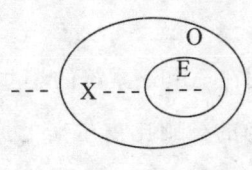

图 4.8

因为一个嵌套表示一个条件命题,所有这个子图表示一个条件信息,X 是条件。因此,可以推断出 X 既是条件也是结果。对应以下符号推演:X→Y⇒X→(Y∧X)。因此,规则 1(b),即 E 区域的绘图规则是有效的。

这一规则与用皮尔斯的规则比起来更容易看到其有效性,有两个方面的原因,一方面是规则 1(b)消去了迭代规则的冗余部分。另一方面是在这里利用了重新发现的可视性质,即嵌套。

规则 2(b)允许在 O 区域画下任何图形。这一规则对应添加析取,这是一个有效的步骤。但是,规则 2(a)与命题逻辑的∨-消去规则并不同。同样是因为存在图系统里没有与∧-引入类似的规则,Alpha 系统中没有一个推演规则与符号逻辑的∨-消去规则有着相同功能:Alpha 系统将一个单独的图转换成为另一个单独的图。规则 2(a)的第一个子句与以下符号逻辑推演相同:(α∨α)⇒α。这一推演通过反迭代规则和一阶逻辑中的∨-消去规则得到。第二个子句说,如果 X 的另一个记号是在 O 区域的外一层区域内,那么我们可以在 O 区域擦除 X 的一个记号,即在下图 4.10 中,可以将左侧图形转换为右侧图形。

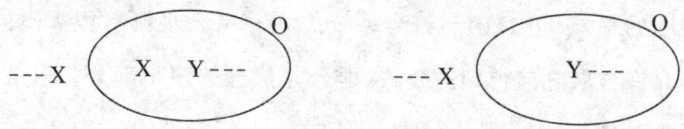

图 4.9

根据申顺珠的读法算法,如果 α 是一个 X 的翻译且 β 是 Y 的一个翻译,那么图 4.10 中的左图可以被翻译为(α∧(⌐α∨⌐β))。从而可以推出(α∧⌐β),这即是上图右面部分的翻译,且它是通过擦除 O 区域内的记号 X 获得的。所以,这是明显有效的规则。

第三条规则,擦去和画下双切,是明显有效的,因为这条规则就像消去或引入双重否定一样。

现在将检验重构的规则在 Alpha 系统的哪些方面提高了效率。我们将用一个例子说明申顺珠重构的规则比皮尔斯的原始规则更好用,而且还可

第四章 皮尔斯存在图多可读性的深层逻辑(二):多模态视域

以证明这个高效性类似于符号逻辑规则的高效性,但却有一个重要的不同。先来看自然演绎系统中的情况。

假设我们要从语句(4.1)得到语句(4.2):

$$A \rightarrow [(C \land D \land \neg E) \lor (F \land G)] \quad (4.1)$$

$$(A \land X) \rightarrow ([C \land \neg (E \land Y)] \lor F) \quad (4.2)$$

自然推演系统运作起来十分方便,很清楚从语句4.1推出语句4.2需要哪一条规则来;因为语句4.2是一个条件句,我们需要→的引入规则。所以假设前件是 A∧X,要得到结果 $([C \land \neg (E \land Y)] \lor F)$。这可以通过语句4.1的结果 $[(C \land D \land \neg E) \lor (F \land G)]$ 推出。因为这个结果是一个析取句,试着用∨-消去规则等。通过注意有哪种类型的句子(即一个合取、一个析取、一个否定或一个条件句),且我们要得到哪种类型的句子,对合适的连结符使用引入或消去规则。

用重构规则操作图形时,虽然过程相似但在一个重要的方面有不同。考虑下图 4.10 中的两个图,它们分别与句子(1)和句子(2)对应。

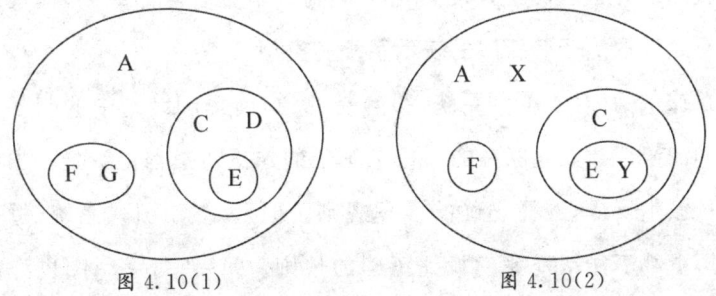

图 4.10(1) 图 4.10(2)

比较以上两个图,图 4.10(1)是给出的,图 4.10(2)是要推导出的。这两个图的可视区别是很明显的:

1. X 在图 4.10(2)中处在 O 区域,但在图 4.10(1)中并未出现;
2. G 在图 4.10(2)中没有出现,但在图 4.10(1)中处于 E 区域;
3. Y 在图形 4.10(2)中处在 O 区域,但在图 4.10(1)中并未出现;
4. D 在图 4.10(2)中没有出现,但在图 4.10(1)中处于区域 E。

因此,我们需要做以下推演:

1. X 应被画在 O 区域;

2. E 区域中的 G 应擦除；

3. Y 应被画在 O 区域；

4. E 区域中的 D 应擦除。

通过观察 E 区域或 O 区域允许画下什么，很容易处理这些转换。转换规则 1(a) 运用于 2. 和 4.，规则 2(b) 运用于 1. 和 4.。通过观察哪种类型的区域需要擦去或画下，就可以很清楚需要运用哪一条规则。

同时，这一例子很好地说明了 Alpha 图转换规则和命题句子转换规则的另一个重要不同点。从语句 1 推出语句 2 需要几条证明中间线，但图 4.10(1) 可以直接转换到图 4.10(2)，不引入中间图；我们只需要在图 4.10(1) 部分区域画下或擦除符号。对推导者观察和操作来说，对从条件到结论的操作 Alpha 系统比符号自然推演系统更快一些。

这一部分的内容可以作为一个例子说明皮尔斯图式系统自然性和有效性的联系。即当一个系统的规则阐述得比较自然、直观时，会增加系统的有效性。我们或许也能从上述的讨论中得到一个更有趣的结果，即规则的自然性和有效性取决于其所属的表示系统的类型。

申顺珠认为，对于符号系统，很容易知道，前提和结论中的句子是如何根据它们的组成建立起联系的。每个句子的句法历史都很清楚。根据需要使用哪种派生操作，选择正确的推理规则。但是，对于图式系统，每一个图的构造历史都不能帮助我们找到正确的规则。第一，每一个图也许都有不止一种构造方式。第二，每个图式的构造过程无法在图中清楚地显示出来。第三，Alpha 图形系统的句法对象很少，即只有字母、切和并置。如果将自然推演系统的原则严格应用于 Alpha 系统，我们就会被局限在上述三个句法装置基础上的公式化的规则中。

因为所有这些原因，图形表示系统中基于句法装置和构造操作的转换规则是不自然的。图式系统的自然性是来源于视觉直观性。Alpha 系统中，无论是在 E 区域还是 O 区域画下某些内容都与图形的构造不直接相关，但它是明显可视的。当比较给定的作为前提的图与想要获得的作为结果的图

第四章 皮尔斯存在图多可读性的深层逻辑（二）：多模态视域

作比较时,视觉上的不同可以马上被观察到,并且引导我们选择正确的规则,这些规则当然必须是用自然的方法给出的。因此,当充分利用皮尔斯系统的可视性质时,该系统就会变得自然。这就是申顺珠给出的把存在图系统变得更自然的方法。

第四节　逻辑系统与演算系统

从申顺珠对存在图做的符号分析,得出存在图是由图形元素和符号元素共同构造的异质逻辑系统。并通过回应逻辑学家对存在图的诟病,理清多模态视域研究存在图的思路,进而梳理了申顺珠给出的 Alpha[①] 的多样读法算法以及相应的新的转换规则。总体来看,本章实际上真正强调的是图形的可视性质对存在图演算效率的影响。这种影响当然是积极的。基于图形可视性质的存在图的多样读法算法大大地提高了系统的演算效率。之所以能够走到这一步,是因为我们没有被传统的符号逻辑思维所限制,能够跳出符号逻辑的思维定式,把像标性与符号性放到同等重要的位置,从多模态的视域来解读存在图。

然而有一个很容易想到的问题是,为什么皮尔斯自己没有得出与我们类似结果,即利用存在图的可视性质得到一个更高效的系统呢?皮尔斯作为存在图的发明者,很显然并没有被传统的逻辑观念束缚,而且他作为指号"三分法"理论的创始人,当然也知晓存在图的异质性。

先回到皮尔斯对逻辑系统目标的描述,"逻辑符号的目的是简单的和唯一的逻辑理论的研究,且完全不是构造帮助做推理的演算。"[②]也就是说,皮尔斯认为,一个逻辑系统是为了逻辑理论的研究,而一个演算的目的是做推理。根据皮尔斯,这两个目标是如此的相互不同,以至于他们不能同时处于一个系统中。也就是说,它们"不相容"。皮尔斯给出了原因,"这两个目的

[①] 这里给出 Beta 的多样读法及相应的推理规则的相关文献,Shin, S. J., "Reconstituting beta graphs into an efficacious system", *Journal of Logic, Language and Information*, Vol. 8, No. 3, 1999, pp. 273—295.

[②] CP4.373.

第四章 皮尔斯存在图多可读性的深层逻辑(二):多模态视域

[研究逻辑理论和帮助推理]是不相容的,因为研究逻辑的系统应该尽可能是分析性的,把推理分解成最多的可能的步骤,并且在最一般的范畴可能性下展示它们;而一个演算则正好相反,是使推理的过程尽可能的简化,并且特殊化符号以适应特殊种类的推理"。

在皮尔斯看来,在探索逻辑的过程中,我们对推理的理论方面感兴趣,即为什么一个推理的步骤是有效的。而不是对它的应用感兴趣,即如何进行推理。为了研究推理的理论方面,需要尽可能接触到推理的细节。被分析的推理步骤越多,我们在那个推理中犯错的可能性就更小,因为所有的细节都被仔细检查过,从而才有可能对那个推理获得一个全面而清晰的认识。因此,皮尔斯明确地定义"逻辑的事业是分析的,并且推理的理论也是分析的,而不是它的实践"①。

根据皮尔斯,一个演算是为了应用而发明的。在实际的推理中,我们想要用最少的步骤得到结论,只要那个步骤的有效性先前被证明过。一个演算允许用的步骤越少,系统使用起来就越方便。与逻辑的事务相反,皮尔斯说:"我认为,从假定的前提做验证结论是数学家的唯一事务,而这一事务如此困难以至于需要找专家来解决。"②

皮尔斯做出的一个逻辑系统的目标和一个演算的目标的区别回答了上面的问题,即皮尔斯自己为什么没有使他的存在图系统变得效率更高?因为根据皮尔斯的理论,逻辑的目的是使推理理论化(与使用它们相反),一个逻辑系统是被设计用来找出推理中正在发生什么(与教或者帮助我们去推理相反)。所以,一个逻辑系统的设计者对于回答使用者是否能够方便清晰地使用该系统不感兴趣。效率对于逻辑系统并不重要,因为效率只有当我们关心一个系统的实际使用的时候才是重要的。

下面的皮尔斯的段落告诉我们,在逻辑系统和演算之间一个更具体的不同,"对一个相同的事实有两种不同的表达,对于逻辑研究的目的来

---

① CP4.134.
② CP4.134.

说,应该被认为是一个缺点,或者任何符号的过剩品(superfluity of symbols),尽管对于一个演算来说一个事实有两种不同的表达方法不是一个严重的缺点"①。

下面我们用命题语言解释上述段落的要点。例如,句子"¬P∨Q","P→Q"和"¬(P∧¬Q)"都表达相同的事实,这即是皮尔斯"符号的剩余品"的意思。只要一个系统是真值功能(truth-functionally)完全的,那么皮尔斯就会推荐更少逻辑连接符的逻辑系统。因此,有两个连接符,例如,¬和∨,比有五个连接符,¬,∨,∧,→和↔要好。这样选择背后的主要原因是与逻辑系统的目的直接相关,那个目的就是上述皮尔斯强调的,研究逻辑理论,与帮助实际推理相反。有五个连接符使我们的推演方便了,但是从一个理论的观点看却是累赘。如果一个系统用作一个演算系统,皮尔斯将选择五个连接符,但却不会将它用作一个逻辑系统。众所周知,保持表达能力相同,如果一个系统有更多的连接符,就会有更多的前定理需要证明。因此,许多有关一阶逻辑的元理论逻辑教科书没有采用有五个连接符的语言而是采用最少的连接符的真值功能完全集的一种语言。

申顺珠同意皮尔斯逻辑系统和演算的区分,却不同意皮尔斯的逻辑系统和演算系统是不相容的论断。申顺珠认为,皮尔斯这个论断是根据直觉得出的,她首先肯定了皮尔斯的结论适用于符号语言。她说"关于这个事情,在皮尔斯的直觉里的确是真的。公理系统和自然演绎系统的比较能很好地说明这点。一个公理系统(有很多的公理和很少的推理规则)是用来探索元理论,而一个自然演绎系统(有很少的公理和很多的推理规则)是用来从前提中得出结论。不同的一阶语言的选择根据我们的目的而定。一种语言有更多的连结符或者量词是用来帮助实际推理的,而一种语言有很少的连接符或量词用来分析推理。这即是说,一种语言在适合用来描述逻辑系统和适合描述演算之间有一种权衡(tradeoff)"。

申顺珠认为,在存在图中不需要把一种功能权衡给另一种功能,并且这

---

① CP4.373.

第四章　皮尔斯存在图多可读性的深层逻辑(二)：多模态视域

是图式系统比起符号系统的优点之一。一个系统，如果是图式的系统，能够同时成为一个逻辑系统和一个高效的演绎演算。

在一个符号命题语言中，当仅有两个连接符时，例如，¬和∨，我们的表达有时变得太笨拙以至于很难读出来。这就是为什么一个演绎演算有其他的连结符，如∧，→和↔。逻辑连接符的增加没有增加表达能力，但是改进了它的实际效率。同时，为了这些新连接符的合法性，需要更多的元定理。所以当考虑逻辑的元理论时，这些剩余的词就不必要了。

申顺珠认为，在存在图中情况相当不同。当新读法算法和新的推理规则公式出现的时候，并没有引入新的词汇。效率的提高不是源于图形记号的增加。不需要另外的元定理。一个语言理解或使用起来变得更简单而不引入任何新词是可能的。在符号语言的情况中，这却是不可能的；不存在更多的读一个线性表达如句子的方法。但是在存在图的情况下，我们发现存在图读一个或者相同的图的多种方法。

"皮尔斯想要阻止对一个事实有多种表达的一个逻辑系统，但是却允许一个表达的多种读法，只要它们没有产生歧义"。当多种读法的灵活性被发现并且在图的解释起到作用，可能引起重新考虑和重新公式化推理规则以使系统更高效。"当我们完全使用了出现在图中的可视的性质时，系统不仅会变得更直观而且会更有用、更高效"[①]。

所以原则上，将存在图做成一个高效的演算系统并不违背皮尔斯存在图的原初思想。而对以上问题的回答，也从另外一个角度再次证明了存在图可视性质与效率之间的密切关系。

---

① Shin, S. J., "Existential graphs as an efficient, formal, representation system for logic", *Cybernetics and Human Knowing*, Vol. 18, No. 1–2, 2011, pp. 29–47.

第五章　皮尔斯存在图多可读性的深层逻辑（三）：实用主义证明的视域

实用主义证明问题一直是皮尔斯研究的重要主题之一。这是他在1903年哈佛大学实用主义演讲中提出的任务。皮尔斯宣称，他的实用主义与其他的实用主义的关键区别在于他的实用主义能够得到证明（proved）。皮尔斯一生尤其在晚年花费了大量时间进行实用主义的证明，并提出了许多证明方案。在他的手稿中，我们经常可以看到这样的标题："实用主义的基础"（base）、"实用主义的证据"（evidence）、"实用主义的后承"（consequence）、"实用主义的辩护"（apology）、"实用主义的基石"（bedrock），等等。然而实用主义证明对于皮尔斯也不是一件容易的事情，他最终并没有给出他所承诺的严格证明。也许正如皮尔斯所说，为了完整地提出实用主义为真的论证，"那将需要一整卷，而且那将是需要细心研究的一卷。我们不可能用几句话就传达出三十年精心研究的内容。"①

存在图是皮尔斯最后提出的实用主义证明的逻辑工具。他于1906年发表在《一元论者》期刊上的第三篇实用主义论文《为实效主义申辩导论》，讨

---

① EP2:371。"EP"是指分别于1992年和1998年由Nathan Houser和Christian J. W. Kloesel与皮尔斯编辑工程编辑出版的两卷本的 The essential Peirce: Selected philosophical writings，其后的数字 2:371 分别指第二卷第 371 页。Peirce, C. S., *The essential Peirce: Selected philosophical writings*, In Houser, N. and Kloesel, C. J. W. (eds.), Vol. 1; Peirce Edition Project (eds.), Vol. 2, Bloomington and Indianapolis: Indiana University Press, 1992 and 1998.

第五章 皮尔斯存在图多可读性的深层逻辑(三):实用主义证明的视域

论了存在图,并在最后说:"下一篇论文中,将出现思维的图式化在讨论实效主义之真中的效用"①。虽然"下一篇论文"并没有出现,但却为后人的重构实用主义证明指明了方向。皮尔塔瑞南在博弈论语义学的基础上重构了实用主义证明。徐鹏则将整个存在图系统理解为实用主义的一个证明。本章首先讨论我们在何种意义上谈论实用主义证明,其次给出了皮尔塔瑞南和徐鹏重构的实用主义证明,最后从这两个证明出发,分析存在图与皮尔斯形而上学的关系。

第一节 如何理解实用主义证明

正如罗伯茨所指出的:"对于一位哲学家,说证明某事物,这未免令人惊讶"②。而根据罗素的观点只要某位哲学家已确实证明某些事物,那么他所证明的结论就不再属于哲学,而是成为一门特殊科学,或者也许会促进一门特殊科学的产生。但在皮尔斯心目中,他首先是一位逻辑学家,他想要证明某种东西,也是很自然的。真正的问题不在于皮尔斯的身份,而在于把"证明"一词加在"实用主义"这个形而上学准则之后,这不免使人困惑。正如费什(Max Fisch)提出的,"我们的第一个问题是,在何种意义上可以证明哲学真理?"③所以要想"证明""实用主义",必须至少找到一个"实用主义"和"证明"能放在一起的合理的解释。

首先,我们来看实用主义。众所周知,皮尔斯对实用主义有两种表述,

---

① CP 4.572.
② Roberts, D.D., "An introduce to Peirce's proof of pragmatism", *Transactions of the Charles S Peirce Society*, Vol. 14, No. 2, 1978, pp. 120—131.
③ Fisch, M., "The 'proof' of pragmatism", In Ketner, K. and Kloesel, C. (eds.), *Peirce, Semeiotic, and Pragmatism*, Bloomington: Indiana University Press, 1986, pp. 362—373.

实用主义的第二种表述即实效主义(Pragmaticism)。

（1）皮尔斯实用主义第一种表述。皮尔斯于 1872 年在"形而上学俱乐部"所作的一次讲演中提出实用主义的核心思想，即认为我们的信念就是我们的行为准则，要弄清楚一个思想的意义，只需要断定这个思想会引起什么行为，那个行为就是那个思想的惟一意义。当时他并没有正式提出"实用主义"这个概念，直到 19 世纪末詹姆斯才把皮尔斯的上述观点概括为"皮尔斯原则"。1902 年，皮尔斯在为鲍德温《心理学哲学辞典》撰写有关条目时，才使用了"实用主义"这个名称。

在实用主义的第一种表述中，皮尔斯把观念与行为联系了起来，通过行为的不同来检验观念的不同，"一个概念，即一个词或其他表达式的理性意义，完全在于它对生活行为产生一种可以想象的影响"[①]。詹姆斯对此作了解释："实用主义的方法主要是一个解决形而上学争论的方法，否则，争论就无尽无休。世界是一还是多？是宿命的还是自由的？是物质的还是精神的？这些概念的任何一对中的任何一个都既可能适用于又可能不适用于这个世界；对于这些概念的争论是无止境的。在这种情况下，实用主义的方法是试图探索其实际效果来解释每一个概念。……如果找不到任何实际差别，那么两者之中任何一个实际上是一样的，所有的争论都是白费"[②]。詹姆斯正是通过概念产生的行为的实际效果来解决概念的争论的。这就是詹姆斯总结的"皮尔斯原理"，也就是"实用主义原理"。这里皮尔斯实用主义是一种新的哲学方法。在皮尔斯那里，实用主义是一种用以发现现实词语和抽象概念的意义的方法，或者说，是一种科学逻辑或者科学方法论，可以用它去分析指号、语词、观念以及思想的意义，使它们成为人们用以确定信念、采取行为以达到目的的工具。这种方法源于对新近以及历史上所有成功科学实践的总结思考，它最终成为可适用于一切由怀疑到信念的思想过程的逻辑准则。皮尔斯强调探索的唯一目的就在于确定信念或者确定意见。也

[①] 涂纪亮：《从古典实用主义到新实用主义》，北京：人民出版社 2006 年版。
[②] 〔美〕詹姆斯：《实用主义》，陈羽纶、孙瑞禾译，北京：商务印书馆 1981 年版。

第五章 皮尔斯存在图多可读性的深层逻辑(三):实用主义证明的视域

有人认为,探索的目的不仅在于确定信念或者确定意见,而且在于确定真的信念或意见。皮尔斯不赞同这样的看法,认为对这种看法作些检验,便可证明它是没有根据的。因为,一旦到达一个坚定的信念,我们就会感到完全满足,而不管这个信念是真的还是假的。显然,在我们知识领域之外的东西都不能成为我们的心理活动目标,因为任何不对我们的心灵产生影响的事物都不能成为我们的心理活动动力。至多可以说,我们寻求一种被我们看作真的信念。[1]

(2)皮尔斯实用主义第二种表述。1905年开始,皮尔斯在《一元论者》上所写的实用主义系列论文中,逐步阐述了他的实效主义思想。在第一篇论文《何为实用主义》中,皮尔斯将自己的实用主义更名为实效主义。第二篇论文《实效主义的结论》中,皮尔斯重新表述了自己的实用主义准则,"任一指号的全部理性含义由所有一般形式的理性行为之总和构成,这些理性行为,假如有条件地基于所有可能的种种不同环境与欲求的话,将随着对这个指号的理解而产生"[2],这个表述也被称为皮尔斯实用主义的指号学解读。

指号过程是一种同时包含指号、对象、解释项的三元关系,任何代表某一对象的指号都必须由其解释项给出一种解释。皮尔斯认为,没有指号,我们没有能力进行思想,一切思想都处于指号之中,每一种思想作为指号都必须根据另一种指号进行解释。皮尔斯的实用主义准则本质上就是对指号过程的刻画,而所谓"指号的解释项"正是实用主义准则所追求的"概念之意义"。皮尔斯晚年指出,"词项、命题、论证的意义就是其整个所意指的解释项"[3]。在谈到实用主义准则作为一种确定指号的意义的方法时,他几乎是把"解释项"替换为"意义"从而重申了指号关系的三元性:"指号的对象是一个东西;其意义是另一东西。其对象是它所适用于之上的那个事物或场合,不论它多么不确定。其意义是它所赋予该对象的那种观念,不论是通过纯

---

[1] 涂纪亮:《从古典实用主义到新实用主义》,北京:人民出版社2006年版。
[2] CP5.438.
[3] EP2:220.

粹的假定,或是作为一种命令,还是作为一种断定"①。指号的解释项往往本身构成一种指号从而需要另一解释项,如此无穷下去。由于实用主义准则乃是对指号过程的刻画,依照此种分析,实用主义准则就是为了"使我们的观念清楚明白"而把某种对于人们不太清晰的指号逐步翻译成更清晰指号的一种方法。作为最终解释项的习惯仍可以作为指号,但任何一次完整的指号过程一旦达到习惯,就无需再解释了;它是"明确无疑的",否则就不会是一种习惯。一旦达到习惯,就完成了指号功能,接下来就只需要行为了。

其次,我们来看证明。具体来说,有以下三点:

(1)合理怀疑。在鲍德温的《哲学与心理学字典》一书中,皮尔斯将"证明"定义为"一种足够把所有真实怀疑从头脑中去除且为头脑所理解的论证"②。皮尔斯在载于鲍德温《哲学与心理学字典》的一篇文章中写道:"用最寻常的法律术语来定义证明是最好不过的,也就是说提出一个超越'合理怀疑'的命题"③。术语"合理怀疑"在这里像是一个法律术语,但是却非常含混。而专业的法律的含义则非常明确。皮尔斯就证明问题写给鲍德温的手稿当中,继续了用合理怀疑解释证明的思路,并且根据科学知识或实践知识的本性将证明区分为以下七种:即①数学的;②哲学的;③法理学的(nomological)(心理上及生理上);④分类的(心理上及生理上);⑤解释性的(心理上及生理上);⑥法律的;⑦实践的。皮尔斯只是详细说明了数学定理证明的七个步骤,其中第二个步骤是实用主义原理的应用,即据抽象地陈述的条件而构建的图像(diagram),而且这是最为薄弱的一个步骤。但是他并没有从哲学的角度给出这些证明的特征,并且也没有说明哲学的证明与其他类型的证明的区别。

---

① CP5.6.
② CP2.782.
③ Ms 1147. 转引自 Roberts, D. D., "An introduce to Peirce's proof of pragmatism", *Transactions of the Charles S Peirce Society*, Vol.14, No.2, 1978, pp.120—131.

第五章 皮尔斯存在图多可读性的深层逻辑(三):实用主义证明的视域

(2)归纳和外展(abduction)。在写给卡尔德罗尼(Calderoni)的信中,皮尔斯提到了实用主义证明与三种推理方式相关,即外展(或假设或逆推)、演绎和归纳,并且40年来他一直致力于对这三种推理方式的研究。皮尔斯将外展解释为对大量事实进行的检验并提出一种理论;将演绎解释为图(diagram)的建构、图观察和图的实验;归纳被解释为"实验研究"(experimental research)①。当外展提出一种理论之后,我们用演绎方法从该理论中推导出一个可检验的命题,然后我们尝试着做实验来验证该命题。如果这个命题被证实,那么我们就可以在此基础上证实整个理论。现代科学的成功使我们确信归纳是捕获真理的"统帅"。归纳是确定指号意义必不可少的方法,这也就是所谓的实效主义准则。如果想要探求证明与外展、演绎以及归纳的关系,应该从皮尔斯于1903年在哈佛大学所做的"实用主义的讲座"开始。在第6次讲座中,皮尔斯作了几次扩展论证并得到结论:实用主义的支撑与归纳的有效性均恰好取决于同一事情——"一般与个别之间的必要关系"②。在第7次讲座中,皮尔斯认为实用主义的问题"只不过是外展逻辑的问题"③。

(3)科学模式。1867年至1868年期间,皮尔斯就认知方面的问题在《思辨哲学》发表了三篇文章。其中第二篇《四不能的一些推论》中的思想在皮尔斯脑海里至少存在了40年。40年后皮尔斯撰写发表于《一元论者》的实用主义系列文章,其中第二篇文章的手稿中,皮尔斯提到"某些推论"开辟了认识实用主义的途径,那显然是不同于詹姆斯的实用主义。更为重要的则是皮尔斯在1868年文章中讨论哲学方法的段落。因为该段落概述了皮尔斯1905年开始使用的一种普遍方法,并且该段落也证实了我们对于皮尔斯证明概念的猜测。皮尔斯强调,哲学应该是用自己的方法模仿成功的科学。(1)只从真实的前提

---

① CP8.209.
② CP5.710.
③ CP5.196. 关于实用主义作为一种外展逻辑,徐鹏做了详细的讨论。参见 Xu Peng, "Peirce's existential graphs and the proof of pragmatism", *Cybernetics and Human Knowing*, Vol.18, No.1—2, 2011, pp.83—100.

的出发。(2)进行仔细地观察。(3)相信大量且多样的论证而不是相信某个权威的论证。(4)推理的链条应该是一条电缆,其纤维非常细,数量也非常多,且纤维之间必须紧密相连。① 若我们将上述理论应用于实用主义,也就是证明命题"理性概念的含义就在于改变有目的的行为的一般方式"②。

综上,皮尔斯的证明有如下四个步骤:①把要证明的结论作为一个假说,用演绎的方法推论假说,并得出必要的结果;②用实验检验推论得出的结果;③把这个结果与事实进行比较;④利用归纳法对这个结论的有效性进行确认。可见皮尔斯所谓的"证明"实际是一个多种推理方式共同构成的科学检验过程,因而把它加在实用主义后面是合理的。也就是说,从皮尔斯那里找到把"证明"加在"实用主义"后面的合理解释。然而,我们对皮尔斯"证明"的理解还远没有结束,正如汤普森(Thompson)多年前所指出的:"一个'真正的证明'……相当于阐明皮尔斯大部分的哲学和形式逻辑。"③

另外,皮尔斯对于"证明"的上述看法还有两层意思。一方面证明不能无限回溯。历史上曾出现过的一个这样的古老观念,即任何证明都没有任何价值,因为任何证明都依赖于本身同样需要证明的前提,如此无穷回溯。对此,皮尔斯指出,这种说法的确表明了若干重要事实:"没有什么东西能够经过证明后而不带任何怀疑可能性";但接下来他指出:"确实,由于总有某一判断先于每一个被推断而来的判断,因此要么第一前提不是推断而来的,要么根本就没有第一前提。另一方面皮尔斯强调,意见的确定乃探究的唯一目的。探究只需要从不受现实怀疑的命题开始,而不是要从绝对不能怀疑的命题开始,因为绝对不能怀疑的命题是无法找到的。我们只能做到在事实上不怀疑它们。而且不能做绝对的怀疑一切的怀疑者,而是做事实中有必要的怀疑。

---

① CP5.265.

② Roberts, D. D. , " An introduce to Peirce's proof of pragmatism ", *Transactions of the Charles S Peirce Society*, Vol.14, No.2, 1978, pp.120—131.

③ Thompson, M. , "The pragrmatic philosophy of C. S. Peirce", Chicago: University of Chicago Press, 1953.

第五章　皮尔斯存在图多可读性的深层逻辑(三)：实用主义证明的视域

第二节　基于博弈论语义学的实用主义证明

实际上皮尔斯先前已经给出了几个实用主义的证明，如基于习惯获得的证明和基于知觉理论的证明。然而基于习惯习得的证明是通过把习惯的获得与神经元的生物机制联系起来给出的，证明概念的意义在于习惯的获得。该证明是靠想象完成的，有心理学因素参与其中。后来皮尔斯有反心理主义的倾向，因而该证明不够严密，不能使皮尔斯满意。对于基于知觉理论的证明，即证明实用主义是外展逻辑，由于知觉理论中也有心理主义因素，所以该证明同样缺乏严密性，同样不能使皮尔斯满意。最后皮尔斯把注意力转向了存在图，提出用存在图证明实用主义的设想，但最终他未能将这一想法付诸实施。之后皮尔塔瑞南和徐鹏分别重构了皮尔斯的实用主义证明，本节将介绍皮尔塔瑞南给出的证明。下一节将介绍徐鹏给出的证明。皮尔塔瑞南的证明是建立在存在图的博弈论语义学基础上的。[①]

下面先给出存在图的博弈论语义学。

首先简单介绍一下博弈论及其基本概念。博弈论是指二人在平等的对局中各自利用对方的策略变换自己的对抗策略，达到取胜的目的。博弈论的基本概念如下：

(1)决策人：在博弈中率先作出决策的一方，这一方往往依据自身的感受、经验和表面状态优先采取一种有方向性的行为。

(2)对抗者：在博弈二人对局中行为滞后的那个人，与决策人要作出基本背面的决定，并且他的动作是滞后的、默认的、被动的，但最终占优。他的策略可能依赖于决策人劣势的策略选择，因此对抗是唯一占优的方式，实为

---

① Pietarinen, A. V., "Moving pictures of thought II: Graphs, games, and pragmaticism's proof", *Semiotica*, Vol. 2011, No. 186, 2011.

领导人的阶段性终结行为。

(3)局中人(players)：在一场竞赛或博弈中，每一个有决策权的参与者成为一个局中人。只有两个局中人的博弈现象称为"两人博弈"，而多于两个局中人的博弈称为"多人博弈"。

(4)策略(strategies)：一局博弈中，每个局中人都有选择实际可行的完整的行为方案，即方案不是某阶段的行为方案，而是指导整个行为的一个方案，一个局中人的一个可行的自始至终全局筹划的一个行为方案，称为这个局中人的一个策略。如果在一个博弈中局中人拥有有限个策略，则称为"有限博弈"，否则称为"无限博弈"。

(5)得失(payoffs)：一局博弈结束时的结果称为得失。每个局中人在一局博弈结束时的得失，不仅与该局中人自身所选择的策略有关，而且与全局中人所取定的一组策略有关。所以，一局博弈结束时每个局中人的"得失"是全体局中人所取定的一组策略的函数，通常称为支付(payoff)函数。

(6)次序(orders)：各博弈方的决策有先后之分，且一个博弈方要作不止一次的决策选择，就出现了次序问题；其他要素相同次序不同，博弈就不同。

其次，进入皮尔斯博弈论语义学①。皮尔斯的博弈论语义学的目的是将断言和世界、断言和它的论域联系起来，并为断言的真实性提供条件。我们可以将"思维图的移动"看作博弈论行为的实际动态。游戏以一种自然的方法将自身放在命题的图解和指号含义上。

我们将语义游戏叫做 G，G 按照 Beta $\varphi \in G$ 来进行，其模型为 $M = (D, I)$，其中 D 是论域，而 I 是解释。$G(\varphi, M)$ 是完美信息，两个玩家之间的零和游戏，即画图(graph)者(Graphist)和解释者(Grapheus)。皮尔斯对此做如下解释："在我们的假设中，与所有画的图都有关的有两个角色；一个叫做画图者，一个是解释者。我们使用的页面可能非常小，因为我们所谓的断言页只是巨大表面上的特定区域或部分，也就是解释者的'清晰的视觉领域'

---

① Pietarinen, A. V., "Peirce's game — theoretic ideas in logic", *Semiotica*, Vol. 2003, No. 144, 2003, pp. 37—44.

第五章 皮尔斯存在图多可读性的深层逻辑(三):实用主义证明的视域

(field of distinct vision)。画图者有能力画图,且其所画图必定为真,因为他只对真实的图感到满意。解释者的角色,或多或少有能力将图例转移出或移入断言页,即清晰的视觉领域,如果该图没有离开他的视线。①"这段话为博弈论语义学做了铺垫。清晰的视觉领域描述的是两个局中人共同的活动范围。也就是说,两个局中人都很熟悉论域中的事物。同时该论域可以通过添加新的元素作为新的视觉领域而得到扩展。游戏规则如下:

(1) 并列规则:

a. 在肯定区域并列放置图形:解释者选择一个 φ 中的子图。$G(\varphi,M)$ 按照这一选择继续。

b. 在否定区域并列放置图形:画图者选择一个 φ 中的子图。$G(\varphi,M)$ 按照这一选择继续。获胜约定将发生变化。

(2) 等同线网规则:最外面的一端或者肯定区域(或否定区域)连接物的一部分:画图者(解释者)从 D 中选择一个元素,并将名称添加至这一端。$G(\varphi,M)$ 按照这一选择继续进行。用一个点来表示挂钩的添加物,连线网被移走。

(3) 获胜约定:达到点 S 时,其值决定了 $G(\varphi,M)$ 游戏中的获胜者:

a. 如果 S 为真,那么画图者获胜,游戏的得失为 $(1,-1)$。

b. 如果 S 为假,那么解释者获胜,游戏的得失为 $(-1,1)$。

(4) 获胜规则:$G(\varphi,M)$ 中获胜策略的存在决定了 M 中 $\varphi \in G$ 的真值:

a. 如果因为 $G(\varphi,M)$ 中有画图者获胜策略,那么 φ 在 M 中为真。

b. 如果因为 $G(\varphi,M)$ 中有解释者获胜策略,那么 φ 在 M 中为假。

这些规则的全部动机和传统的博弈论语义学相似②。我们感兴趣的是皮尔斯想要如何解释存在图。皮尔斯心中的游戏的类型是由他自己确定的,他说"[画图者]是真实(truth)的作者(因为我们看到了他禁止的图即为

---

① Ms 280:29—30.

② Hintikka,J.,*Logic,language—games and information*,London:Oxford University Press,1972.

假,他允许的图即为真)"①。更进一步,皮尔斯感觉到这样的游戏在逻辑中是必不可少的:"想象出画图者和解释者同样重要的原因就在于,如果没有完全清晰的理念,那么将无法顺利地进行研究。现在图和断言页都是作为指号;但是如果它们都是指号,那么按照实用主义原则,它们必须具备下述的功能,即我们会从原则中发现一个推论,那就是存在包含在行为中"。在这个段落中,皮尔斯越来越清晰地意识到语义和存在图的博弈论解释还有他的实效主义主要原则之间一定存在一种牢固的联系。

下面给出皮尔塔瑞南实用主义证明。皮尔塔瑞南首先进行了准备性论述,即论述实用主义与博弈论语义学之间的关系。

(1)对实用主义的解释。皮尔塔瑞南认为,一方面,实用主义是关于所有思想、知识概念和概论(generalities)的意义的理论,拥有命题内容,且其正确性依赖于博弈论获得的存在图理论的逻辑图意义的正确性。实用主义能够被认为是一种知识指号和概念意义的理论。另一方面,仅仅对指号的分类并不能对其产生足够深的认识,从而进入到理论的细节。虽然各种类型的指号对皮尔斯来说都很有吸引力,但是他在业余时间制作的各种各样的分类计划并没能提高我们对他逻辑哲学的理解,除非这些计划与当代逻辑观念之间的关系得到详细说明。另外,实用主义是符合逻辑的语义学,逻辑就是指号学,指号学就是对各种各样知识指号作精细的逻辑分析。

(2)给出皮尔斯在 Ms280 中对博弈论语义学的评论并进行了解释。皮尔斯说,"我们对指号本质的批判分析显示出了需要被指号传达的概念的来源,因此在某种程度上来说,作为概念、命题和论据来源的心灵是在向解释者的心灵传达这一切;而这两个心灵必须能够达成共识,并在达成共识后遵守约定,且假定我们具有自我控制思考的能力。现在能够得到控制的东西就能在行为中进行观察。因此要求两个心灵,尤其是[画图者]的心灵应当拥有自我观察的能力。此外,控制表示一种能力,按照可容忍范围之内的稳

---

① Ms 280:29.

第五章 皮尔斯存在图多可读性的深层逻辑（三）：实用主义证明的视域

定的本性的确定趋势进行行为，这表示在控制原理中存在事实。但是这些所谓的习惯必须能够按照控制代理人心中的某种思想进行改变；而且这一控制代理人必须和被控制代理人为同一人；控制甚至扩展到控制模式本身，因为我们认为[解释者—心灵]在[画图者—心灵]的指导下讨论了逻辑本身的基本原理。"①对上述引文，皮尔塔瑞南解释道，"两个心灵"分别是画图者和解释者，或者叫检验者和伪造者，或者说话者和翻译者，他们展示重要的事实或是给出的断言。"能够达成共识并进行遵守"的意思是在任何游戏结束时确定的结果为游戏双方所知。"自我控制仔细思考的能力"和"自我观察的能力"是指策略的思考和计划。自我控制加上"可容忍范围内的稳定本性的确定趋势"相关于某些获胜策略的存在，或者为达到某种目的行为的习惯。这样的稳定趋势加上为达某一目的而进行的行为是达到平衡的典范，这一理念被应用于当代博弈论当中。在对话的概念当中，策略（习惯）能够在游戏过程中改变并发展，此概念在最后一句话中崭露头角，同时能够将对话概念与"逻辑基本原理"联系起来。

(3)通过将习惯看成是我们在心灵中使用指号进行的实验可得出实用主义准则。皮尔塔瑞南认为，习惯的重点是我们在心中使用指号进行的实验，我们正是靠着这些指号提供新信息。于是，这样的指号对一般的推荐、决策和制定任务很有帮助。这样的指号通常是图形（diagram）形式，最普通的图形指号是可视化指号。可视化图形在认知上是思想实验中最经济最多产的指号。皮尔塔瑞南认为，他的观点与皮尔斯的说法是一致的。因为根据皮尔斯的理论，每次实验都是对思想的操作："[逻辑]行为在内心世界中是实验形式；结论……是在某种条件下，解释者将形成一种习惯，当他想要获得一种结果时就按照这一习惯行为"②。皮尔塔瑞南认为，上述结论同时还强调了实用主义准则，也就是实用主义意义原则的核心表达，并且皮尔斯多年来不断重新制定准则，但是其本质的东西却从未改变过。

---

① Ms 280.
② CP5.491.

(4)通过将对习惯的描述看成是对指号的解释,得出实用主义准则。他认为,习惯是在自然环境下的真正的将军,它们画相关于可能的行为的图。这些对人类来说并不明显的关系需要通过某些东西被寻找、被发现、被指出和被影响。这些任务通过指号实现,可指号本身并不能绘制行为;但是却能够提供一些重要的指导,通过这些指导我们能够寻找信息,然后发现在所有与我们拥有的证据相符的情况中的指号对象。一旦找到指号对象,解释者就能够在解释指号中迈出下一步。大多数解释都具有逻辑性,并且是一个依靠自我控制的过程。实用主义包含习惯的建立,将其作为出现在自我控制行为中符合逻辑的解释项:"在某些情况下,解释者一旦希望达到某种结果,将形成一定的行为习惯。真正活跃的逻辑结论就是习惯;言语规划仅仅表达……但是行为不能成为符合逻辑的解释项,因为它缺少普遍性……结果,语言对概念的最完美的解释就是对习惯的描述,概念也从中得出。"[①]皮尔塔瑞南评论说,我们再次得出了实用主义准则这一结论。习惯和准则之间的关系就是习惯是代理人的信念,是指那些实际或可能的情况中,代理人准备在任何情况下做出的反应。就像可能的情况或虚拟的世界代表我们必须准备的事件状态,习惯也一样,在探索某些事件的同时成长且得到澄清,指出假设的事件状态构成了我们所解释的概念的实际行为的和可想象的效果。

(5)通过实用主义和游戏理论的融合,得出实用主义准则。皮尔塔瑞南认为,习惯包括策略行为和行为,在这个接合点,实用主义与游戏理论的含义融合得恰到好处。在游戏理论中,通过策略引发的个别行为识别策略。尽管如此,策略规则本身都是普遍的:只能对某个行为进行描述或解释,但并不能将其简化。按照通过解决方案概念计算出的平衡将最终目标指定给得失。任何单独的行为系列,不管多大,本身就代表在任何可能情况下最佳的将来行为。只有完整的一般策略,即从情况到行为的功能,能够揭示这种推荐。

---

① CP5.491.

第五章 皮尔斯存在图多可读性的深层逻辑(三):实用主义证明的视域

在皮尔塔瑞南看来,皮尔斯所谓的习惯以及游戏理论构思的策略由以下事实决定。一方面,行为不仅需要通过可能的情况进行定义,而且需要"不均衡"之路中的观点,"现在,习惯的特性取决于其如何引导我们的行为,不仅仅是在很可能出现的情况下,还包括有可能出现的情况,不管其可能性是多么地微乎其微(即便是与所有先前的经验都不相符)"①。另一方面,信仰包含了我们按照习惯可能会发生的各种考虑,不仅仅是在某一特定情况下,而是在所有可能情况下,甚至是可能性为零的情况中。所以,皮尔斯对习惯的解释为一般计划或是行为推荐,和游戏理论中策略的含义如出一辙。

皮尔塔瑞南还认为,皮尔斯在他的逻辑语义学中对断言和逻辑常量的解释,从实际目的考虑,都是博弈论语义学。如果解释者相信两个断言,他有权选择较弱的那一个,再解释量词时,他可以从他的视域中选择一个元素,作为一般断言的解释。画图者反过来可以从她的视域领域选择一个元素,与解释者的相一致,成为存在断言的解释。以下述引文为证据,逻辑解释项应该为将来时这一点得到了不断印证,如(a)"对象是原因,解释项是指号的效果。由于效果延伸到将来,因此逻辑解释项从某种程度上说必须是将来时"②。(b)"通过对断言和个体可能性进行选择,逻辑常量促成了习惯。这就是行为描述背景中的'条件规格',这反过来又对习惯进行了描述"③。因此,一方面,对"动机"的详细描述即解释者和画图者与断言相关的证明和伪造。另一方面,非逻辑的常量通过向其提供解释终止位置从而促成习惯。

皮尔塔瑞南还补充道,皮尔斯在博弈论语义学的背景下对信念和真的观念都进行了不错的澄清。信念的存在即习惯的存在,该习惯以某一方式在不同的情况下反映在行为中,不一定是在实际情况中,而是有可能涉及将来的情况。下述引文为证据,"并不是所有的指号都有逻辑解释项,而只是知识概念以及与知识概念类似的概念;对我来说,这些要么是一般概念,要

---

① CP5.400.
② Ms 318.
③ CP5.491.

么直接与一般概念相关。这说明逻辑解释项的将来时即条件模式,'应该是'……逻辑解释项在任何情况下都应当是条件将来时"①。

皮尔塔瑞南总结道,通过怀疑和信念,将真实定义成最终逻辑解释项,或引导到真概念的意见。根据真概念,一个信念为真,当且仅当我们遵循习惯。我们的任何经验都不能使我们对此有所怀疑,因为如果我们有一个经验怀疑它的原因,它就不是最终的解释或者最终的意见。当且仅当,一个获胜的策略在游戏中存在,并且该游戏与表达上述习惯的断言相关联,上述情况才会发生。

根据上述论述,皮尔塔瑞南给出了用博弈论语义学证明实用主义的步骤:

(1)当且仅当语义游戏 $G(\varphi,M)$ 中存在给画图者的获胜策略,那么图(graph)φ 在 M 中为真。

(2)当且仅当存在与 φ 相关的行为习惯,且通过 φ 我们能够选择适当的行为过程,并从我们的论域中寻找合适的元素,那么画图者在 $G(\varphi,M)$ 中拥有获胜策略。

(3)子空间之间的并列,区域对立和连续的连接通过赋予习惯以形式来促成习惯。

(4)通过赋予习惯终止点而促成习惯。

(5)当且仅当存在与 φ 相关的习惯,且通过 φ 我们能够选择适当的行为过程,和从我们的论域中寻找合适的元素,以及 φ 的成分通过赋予习惯形式或终止点而促成习惯,那么 φ 在 M 中为真。

(6)通过赋予形式或终止点给予 φ 相关的习惯,φ 的成分促成 φ 的真条件,这样我们能够选择合适的行为过程,从我们的论域中寻找适当的元素,而且仅当存在通过 φ 我们能够选择适当行为以及能够从我们的论域中寻找合适元素的习惯时,φ 才拥有真实条件。

(7)如果 φ 的真条件构成其意义,那么 φ 的成分通过赋予形式或终止点

---

① EP2:410.

第五章 皮尔斯存在图多可读性的深层逻辑(三):实用主义证明的视域

给予 φ 相关的习惯时,φ 才有意义,且通过与我们能选择适当行为以及能够从论域中寻找合适元素的习惯相联系,φ 就有了意义。

(8)通过赋予形式或终止点给予 φ 有关的习惯,φ 的组分有了意义,与我们能选择适当行为且能够从论域中寻找合适元素的习惯相联系,φ 才有意义。

皮尔塔瑞南的结论是:通过上述的论证可知,实用主义位于对应理论和证实主义之间:真实断言和世界之间的联系通过习惯或策略进行调节,但是这些习惯或策略也会受到我们对事实了解的影响。皮尔斯判断习惯好坏的根据是熟悉自我控制的代理人心灵中的规范的思想,在这个意义上,游戏规则是认知的,因为"所谓的习惯,必须能按照能够自我控制的代理人心中的理想情况进行修改"[①]。这些思想是通过经验、常识和观察最终形成的。

---

① Ms 280.

第三节　存在图即实用主义证明

徐鹏对皮尔斯实用主义证明的重构实际是对皮尔塔瑞南重构的实用主义证明的一种回应。在徐鹏看来,皮尔塔瑞南引入博弈论解释存在图系统,然后重构皮尔斯的实用主义证明,这是一种非常好的途径,但他重构的证明的结论是皮尔斯对实用主义的原始定义,而且皮尔斯实用主义中的连续论也没有在他重构的证明中体现出来。徐鹏认为,整个存在图系统可被看作是实用主义的一个证明。这是因为实用主义的实质是概念的意义或指号的意义就在于所有它们的可想象的行为,而存在图系统可被看成是对图的操作的实验。换句话说,存在图展示了实用主义的本质。可以将此理解为最初实用主义准则的证明。但是,正如皮尔斯在《鲍德温哲学与心理学词典》中提到的:"如果能够做到这一点,我们就会获得更加清晰的思想,实际的事实最终能够进一步促进具体的合理性;因此观念的意义并不在于任何个体的反应,而是在于这些反应促进这种发展的方式。"① 这引发了皮尔斯对实用主义准则的重新表述,或重新定义。因此,上述证明并不完整,下一步还得去证明"更加清晰的思想"。下面给出了徐鹏对实用主义的完整的证明。该证明的一个特点是其中大量地引用了皮尔斯的原文。

存在图系统以一个空白的断言页开始。皮尔斯对此补充道:

> 我们必须假设有一张纸,且这张纸是空白,或它上面有空白空间,可将解释指号写在上面。这纸上的空白的本质是什么?在可以书写指号的空间中,书写根据事实本身解释的指号,虽然这一指号很模糊……如果我们要解释世界,我们必须假设最初有一段时间,世界中空无一

---

① CP5.3.

第五章 皮尔斯存在图多可读性的深层逻辑(三):实用主义证明的视域

物,没有反应,没有质量,没有物质,没有意识,没有空间也没有时间,什么都没有。并不是确定地什么都没有。确定的不是 A 是指假定 A 以某种的样式存在。彻底地不确定。但是单独的一个指号是非确定的。因此,空无一物,即最初的非确定是一种指号。这样,我们就可以理解事物的开端"①。"这样一个完美的指号是一个准心灵。它是存在图的断言页。②

这里皮尔斯用断言页描绘世界,而断言页上的存在图即为世界中某种存在状态。对存在图的操作可解释为我们一系列的行为,而根据转换规则得出的结论可解释为我们根据行为效果获得的信念。所以,在这个意义上,存在图展示了实用主义准则的本质。

徐鹏认为,如果皮尔斯的目的是为了证明最初形式的实用主义,这一步就足够了。但是由于他发现了在原始表达中的一些困难,并在 1905 年对实用主义做了重新论述。所以皮尔斯不能就此作罢,他必须更加清晰地证明,也就是具体的合理性。这种实用主义是发表在《一元论者》实用主义系列论文中表述的实效主义准则,具体如下:"任何指号的整个智力上的目的在于理性行为的所有一般模式的汇总,建立在所有可能的不同情况和欲求之上的理性行为可以保证指号的可接受性"③。最初的实用主义定义是必要的一步,当然也包含在新定义当中。但我们必须意识到,最初定义的证明没有完成实用主义的证明。这当然不是最终皮尔斯所要的。皮尔斯问:

> 在逻辑上遵循的是什么? ……现在,指号的本质属性决定指号的解释,且这个解释也是一个指号。因此,一个指号创造一个无穷系列的解释。……如果没有先于整个世界存在的信息,那么它是真的;因为最初,没有事物可以产生信息。但是世界是可知的;因此我们可以

---

① EP2:332.
② EP2:545.
③ CP5.438.

给出世界及其起源的一般的解释。这个一般的解释就是一个指号;从指号的本性来看,必须从形式的断言开始,即一个指号本性的非确定的不存在。如果能够传达任何信息,那就一定为假。但是对于解释世界来说,是正确和合乎逻辑的方式。作为指号,它能够产生无限的一系列解释者,最初也模糊不清。但是任何指号的直接解释在第一阶段都应只为一片空白的解释者。因此,这一模糊的无的直接解释者甚至不是确定的模糊,而其直接的解释者在模糊不清和确定以及确定的模糊不清或确定等之间作无限地徘徊……指号是现实的萌芽状态,被赋予了成长为真实和圆满的现实的力量。这看上去很神秘,而且是简单的神秘,因为我们对什么是清晰的视而不见,现实中的一切都有相对应的指号。①

这里皮尔斯把存在图理解为一个指号,根据皮尔斯的指号学中的三元关系,即对象—指号—解释项,指号必然是一个解释项,而这个解释项也可以作为指号,继续被解释。因而,一个指号意味着一系列无穷的解释项。而在皮尔斯看来,一个指号存在着若干最终的解释项②,这些最终的解释项就是习惯,而习惯的获得正是实用主义准则的体现。

徐鹏还认为,上述证明中实用主义第二种表述的一个关键性特点并没有展示出来,这个特点就是实效主义承认可能的现实性。因此,皮尔斯的《对 Gamma 图的改进》对实用主义的证明就变得非常重要,因为这篇文章里有大量现实可能性的相关论述。皮尔斯说:

---

① EP2.324.
② 皮尔斯认为,虽然一个指号的解释项是无穷的,但是也可以有最终的解释项。这里所谓的最终解释项实际是暂时的,因为我们可以对这个解释项继续进行解释。之所以皮尔斯在这里设置了一个"停顿",是因为,在某种情况下,这个最终的解释项能够消除我们的怀疑。这里的最终解释项类似于科学中的"真理",我们固然知道所有的科学"真理"都是相对的,但是某一个时期内,这个相对的"真理",是最终的结果。

第五章　皮尔斯存在图多可读性的深层逻辑（三）：实用主义证明的视域

在我之前关于存在图的阐述中，我说过，必须有我称之为 Gamma 部分的系统，我只要看一眼，就能够发现它的现实性，能够激起我的好奇心，而没有让我真正地洞察到它的内部……[但是一个新的发现]揭开了系统 Gamma 部分的面纱。……[这个新的发现是]简单来说，因为页面的主要部分代表存在或现实的，那么拥有一个切的该区域，就是页面的反转，代表一种可能性。①

这种特殊的被称为主观的可能性在于人们对它的无知。如果我们不知道火星上无人居住，主观上我们就认为那上面可能有生物……背面适合告知人们关于主观可能性的信息或告知人们对于我们知道的任何事物来说什么是真的信息。画图就是要告知人们一条信息；这条信息是二者之一。要么是增加我们对存在图的知识，要么是从主观可能性中清除一些东西。因此，画在背面的图表示否定。②

现在，如果不一直是这样，那么主观可能性的否定常常涉及真实存在的断言；并且放在背面的东西常常有一个与放在正面的东西有关的定义。③

从这一发现中，皮尔斯得出了三个结论：

第一，这一切可以被想象为延伸到纸张的一个或另一个深度，这样将纸张翻过来能够显示一层或另一层，这些由其颜色决定；不同的颜色代表着不同的可能性。据我所知，这是对几乎所有 Gamma 部分实质上的改进，Gamma 部分也就是我努力领悟的部分……第二，印刷了但并未公开出版的"逻辑大纲"的某一部分中，包含着我给出的对存在图的唯一形式的或完整的描述，我制定了一个规则，任何图都不能脚踏两船；我这样说是因为我不能解释穿过切的图。但是，我一发现页面的背

---

① CP4.576—577.
② CP4.575.
③ CP4.575.

面代表一个可能世界,我就清楚这样一个图不仅是可解释的,而且填补了我之前的关系逻辑发展的空白。虽然我一直认为一种可能性可以为真,否认我抬起手臂的可能性的现实性是疯狂的,即便是时间到了,我没有抬起来;而且虽然我想尽一切办法对关系进行分类,我始终认为,作为最大的分类之一,即我称为指称(reference)的分类,在这里其中一个关联是存在,另外一个仅仅是可能性;当我发展逻辑关系时,我总是对这些指称不予考虑,虽然事实证明它们很重要,只是因为我使用的代数或其他形式的图解法没有办法表示它们。不用说,我在存在图页面的背面发现可能世界的表示方法,我感觉到一个穿过切的图表示一个指称,从而可以将思维的巨大领域置于精确逻辑的管理和控制中。……第三,……只要可能性被认为是绝对无效的,这种推理就是不可反驳的。但是几年前,我受邀在哈佛大学发表关于实用主义的演讲,我被引导到修改这一学说,我在此已经发现了很多困难,进行关键的分析后,我很快发现,坚持将可能性是真这一事实提上台面非常有必要。我们承认,不允许事先被意识到但没有发生的每个条件命题都为真,进而导致了整个推理崩溃……是什么导致了这一规则的采用? 其答案必然是解释所需;对该答案的常识性推理就是该解释过于狭隘。但是直到我这种像水文测量一样费力的方法把我带到了重要的事实面前,即存在图的背面表示一个可能世界之前,我不能思考这件事。这个事实与其他前提一起将我引回到我在实用主义研究中得到的那个结果,即某种可能的现实。①

在上面的论述中,皮尔斯证明了可能世界的现实,尤其是纯粹或人为的可能性现实。徐鹏认为这也证明了带有可能性的现实的连续性。皮尔斯在《心理规律》中表达了他的连续统②观念:"将逻辑分析应用于心理现象表明

---

① CP4.578—581.
② 连续统是现代数学中的术语,在这里指就是连续性。

第五章 皮尔斯存在图多可读性的深层逻辑(三):实用主义证明的视域

只有一个心理规律,即,观念倾向于连续扩展并影响某些其他与之有可影响关系的观念。在这种扩展中,观念丧失精度,尤其是影响其他观念的力量,但是却可以获得一般性并与其他观念融为一体"①。普特南《皮尔斯的连续统》对这一观念做了解释:"假如我所论不谬,那么皮尔斯的观点就是,从一条线段或曲线的端点移开一点,总要产生一些有别于那些被移开之点的新点(点部分),就像分割一条线或曲线时的情况一样。隐藏于这一切背后的形而上学直观是,我们生活于这样一个世界——因为皮尔斯的确认为在这个实在的世界里现实地存在连续统——在这一世界中存在无数的可能性:兼容的可能性。而且,这些可能性不能全都实现的原因并不在于某些可能性的实现逻辑上排除了特定的另一些可能性的实现,尽管那种情况也存在。但那并非皮尔斯所谓不可能存在 Ω 个独特个体这一命题中所包含的意思。皮尔斯所设想的画面是:可能性的数量是如此巨大,以至于一旦我们有了一个某些可能性得以实现的可能世界——比如,一个可作出某种不可数切分的可能世界——那么我们立即就会发现一个依然可以作出更多切分的可能世界,因而就绝不会有一个所有这些互不排斥的可能性全都变为现实的可能世界。我们可以总结这一点说,这幅形而上学的画面就是可能性,本质上即超越现实性,而且不单单是由于人的能力的有限性,或者自然规律所强加的限制"②。由此可知可能的现实性是皮尔斯连续统的基本要求,没有可能的现实性也就没有连续统。皮尔斯最初实用主义定义的主要困难就在于可能性被认为是绝对无效的,所以他在实用主义第二种表述中承认了这种可能性的现实,即世界的连续性。而存在图的 Gamma 部分可以表示可能世界就为证明实用主义第二种表述提供了必要条件。加上之前对皮尔斯实用主义原始表述的证明,我们实际给出了皮尔斯实效主义的完整证明。

---

① EP1:313.
② Putnam, H., "Peirce's continuum", In Ketner, K. (ed.), *Peirce and Contemporary Thoughts: Philosophical Inquiries*, New York: Fordham University Press, 1995.

第四节　存在图与实验、游戏和指号

从皮尔塔瑞南和徐鹏证明中,很容易发现存在图分别被看成是操作指号的实验、博弈者的画图游戏和解释指号的过程。对存在图的这三种解释其实是实用主义证明的必要前提。

首先,存在图可被看成是操作指号的实验。皮尔塔瑞南指出,习惯的重点是我们在心中使用指号进行的实验,而可视化图形在认知上是思想实验中最经济最多产的指号。徐鹏也认为,实用主义的实质是概念的意义或指号的意义就在于所有它们的可想象的行为,而存在图系统可被看成是对图的操作的实验。从而,存在图展示了实用主义的本质。

根据皮尔斯,这里的实验应该是科学实验,因为其他的实验不能保证得出有意义的结果。科学实验很明显是一种科学方法,而科学方法是皮尔斯唯一赞成的方法。皮尔斯认为,这是确定信念所能采用的最可靠的方法。在皮尔斯看来,为了清除我们的怀疑,我们必须找到某种方法,借助于这种方法,我们的信念不是取决于任何人为的东西,而是取决于某种永恒的外在之物,取决于某种不受人们思想影响的事物。因为科学方法立足于这样一个基本假设之上:存在着一些真实之物,它们的性质完全不依赖于我们对它们的看法;这些真实之物按照固定不变的规律影响我们的感官,尽管我们的感官随我们与对象的关系的不同而不同。不过,通过利用知觉法则,我们能够通过推理而弄清楚这些事物真正是怎样的。任何人如果具有充分的经验并作出充分的推理,就会得出真正的结论。① 这就是说,基于科学方法来确定信念所依据的是一种外在的、固定不变的、不受人们思想影响的东西,这种东西不只是对某个人发生影响,而且对每个人都发生影响。尽管这些影

---

① 涂纪亮:《从古典实用主义到新实用主义》,北京:人民出版社 2006 年版。

第五章 皮尔斯存在图多可读性的深层逻辑(三):实用主义证明的视域

响随各人情况的不同而千差万别,可是科学方法必然会引导每个人最终得出相同的结论。皮尔斯十分强调科学方法在确定信念和探索真理方面的巨大作用,认为科学方法排除了个人偏见,而不同于固执的方法和先验的方法,同时它又因反对盲目崇拜权威而不同于权威的方法。

因此,在这个意义上,我们可以说,在实用主义证明中,存在图也是以"存在着一些真实之物,它们的性质完全不依赖于我们对它们的看法;这些真实之物按照固定不变的规律影响我们的感官,尽管我们的感官随我们与对象的关系的不同而不同"这一基本假设为基础的。也就是说,在实用主义证明中,存在图指向①了这些"真实之物"。

其次,存在图可被看成博弈者的画图游戏。正如皮尔塔瑞南所指出的,我们可以很容易地将"思维图的移动"看作博弈论行为的实际动态。

尽管这是画图的游戏,似乎与现实世界并无联系,但皮尔塔瑞南在解释为什么要选择存在图证明实用主义时说,原因之一是因为,断言页,或更一般的,Phemic Sheet,是论域的像标(icon)。且皮尔斯也认为,"在注意力领域的表示中",这个页面"代表该注意力的一般对象,即论域"②。皮尔塔瑞南又说,该页面也是"互相连接的思想普遍领域的图像"③。"在这些观念之下,逻辑学和现象学能够握手"。④ 也就是说,逻辑学与现象学通过某种方式被连接起来了。根据皮尔塔瑞南,存在图当然归属于逻辑学,而游戏者的思想应该属于现象学的内容。因此具体的一个存在图在这里就是游戏者的某种思想状态。而游戏中获胜者的策略就是行动的习惯,也就是游戏者心灵中

---

① 这里用"指向"一词是表明存在图与它指向的对象之间有一定的关联。至于它们之间具体是怎样的关联,从本文的研究情况来看尚不能定论,还需进一步的研究。本章其他地方与第五章中出现的"指向"的含义都如这里所述。
② CP4.561.
③ Pietarinen, A. V. , "Peirce's magic lantern of logic: moving pictures of thought", *Transactions of the Charles S. Peirce Society: A Quarterly Journal in American Philosophy*, 2013.
④ Pietarinen, A. V. , "Moving pictures of thought II: Graphs, games, and pragmaticism's proof", *Semiotica*, Vol. 2011, No. 186, 2011.

确定的信念。而要想证明实用主义,这里的习惯和信念必须是现实的,不能是虚拟的,因为皮尔斯的实用主义是实在论的。

皮尔斯的实在是指,实在的东西具有这样或那样的性质,不论任何人认为它具有这些性质与否。不论如何,这是实效主义者使用这个词所指的意思。任何真命题所断定的事情都是实在的。也就是说,不论你或者我可能对它有什么想法,它都是如此。让这个命题成为一个对将来而言的普遍条件命题;它是实在的、普遍的,的确可以被用于影响人的行为,实效主义者认为这是每一个概念的理论内涵。皮尔斯在《现象学原理》一文中,对实在作了更加详细的阐述。在他看来,存在着三种状态。我们能在任何时间、以任何方式在任何事物的成分中观察到它们。它们是肯定的、质的可能性的存在,现实事实的存在,以及对将来事实起支配作用的法则的存在。存在的这三种形态也就是他所说的三个基本的形而上学范畴,即第一位(Firstness)的实在、第二位(secondness)的实在,以及第三位的(Thirdness)的实在。①

画图的游戏虽然画的是图,但是这里的图必须是表示实在的,如果图表示的是虚拟世界,那么所证明的实用主义就是无法确定必然是实在论的。所以上述论域中的元素应该表示现实世界中的存在状态,即实在。因此,在这个意义上,在实用主义证明中,存在图指向了实在。②

最后,存在图可被看成解释指号的过程。皮尔斯不止一次地强调,"现在,指号的本质属性决定指号的解释,且这个解释也是一个指号。因此,一个指号制造一个无穷系列的解释"。

我们首先回到皮尔斯的指号学。(1)指号定义。皮尔斯作品中有许多关于指号的定义,具代表性的是给鲍德温《哲学与心理学词典》所写词条:"指号[拉丁语:signum;标记,记号];德语:Zeichen;法语:signe;意大利语:segno。任何事物,它决定另一事物(它的解释项)指称一个对象,对于这个对

---

① 涂纪亮:《从古典实用主义到新实用主义》,北京:人民出版社2006年版。
② 本章中出现的"实在"一词都是指皮尔斯的实在概念。

第五章 皮尔斯存在图多可读性的深层逻辑（三）：实用主义证明的视域

象，它本身以同样方式指称着（它的对象），解释项依次变为指号，而如此以至无穷。"（2）指号结构与功能。皮尔斯的指号结构是一种三元关系：对象—指号—解释项（interpretant）。① （3）指号的基本分类：指号、索引、像标。像标和它的表示对象之间的关系为相似，索引直接指向它的表示对象，指号与它的表示对象之间的关系是通过约定（convention）建立起来的。② （4）指号的性质。在《论指号本性》中，皮尔斯非正式地描述了指号的性质。首先，像其他事物一样，一个指号应该具有只属于它的一些性质，而不论它是否作为一个指号而被使用。比如，印刷的词组是蓝色的，且具有一定数目的字以及那些字所特有的形状。指号的这一特性被称为它的物质属性。其次，指号必须与它所表示的对象之间有某种真实联系，从而当对象呈现为指号想要表示它所是的那个样子时，指号应该也以这种方式表示它而不应该以其他方式表示它。比如：风向标是风的方向的指号，除非是风使它旋转，否则它将不是风向的指号。每一个指号与它的对象之间都存在这种物理性的联系。指号的这种特点称为纯粹演证性的应用。第三，一个指号之所以被称为一个指号，是因为它必须被视为是一个指号。因为只有对于这样看待它的心灵来说，它才是指号，如果对于任何心灵它都不是指号的话，它就必定不是指号。指号的物质属性和作为纯粹演证性的应用必须同时被心灵所知。心灵必须能够想象到它与它所表示的对象联系着，从而可以进行从指号到事物指示。

因此，在皮尔斯的论述中，一个存在图是这样一个指号，它符合上述的指号的性质，表示的对象为世界的某种存在状态，而它的解释为我们心灵中获得的知识或者信念。如前所述，这里的知识或信念仍可作为一个指号，被继续解释，最终的逻辑解释项为习惯，即实用主义。由于实用主义是实在论的，所以在这个意义上，在实用主义证明中，存在图指向的"世界的某种存在状态"是真实的。

---

① 由于本章第一节中有相关论述，这里不再赘述。
② 同样，由于第三章第一节中有相关论述，这里不再赘述。

根据皮尔斯的思考,上述的"真实之物""实在"与"世界的某种存在状态"表达的意义是一致的,所以我在这里将它们统一为实在。综上,在实用主义证明中,存在图指向了实在。

第五章　皮尔斯存在图多可读性的深层逻辑(三)：实用主义证明的视域

第五节　存在图与实在

我们通过对皮尔斯的实用主义和实效主义的区分，以及对皮尔斯"证明"概念的分析，找到了皮尔斯"实用主义""证明"的一个可接受的解释。然后介绍了皮尔塔瑞南给出的基于博弈论语义学的实用主义证明，并梳理了徐鹏如何直接将存在图系统看作实用主义的一个证明。最后分别分析了存在图与实验、游戏和指号的具体关系，得出了存在图在实用主义证明的意义上关涉实在的结论。

那么，接下来的问题是如果离开实用主义证明①，存在图是否仍然与实在有着某种关联？皮尔斯没有直接回答这个问题，而是转而寻找如何用存在图表示一种现实的可能性，"虽然我一直认为一种可能性可以为真，否认我抬起手臂的可能性的现实性是疯狂的，即便是时间到了，我没有抬起来；而且虽然我想尽一切办法对关系进行分类，我始终认为，作为最大的分类之一，即我称为指称的分类，在这里其中一个关联是存在，另外一个仅仅是可能性；当我发展逻辑关系时，我总是对这些指称不予考虑，虽然事实证明它们很重要，只是因为我使用的代数或其他形式的图解法没有办法表示它们。不用说，我在存在图页面的背面发现可能世界的表示方法，我感觉到一个穿过切的图表示一个指称，从而可以将思维的巨大领域置于精确逻辑的管理和控制中……"。②

皮尔斯从存在图的背面可以表示一个可能世界出发，得出了可能的现实性，"这个事实与其他前提一起将我引回到我在实用主义研究中得到的那

---

① 这里的"离开实用主义证明"，即撇开实用主义证明的视角，回到皮尔斯对存在图的原初思想。

② CP4.578—581.

个结果,即某种可能的现实"。在此,我们有理由推测,存在图是指向实在的,因为存在图对可能性的表示是证明可能的现实性的一个重要的前提。或许有不同的意见,即这里存在图只是一个必要条件,仅仅提供了一个可能的表示方法。可是,试想一下,如果只是想找到某种表示方法,为何不做某种规定呢?我甚至可以规定任意指号表示可能,正如我们在指号逻辑中所做的那样。皮尔斯真正的目的是想将可能的现实性置于"精确逻辑的管理和管辖之中"。

从而,存在图的可能世界的表示指向的是现实的可能世界,而存在图指向的是现实世界,也即存在图指向的是实在。正如皮尔塔瑞南所指出的,皮尔斯的存在图理论是对句法学、语义学和实用主义特征的特殊综合,不仅包含命题的含义(仅包括概念和指号),还向更广阔的哲学观点敞开了大门。①

---

① Pietarinen, A. V., "Moving pictures of thought II: Graphs, games, and pragmaticism's proof", *Semiotica*, Vol. 2011, No. 186, 2011.

第六章　皮尔斯存在图多可读性的底层逻辑

我们在第一章描述了皮尔斯对存在图的原初思想和这些思想的产生，在第二章讨论了存在图的"endoporeutic"读法、"NNF"读法、"MR"多样读法以及对典型的 Beta 图读出的不同处理；第三、四、五章中讨论了存在图的深层逻辑，即分别讨论了符号逻辑、多模态和实用主义证明三种视域下存在图的理论形态和特点。通过分析不难发现，存在图系统内的多可读性，即其表象逻辑，依赖于存在图系统整体的多可读性，即其深层逻辑。对于存在图系统整体上的不同理解就会导致存在图表示的命题和推理会被不同地读出。而对存在图系统整体的多可读性进行比较，很容易看到三种视域下的存在图有很大的不同，那么具体地看它们之间的不同体现在哪些方面呢？更进一步来说，产生这些不同的原因是什么呢？这正是本章要讨论的问题，即存在图多可读性的底层逻辑。本章前三节分别从严密性、高效性和与实在[①]的相关性三个方面来比较三种视域下存在图的不同。之所以选择这三个角度对它们进行比较，是因为符号逻辑视域下的存在图严密性最为突出，多模态视域下的存在图演算效率最为突出，而实用主义证明中体现出的存在图与实在的相关性最明显。以三种视域下存在图的特点作为比较的角度：(1)可以弄清楚某一视域下存在图的特点是否依赖于该视域，也就是说如果不从这个视域解读存在图，这个视域下存在图的特点是否会消失，也即这个特点

---

① 本章中出现的"实在"一词都是指皮尔斯的实在概念。

在其他两个视域下的存在图中是否有明显的体现。(2)可以提高比较的效率,避免盲目比较。我们看到三种视域下的存在图从研究思路到研究方法再到理论形态都有所不同,那么应该从哪些方面进行比较呢?如果对所有方面都作比较,面面俱到,必然会陷入某些细节的比较之中,不但大大增加工作量,而且未必能抓住重点。所以必须选取一定的角度来比较不同视域下的存在图。存在图的突出特点只有三个且都和解读它的视域有关,所以选取不同视域下存在图的特点为比较角度既不会使工作量太大又不会有明显地遗漏。(3)可以抓住"不同视域"这个关键点。因为三种视域下存在图的特点与三种视域本身有密切关系。具体来说,符号逻辑视域要求较高的严密性;多模态视域要求将符号与其他指号放在同等重要的位置,在存在图中,就是要求充分发挥图形的可视性质,进而提高系统的演算效率;而在实用主义证明中,存在图无论被看成科学实验、博弈者的画图游戏还是解释指号的过程,都是把存在图作为了前提的组成部分,又因为皮尔斯的实用主义是实在论的,所以要想证明实用主义,存在图必须指向实在。本章第四节将把三种视域下存在图带回到皮尔斯的原初思想,看看三种解读是否违背了皮尔斯的原初思想。最后一节总结前面几节的内容,并尝试勾勒皮尔斯存在图的整体特征。

第一节　皮尔斯存在图的"逻辑假设"

　　本节主要比较不同视域下存在图的严密性。标题中的"逻辑"有两层意思,一方面在"符号逻辑"视域下存在图的突出特点就是它的严密性,而严密性又是本节中三种视域下存在图比较的角度,所以标题中的"逻辑"指的是严密性,是为了点出本节不同视域下存在图比较的角度。另一方面是比较不同视域下存在图的严密性之后将会发现,"符号逻辑"视域下存在图的严密性最高,所以标题中的"逻辑"也指"符号逻辑"这个视域下的存在图,点出比较的结果。

事实上,德奥(从符号逻辑视域解读存在图的代表)认为申顺珠(从多模态视域解读存在图的代表)的工作的最主要问题就是缺乏严密性。因为严密性是数学最重要的特征之一,数学的严密性根植于严格的数学定义和证明。德奥认为,申顺珠的工作中虽然有数学因素参与,但是她"没有区分图与图的图形副本",她认为存在图是一种"图形实体"①,因而她的存在图定义是"非形式"的,所以申顺珠的工作是不严密的。具体说来,申顺珠的工作有两个方面的问题。

首先,许多重要的技术术语的定义要么不够精确,要么没有。如申顺珠没有给出句子符号、并列、单切(以上为 Alpha 中术语)、等同线、等同线的自由端(loose end)和分支(branching)等术语的定义。即使我们对"单切"和等同线这样的术语有一些前理解,例如我们知道单切是平面上封闭且两端开放的闭合曲线,但没有精确的定义还是会造成一些问题。例如,我们并不清楚两个切是否可以接触、横穿或是部分重叠,也不清楚等同线是否在切上终止。例如下图 6.1 中的图都是 Beta 图吗?

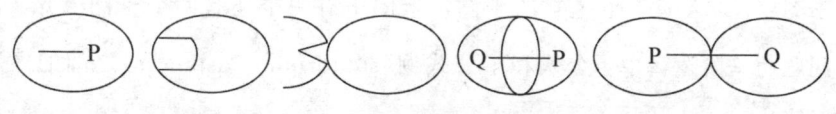

图 6.1

先看前三个图,在申顺珠的书本里没有找到任何 Beta 图中等同线在切中结束的例子。但是与之形成鲜明对比的是,这一案例在皮尔斯的手稿和罗伯茨的书中都进行了详细讨论。申顺珠也没有明确地将第四个图排除在外,而是让读者根据自己的存在图背景知识予以排除。

---

① Dau, F., *Mathematical logic with diagrams*, *Based on the existential graphs of Peirce*, http://dr-dau.net/Papers/habil.pdf(访问时间:2022 年 3 月 16 日)。

考虑第五个图,皮尔斯画过套叠在一起的切,也就是嵌套,即 ◯。因此,似乎切与切相接触是被允许的。但是还有问题,嵌套是应该被作为句法装置还是应该认为这仅仅是两个套叠在一起的没有互相接触的切。只不过皮尔斯画的太过粗糙使得它们看似相互接触了,即实际应该是 ◯。所以我们必须考虑切是否相互接触的问题。回答这些问题不仅仅是为了确定上面的图是否为存在图,而且是为了当图形转换规则,即演算规则应用于存在图时,推导不会出现问题。

另外,申顺珠也没有给出明确定义的术语是子图。皮尔斯存在图中的迭代规则允许我们在同一个切中画下某一个子图的复制图。考虑下面的 Alpha 图,图 6.2。

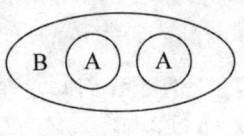

图 6.2

为了弄懂如何使用迭代规则,必须回答如下问题: B 是否为图 5.2 的子图?A A 是否也是它的子图?上图中有一个还是两个子图 Ⓐ?(这一问题与一阶逻辑中子公式和子公式例(subformula instances)之间的区别相对应)

对于 Beta 来说,了解如何处理子图中等同线非常重要。考虑下面的 Beta 图,图 6.3。

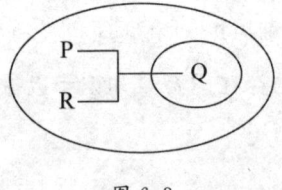

图 6.3

问题是,如下图 6.4 中哪些图是图 6.3 的子图:

第六章 皮尔斯存在图多可读性的底层逻辑

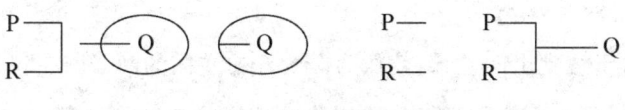

图 6.4

申顺珠没有给出子图的明确定义,所以上述问题的答案全靠读者的直觉,因而德奥质疑申顺珠工作的严密性。

其次,申顺珠认为存在图是图形实体,也产生了一系列新的问题。还是考虑图 6.2。迭代规则允许把子图 Ⓐ 的复制图画到外面的切中。但是显然这是完全不可能的,因为在外面的切中,没有足够的空间留给子图的复制图。但是当然,这并不是推理规则要达到的效果,熟悉存在图的人都知道下图 6.5 才是迭代规则有效应用的结果。

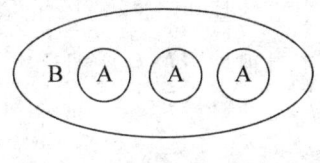

图 6.5

那么我们为什么能做这样的转换呢?背后的思想是,我们可以"在某种程度上"改变等同线或是切的形状,但不能改变存在图的含义。

关于"某种程度"这一术语,可以考虑下图 6.6 中三个 Alpha 图。

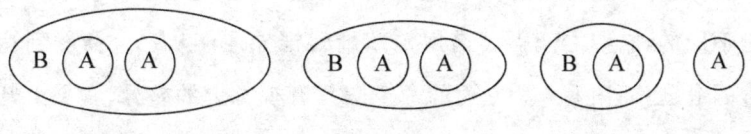

图 6.6

从左至右,我们将外面的切尺寸依次减小。显然这三个图表呈现出不同的视觉效果。问题是前两个图之间的差别与后两个图之间的差别是否具有可比性。已经看到了切的形状在某种意义上是与图本身的含义是不相关的。只需要知道哪一个元素被切围绕中,哪一个元素没有被切围绕。因此,图 6.6 中左面的两个图(在某种意义上)是同一个图,尤其是指它们具有相同含义。与此相反,第三个图有不同的含义,并且我们必须以不同的方式对待它。

如果由于视觉上的差异,就认为图 6.6 中左面的两个图在句法上是不同的,那么将得到一个太过于细致的句法。这样的句法十分复杂,而且没有使用价值。从而任何恰当的句法都不能在前两个图之间做出区分。那么是否只要两个图表达的含义相同,就无需从句法学上对其进行区分呢?答案是否定的,因为这会将句法和语义混淆。例如:空白断言页和图⬯具有同样的含义,但二者必须从句法上予以区分。这种情况显然不同于图 6.6 左面两个图的情况。此外,还需要找到从第一个图到第二个图的转换的规则(反之亦然)。

考虑到上述的问题,德奥认为,任何想要将存在图定义为图形实体的做法都会出问题,因此在这个意义上申顺珠的工作也缺乏严密性。

综上,我们可得符号逻辑视域下的存在图严密性要高于多模态视域下存在图的严密性。①

那么申顺珠把存在图理解为图形实体,为什么就会产生上述的问题?或者为什么不能把存在图理解为图形实体?皮尔斯虽然区分了图和图例,但是他却并没有说明图指的是一个抽象的数学的结构,而不是图形实体。具体来说就是,为什么会出现图 6.6 中左面的两个表达相同的含义的图呢?如上所述,这与符号逻辑中两个命题的等价是不同的,两个等价的命题在句法上是不同的,它们之间需要借用推理规则推导才能从一个命题到达另一个等价的命题,而图 6.6 中左面的两个图只有视觉上的差异,含义上却毫无差别,它们之间的转换不需要运用推理规则推导。

笔者认为,这是因为德奥理解的图形实体是指具体的一个一个的图。而如果把皮尔斯的图理解为图形实体的话,那它应该是抽象的。反过来,如

---

① 实用主义证明视域下的存在图并未呈现出有别于其他两个视域下存在图的理论形态,实用主义证明视域下的存在图唯一的特点仅是与实在有所关联。所以实用主义证明视域下存在的严密性本文不做讨论。因为类似的原因,本章第二节也不讨论实用主义证明视域下的存在图的演算效率。

果把申顺珠的图形实体也理解为是抽象的图的话。那么问题就转移了,申顺珠并不是没有察觉到德奥所说的问题,而是她描述的图是抽象的图形,而具体的画在页面上的图则只是抽象的图的表示。尽管申顺珠并没有明确说出图和图的表示的区分,可是用抽象的图形来解释申顺珠的存在图明显会更自然。在几何学等其他学科中一直以来也是将图理解成抽象的。例如:在几何学中,给定一个三角形,虽然画出的是一个具体的三角形,但我们心里很清楚,我们需要的是一个抽象的一般的三角形。图6.6中左面的两个图中的情况是一样的,它们是同一个存在图的不同两种表示方式。我们与德奥理解存在图的不同之处在于,德奥是把存在图理解为一种抽象的数学结构,而我们的理解是存在图依然是图,只不过是抽象的图。

虽然有了上述考虑,但是德奥提出的问题却无法通过这条途径解决,因为我们面对的都是具体的一个一个的图,无法直接感知抽象的图。又因为不同的人将具体的图理解为抽象的图的方式不同,因而有可能把一些具体的性质理解成抽象的图的性质①,从而在演算中出错。德奥的解决办法是把图还原为数学符号,避免直接面对图。

事实上,我们无法直接表示抽象的图,只要画出一个图,那就必然是具体的图。这与图形表示中的"内容具体性"现象有密切关系。"内容具体性"现象是指一个表示系统中的所有表示不得不将特定方面的内容具体化,它们不能孤立地表示信息,而不添加额外的信息。例如:在几何学中,没有图形能够表达一个一般三角形,而不具体化三条边的相对长度。在存在图中,每在断言页上画出一幅存在图,同时就给定了该图的形状和大小等性质。从而出现了上述的情况。

在讨论这一现象之前,需要先区分内在图形表示(internal diagrams or images representations)和外在图形表示(external diagrammatic representa-

---

① 抽象的图可以有具体的性质,比如我们给定一个等腰三角,虽然等腰是具体的性质,但等腰三角形确是抽象的三角形,因为我们没有给定这个三角形的边的长度和角的大小。

tion)。钱德拉赛德兰(Chandrrasekaran)、格拉斯哥(Glasgow)和纳拉亚南(Narayanan)等人对这两个概念作了明确的区分,内在图形表示是指"内部图形组成(有争议的)内在的表示,而内在的表示具有某种画面的(pictorial)性质"①;外在图形表示是"通过在外在世界的媒介(例如,纸张)实现的"。而存在图显然是一种外在图形。

  内容特异性的问题在哲学中历史悠久,然而人们主要讨论的都是与内部表达有关的问题。例如,贝克莱在他的一本专著的引言中对精神表达作的著名讨论。在论述我们的精神表达为什么不能做到洛克意义上的"抽象"时,贝克莱说,"我们在想到手和眼睛的时候无法不想到一些特殊形状或颜色,也无法不在想到人的时候想到是黑皮肤、白皮肤还是黄皮肤的,无法不想到他是高、是矮还是中等个头"。"类似的,我们无法对既不是斜三角形,也不是直角三角形、等边三角形或不成比例的三角形有任何一般性的看法"。休谟也讨论过这个问题,他说,"无法对没有数量、没有质量,也没有精确的程度的对象形成一种观念"②。从上述内容可以看出,贝克莱和休谟都认为,任何精神表达都不是抽象的。

  与内部表示类似,外部表示也不能是抽象的。下岛(Atsushi Shimojima)在他的博士论文《表示的效率》③中对图形的内容具体性做了非形式的分析,并且用实例检查了他的分析。下岛认为,表示的过度具体性是由控制表示结构的约束条件,和这些约束条件与目标约束条件之间不匹配造成的。结构约束控制着表示。他还根据结构约束是纯粹或部分普遍的还是纯粹约定的将过度具体性区分为两类。他认为,系统的过度具体性说明

---

① Chandrase, B. , Glasgow, J. and Narayanan, N. H. (eds.), *Diagrammatic reasoning: Cognitive and computational perspective*. Menlo Park, Calif: AAAI Press,1995.

② Hume,D. ,*A treatise of human nature*,*The Philosophical Works of David Hume*,Boston:Little,Brown and Company,1854.

③ Shimojima,A. ,"On the efficacy of representation",PhD Dissertation of Indiana University,1996.

了推理的过程中用一个表示系统只表示已经获得或假定的信息的目的是无法实现的。也就是说我们是无法取消图形表示的内容具体性现象的。所以从这个意义上讲,德奥的做法是有效的。

事实上,申顺珠在论述图式系统的产生的时候就已经意识到,在纸上画出的一个具体的三角形,在证明中表示的应该是一个一般的三角形,即上述的内容具体性现象了。她试图通过另外一种方式实现这种从具体到一般的过渡。她把一个图形的观察性质区分为两类,一类为表示事实的性质,另一类为不表示事实的性质。在存在图中,对于一幅给定的存在图,某些性质是表示事实的性质,另外的一些性质是不表示事实的性质,因而是偶然的,可以改变的。图 6.6 例子中,⒝表示的是非 B,B 与切的相对位置才是表示事实的性质,而切的大小和形状是由于内容具体性而不得不给定的,因而它们是不表示事实的性质。根据申顺珠的想法,在实际推理中必须尽量避免那些偶然的性质的干扰。但问题是以什么样的标准来判定两类性质?而且一幅存在图中的两类性质都是有限的吗?在推理过程中是否会产生新的性质?如果这些问题得不到解决,申顺珠的想法就很难在推理中真正起作用。所以这个思路还需要进一步探索。

第二节 皮尔斯存在图的"图形假设"

本节比较不同视域下存在图的演算效率。标题拟法与上一节类似。一方面是为了点出三种视域下存在图比较的角度。因为多模态视域下的存在图的特点是其演算的高效性，而演算的高效性是建立在图形的可视性之上的，演算的高效性是图形可视性质在理论上的体系。所以本节用"图形"命名。另一方面是为了点出比较的结果。多模态视域下，存在图中的图形和符号处于同等重要地位，图形的可视性质被充分地挖掘出来，并体现在系统的演算效率上，因而多模态视域下的存在图的演算效率最高。而使系统演算效率提高的就是图形的可视性质，也就是说对于多模态视域下的存在图来说，系统演算的高效性是建立在"图"之上的。

上一节最后提到了申顺珠为了避免图形表示的内容具体性现象，提出区分图形的表示事实的性质和不表示事实的性质。但是在实际使用存在图的过程中，很难区分图形的这两种性质，更不必说取消不表示事实的性质。所以很显然在处理严密性的问题上，符号逻辑视域研究存在图的方法占了优势。

但是，申顺珠却没有回到符号逻辑的视域上来。回忆第四章第一节和第三节的内容便可知，实际多模态视域下研究存在图的工作是建立在突破符号逻辑视域基础上的。由于符号逻辑是现代逻辑的典范，所以我们很自然会选择从符号逻辑的视域解读存在图。申顺珠等人经过艰苦的努力才突破了符号逻辑的视域，转到了多模态视域。这是申顺珠之所以在严密性问题上不可能考虑重新回到符号逻辑视域的原因。

从上面的论述中，可以知道如果不突破符号逻辑视域，就不可能充分挖掘存在图图形的可视性质，从而提高系统的演算效率。所以，很显然，在申

第六章 皮尔斯存在图多可读性的底层逻辑

顺珠看来,多模态视域下的存在图演算效率要高于符号逻辑视域下的存在图的演算效率。回忆第三章第二节的内容,一个形式的 Alpha 图是一个五元的结构,即(V, T, Cut, area, k)。那么,假定一个具体形式的 Alpha 为Δ,其图形副本为下图 6.7。

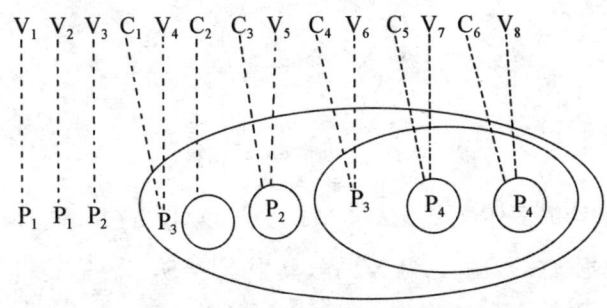

图 6.7

那么该形式的 Alpha 图用数学符号表示为:

$\Delta := (\{v_1, v_2, v_3, v_4, v_5, v_6, v_7, v_8\}, T, \{c_1, c_2, c_3, c_4, c_5, c_6\},)$ V, T, Cut

$\left. \begin{array}{l} \{(T, \{v_1, v_2, v_3, c_1\}), (c_1, \{v_4, c_2, c_3, c_4\}), (c_2, \varnothing), \\ (c_3, \{v_5\}), (c_4, \{v_6, c_5, c_6\}), (c_5, \{v_7\}), (c_6, \{v_8\}), \end{array} \right\}$ area

$\left. \begin{array}{l} \{(v_1, P_1), (v_2, P_1), (v_3, P_2), (v_4, P_3), \\ (v_5, P_2), (v_6, P_3), (v_7, P_4), (v_8, P_4),\}) \end{array} \right\}$ k

很明显仅仅是描述一个形式的 Alpha 图就需要如此复杂的形式,更不必说描述一个形式的 Alpha 图的推理了,而且更重要的是上述形式的 Alpha 图用代数符号取消了存在图的可视性质。因此很容易想象符号逻辑视域下存在图的演算效率低于多模态视域下存在图的演算效率,甚至也有可能低于符号逻辑的演算效率。

更进一步,申顺珠认为,多模态视域下的存在图的演算效率要高于一般的符号逻辑系统。因为在存在图系统中,我们仅需要看,就能得到某些逻辑等价。比起建立一个从一个句子到另一个句子的演绎序列,从作为前提的图中看出要推导的结果图显然效率要高得多。例如,假定前提为 R→(S∧⌐P),结论为 ⌐R∨⌐(S→P)。如果在命题逻辑系统中,需要通过如下的步骤:

213

$$R \to (S \wedge \neg P) \leftrightarrow R \to \neg (S \to P) \leftrightarrow \neg (R \wedge (S \to P)) \leftrightarrow \neg R \vee \neg (S \to P)$$

才能得到结论。

如果在存在图系统中,前提表示 Alpha 图为下图 6.8。

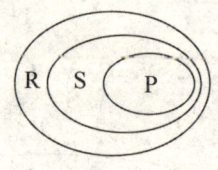

图 6.8

根据申顺珠的多样读法算法①,根据 4(c),原图为[X[Y]],其中 X=R,Y=S[P];根据 4(a),图 Y 为 X′ Y′,其中 X′=S,Y′=[P];根据 3,Y′为[Y″],其中 Y″=P;根据 2,X 的翻译为 R,X′的翻译为 S,Y″的翻译为 P,所以 Y′的翻译为 ¬P,Y 的翻译为 S∧¬P;原图可以翻译为 R→(S∧¬P)。所以直接通过看图读出了要证明的结论。

另外,某些命题逻辑中的规则,如德摩根规则和分离规则,在多模态视域下的存在图系统中能更高效地表示出来。

笔者认为,之所以多模态视域下存在图的演算效率高于符号逻辑视域下的存在图系统和符号逻辑,是因为充分利用了图形的可视性质,一方面图形表示只用切和并置两个句法装置就能够表示符号逻辑中否定、合取、析取、条件和等价五个连接符。而只有两个连接符的符号系统,虽然完全,但使用起来却不方便。相比之下,多模态视域下的存在图的系统比符号逻辑的句法手段少,却没有因此而像符号逻辑一样出现使用不方便的问题。另一方面图形可视表示和多样切割原则,使我们能从同一个多模态视域下的 Alpha 图中获得多个信息,从而在推演中省去一些步骤,更容易达到结论。相反,德奥给出的形式 Alpha 图的数学表示和推演则显得非常的烦琐。

那么图形的可视性质何以能够带给我们演算效率上的如此的优势呢?这与图形表示中的"搭便车"现象有关。搭便车现象是图形表示中的一种普

---

① 参见第三章第三节。

遍现象。先看以下几个事实。

拉金(Larkin)和西蒙(Simon)①注意到如下的两个事实:(1)在纸上画被横向切断的一对平行直线生成了由对应的平行线和横线定义的8个角,4个外角和4个内角;(2)在纸上画一个矩形和它的两条对角线,生成了相应对角线的一个交点。他们对此评论道:"画图的过程产生了新的推理,它们的结果明确地展示在图形本身中……当然,同样的信息可以从文字表示中推导出来。但是后者的推理过程需要大量的计算,并且这些计算应该作为对两种表示系统的相对效率的评估的依据"。

林赛(Lindsay)也找到了类似的几何图形中的例子,并且讨论了某些几何图形"不需要明显地使用演绎规则,就能够画出推理"②的能力,他把拥有这种能力的表示系统称为"无演绎"(non-deductive)系统,并且说:这样的系统"不需要另外地构造推理的阶段,构造图形的过程就是形成推理的过程"。

巴威斯和艾克迪曼(Etchemendy)在研究运用图形进行推理时做出了如下评论:"图形是物理层面上的。我们认为它们存在,是因为我们可以看到它们。但是它们遵循它们自己的约束集。在 hyperproof 的例子中,当表示一个四面体 a 是大的时,大量其他的信息也会被图形表示出来。如果我们选择了合适的表示策略,即使得图形的约束条件与要表示的对象的约束条件相匹配,那么图形就会产生大量不需要推理就可以得到的信息。从而,使用者如果需要这些信息的话就可以将它们直接读出来"③。

上面三个事实中描述的就是图形表示中的"搭便车"现象。例如:用欧拉图表示命题(1)所有的 A 都是 B 和命题(2)所有的 B 都是 C,即下图6.9。

---

① Larkin,J. H. and Simon,H. A.,"Why a diagram is (sometimes) worth ten thousand words",*Cognitive Science*,Vol. 11,No. 1,1987,pp. 65—100.

② Lindsay,R. K.,"Images and inference",*Congitive*,Vol. 29,No. 3,1987,pp. 229—250.

③ Barwise,J. and Etchemendy,J.,"Hyperproof",*CLSI Lecture Notes*,Chicago:University of Chicago,1992,pp. 77—81.

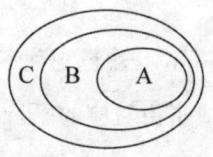

图 6.9

很容易从该图中得到命题(3)所有的 A 都是 C。如果抛开图形表示,命题(3)需由命题(1)和命题(2)推导才能得到。而事实上,我们是直接从图中"看出"或者"读出"了命题(3)。所以说,该图中提供了不需要推理就可以得到的新信息,也可以认为是"画图的过程中形成了推理",推理得到的新信息展示在了画好的图中。这个新信息就是"搭便车"的结果。

确切地说,搭便车现象是指这样一种情况:首先,使用者对某事物的表示进行一次操作,该操作是为了表示指定的信息;其次,操作后的表示以某种方式提供了与操作前的指定信息不同的新信息;最后,该信息是由原信息推理得到的结果,但不需要推理过程。

下岛对图形的搭便车现象也做了非形式的分析,并且用实例检查了他的分析。他认为,搭便车现象解释了为什么图形表示系统的效率高于其他表示系统的效率,并且它还给推理者提供了很多备用的推理结果,这些推理结果对推理者可能有别的用处。通过研究大量的实例,下岛证明搭便车现象提高了许多不同类型的系统的效率,这些系统包括欧拉图系统、文恩图系统、某些地图系统、Hyperproof 图系统、Funt 的木块图系统①以及几何图系统。下岛还证明了这种现象很大程度上取决于控制表示结构的约束条件,以及这些约束条件与控制目标关系的约束条件之间的匹配。

现在回到存在图,举个例子来展示存在图中的搭便车现象。例如:在 Alpha 中,为了表示 A∧B,在空白的 SA 上画 A B,该图不仅表示 A∧B,而且还能得到 B∧A,而 B∧A 是 A∧B 运用推理规则得到的新命题。由于可

---

① Funt,B. V.,"Problem—solving with diagrammatic representations",*Artificial Intelligence*,Vol. 13,No. 3,1980,pp. 201—230.

以从图中直接得到 B∧A,所以不需要推理过程。由上面的例子可知,正是由于存在图中有搭便车现象,所以存在图才没有唯一的读法,一个存在图才不是唯一的表示一个命题。还是上面的例子,给定一个 Alpha 图 A B,我们可以从左往右读得到 A∧B,也可以从右往左读得到 B∧A。也就是说,给定某个命题,一旦画出了表示这个命题的存在图,同时也可以得到由这个命题推理得到的某些其他命题。反过来,给定一幅存在图,可以得到不同但等价的命题。从而才有了多模态视域下存在图的多样读法和相应的推理规则,并且才有可能在不增加句法元素的情况下,进行高效率的演算。

综上,搭便车是图形表示系统中特有的现象。我们抵制它,系统的推理效率就会降低;我们接受它、利用它,系统的推理效率就会提高。符号逻辑中没有图形表示,因而也就没有搭便车现象;符号逻辑视域下的存在图,用数学符号表示存在图及其推理规则,因而把原有的搭便车现象取消了。只有多模态视域下的存在图充分地利用了搭便车现象,所以多模态视域下存在图的演算效率显然是最高的。由于德奥提出的严密性问题暂时还得不到解决,所以我们仍需要继续研究和改进多模态视域下的存在图。但是不能像在符号逻辑视域下处理存在图一样,通过牺牲图形的可视性质来确保它的严密性。

第三节　皮尔斯存在图的"存在假设"

本节比较不同视域下存在图与实在的相关性。本节的标题拟法与前两节类似，即一方面是为了点出三种视域下存在图比较的角度。因为皮尔斯在《现象学原理》一书中，将实在看成是存在的形态①，而实用主义证明视域下的存在图又指向了实在，所以实用主义证明视域下的存在图指向存在的形态，在这个意义上，笔者说存在图"存在"②。另一方面是为了点出比较的结果，在实用主义证明中，存在图分别被看成科学实验、博弈者的画图游戏和解释指号的过程，从而得出存在图指向实在③。我们比较的结果显示其他视域下的存在图与实在并无关联，因而只有实用主义证明视域下存在图是"存在"的。

我们在第五章中已经论述了实用主义证明视域下的存在图与实在的相关性，所以这里不再赘述。

而符号逻辑视域下的存在图既然是数理逻辑的图形表示，那么它应该属于数理逻辑范畴。众所周知，数理逻辑系统中的"真"与"假"，只是该系统语义上的一种赋值，与现实并没有实质的联系。具体到符号逻辑视域下的存在图，罗伯茨认为："被断言页表示的论域不必在真实的世界中存在。因为形式逻辑学家对于他分析的命题是否在事实上存在不感兴趣。不论它们

---

① 参见第四章第四节。
② 本节标题引号中"存在"一词与存在图名称中的"存在"一词不可混淆。存在图名称中的"存在"一词，是指存在图的研究目的是为了描述"存在关系"，而皮尔斯的"存在关系"中的"存在"的含义是什么，目前的研究没有给出定论。所以须将本节标题引号中的"存在"一词与存在图名称中的"存在"一词区别开来，二者的含义有可能有不同的地方。
③ 参见第四章第四节。

是否在事实上存在,逻辑学家考虑的是它们之间确定的关系"①。为了方便,逻辑研究常常分析事实上不存在的有时甚至是荒谬的命题,所以这里的世界是想象的或虚拟的。形式逻辑学家只对命题的形式(即命题间的真关系)感兴趣,命题的物质性(它们的真或假)不在他的考虑范围之内。因此我们说符号逻辑视域下的存在图与现实没有关联,也就是说这里的存在图并不指向实在。

而多模态视域下的存在图同样不指向实在,因为从整体来看,多模态视域下的存在图,与符号逻辑视域下的存在图相比,只是在读法和转换规则上做了不同的处理,其语义与后者是相同的,或者说可以用同样的方式给出两种视域下存在图的语义。因而我们说多模态视域下的存在图与实在不相关,也即不是"存在"的。

那么为什么只有实用主义证明视域下的存在图指向实在呢?这与皮尔斯的逻辑观有关。下面大致地讨论一下皮尔斯对逻辑的看法。

首先,查看皮尔斯对学科的划分。因为学科的划分,往往是以学科之间实质性的不同点为依据的。而且在逻辑学中,定义和划分具有非常密切的联系,划分可以使定义变得更加清楚明白。在皮尔斯心中唯有科学的方法才能确定信念,消除怀疑,所以全部的学科都应该是科学。任何一门学科都是科学的一个分支。为了很好地划分学科和定位学科之间的关系,皮尔斯在 1903 年的《有关某些逻辑论题的教学提纲》中提出了他的自然分类法,并且对科学做了如下的划分,即图 6.10。

如图 6.10 所示:

(1) 皮尔斯把总的科学分为三大部分:发现型科学(Science of Discovery)、述评型科学(Science of Review)以及实践型科学(Practical Sci-

---

① Roberts, D. D., *The existential graphs of Charles S. Peirce*, The Hague: Mouton, 1973.

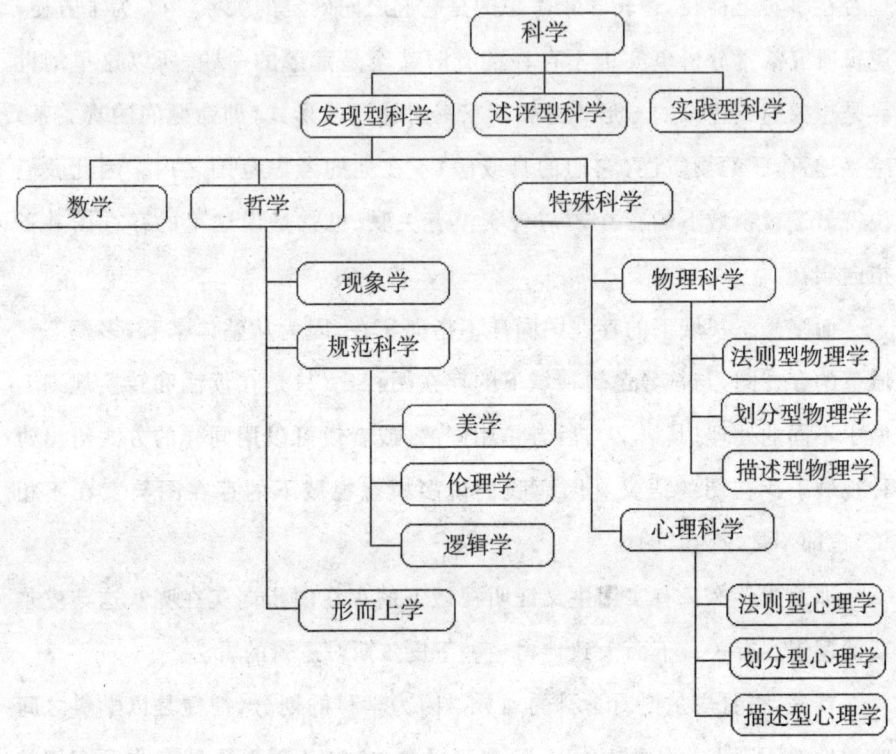

图 6.10①

ence),这样划分的主要依据是科学活动的不同目的。发现型科学是为追求真理而进行的探索新知识的科学,又称为探索型科学(heuristic science)或解说型科学(explanatory Science)。

(2)皮尔斯把发现型科学又分为:数学、哲学及特殊科学,这样划分的主要依据是科学探索时所采用的不同的观察方式。哲学所采用的一种共通的观察方式,这种观察是每一个正常人在大部分清醒的时候无需借助任何工具或仪器都能经验到的;特殊科学所采用的观察方式与哲学的观察方式正好相反,是一种专门的观察途径,观察者通常要通过专业的精密仪器来进行

---

① 此图引自张留华:《数学、指号学与实用主义》,华东师范大学博士学位论文,2011年。

观察。在这个意义上,皮尔斯把哲学称为通视①(Cenoscopy)科学。哲学是探求关于实在的真理,它从经验中获得前提(premises),;它不仅仅关注现存实在,而且关注潜在性存在;它观察的是渗透于经验之中的普遍现象。

(3)皮尔斯把哲学分为现象学、规范科学和形而上学,这样划分的主要依据是哲学做通视观察的不同的目的。其中规范科学的目的是要把应然的与非应然的东西区分开来。

(4)皮尔斯把规范科学分为美学、伦理学和逻辑学三个类别,其中美学是有关理想(ideal)的规范科学,伦理学是相关于操行(conduct)的规范科学,逻辑学是相关于思想(thought)的规范科学。

从图 6.10 中查看逻辑学的位置,可以看到:(1)逻辑学归属于规范科学,规范科学归属于哲学,哲学归属于发现型科学,发现型科学归属到总的科学。(2)逻辑学在规范科学中处于美学、伦理学之后;规范科学则处于现象学之后,形而上学之前;哲学处于数学之后,特殊科学之前。这两点即是皮尔斯对逻辑的定位。

其次,根据皮尔斯对科学的划分具体分析他对逻辑的看法。

(1)逻辑学是一门实证科学。因为逻辑学归属于哲学,所以上述的哲学特征显然也适用于逻辑学。所以逻辑学也是采用共通观察方式的通视科学,它也是侧重于对普遍现象本身进行分析。逻辑学对特殊的具体事物并不关心,而是着重分析对人类思维中的普遍现象。② 一般地说,逻辑学家对于一个命题是否具有存在意义上的真(existentially true)不感兴趣,他们关心的是前提到结论之间的必然关系。

然而,在皮尔斯看来,逻辑学是一门区分好坏的推理分类科学,并且他把逻辑学归属为一门实证科学。他说,"正是通过断言一些实证的、直接的

---

① 此术语来源于边沁(Jeremy Bentham),转引自张留华:《数学、指号学与实用主义》,华东师范大学博士学位论文,2011 年。

② CP8.343.

事实,逻辑学才有可能判断区分什么是好的推理,什么是坏的推理"①。而且逻辑学所关心的有效推理也是源自日常生活中的事实的。逻辑学具有实证这一特征是皮尔斯长期从事逻辑学研究得出的结论,也是他在逻辑教学中的深刻体会。

皮尔斯在1877年的"科学逻辑阐释系列"论文中的《信念的确定》一义中就描述过拉瓦锡(Antoine Lavoisier)化学研究中的新的推理方法。他说:"以前的化学家的格言是'阅读,阅读,阅读,操作,祈祷,然后重新阅读'(Lege,lege,lege,labora,ora, et relege)。拉瓦锡的方法不是阅读然后祈祷,而是构思一个长期而复杂的化学过程将有某种效果,然后耐心将其付诸实施,在经过不可避免的失败后,再构思对其进行某种改进后它将会有另一种效果,而最后将最新构思作为结果发表出来。他的方法是将酝酿好的想法付诸实验,然后利用实验仪器作为思维的工具,代替语言和构想,在对实物进行操作的过程中,一种新的推理概念就会产生,即推理被看作是需要睁大眼睛去做的事情"②。

1887年在约翰·霍普金斯大学教授逻辑学期间,皮尔斯并不提倡在逻辑学学习中机械地做很多逻辑训练,而是教导学生们更多地研究实际生活中的推理。关于他教授的逻辑学课程,他评论说:"我起初对形式逻辑有一种狂热的崇拜。但是,对关系逻辑的研究使我从这一极端信仰中走了出来。形式逻辑主要关注的对象是推理中最微不足道的部分,这个部分很枯燥完全有可能由机器代为处理;那些形式逻辑的信徒都以为那是我们内心中最核心的部分。我恰恰认为,推理是借助图形符号对关系的观察。这是一个非常生动的过程。这就是我对所教授的逻辑学的观点。我经常指出学生们不好的推理习惯;我告诉他们光凭大脑并不能很好完成一个推理,而是同时需要眼睛和手并用。我努力使他们明白,推理就是一种思维的实验,在这些

---

① EP2:144.
② EP1:111.

第六章 皮尔斯存在图多可读性的底层逻辑

实验中,我们不是依赖清晰的外部自然规律来得出结果,而是求助于相同但却潜于我们内心的规律。我手把手教他们理解这种实验,并让他们尝试在实际推理中采用这种实验的方式得到结论。我要求他们掌握各种有助于展开想象的图形,并教授他们如何构造这些图形。我告诉他们抽象思维在推理中仅起到辅助和启发的作用"①。

晚年,在向卡耐基学院资助基金的申请计划书中,皮尔斯颇为愉快地描述了自己对逻辑观念的革新:"我在很小的时候就沐浴了实证科学特别是精确科学的精神特质;而且那些科学方法很快使我入了迷;于是,在大学毕业以后,于1859年,我决定把毕生的经历都贡献给这项研究;然而,事实上,与其说是一种决定还不如说是一种具有某种神圣性的使命。……因为我把逻辑学看作是一门科学,就像各种具体科学,如化学,一样……让自己的研究尽可能特殊化、细致化、精确化,而且能够经受经验的考验,同时由于之前的逻辑学几乎没有被如此研究过,所以大量的新发现向我扑面而来,让人无暇应接"②。

更进一步,他认为他的新逻辑观对当时的多种科学分支有普遍的积极作用。皮尔斯说:"我相信,科学正处在一个极其重要的点上,此时所需要的正是一种真正科学的逻辑学,只有这样的逻辑学才能够推动科学事业的进步。展望科学的未来,我认为它将会进入一个类似于青春期的阶段。是时候除掉它陈旧的观念了;然而,很明显,如果采用其他观念都不可避免地要面对其潜在的重大风险。这样一来,逻辑学就将占据重要的位置,从而发挥巨大的作用"。

---

① Peirce, C. S., *Writings of Charles S. Peirce: A chronological edition*, Peirce Edition Project (eds.), Bloomington and Indianapolis: Indiana University Press, 1982—2010.

② Brent, J. L., *Charles Sanders Peirce: A life. Revised and Enlarged*, Indianapolis: Indiana University Press, 1998.

皮尔斯将逻辑学定性为一门实证科学，不仅是对逻辑学概念的革新，而且表明了皮尔斯逻辑学研究的新方向。因为在皮尔斯看来，研究逻辑学首要的任务是从日常生活中的有效的推理实践（当然也包括了所有的科学探索活动）中去体悟逻辑学，而不是用人为的演绎的逻辑观或归纳的逻辑观去为推理实践"立法"进而对其"评判"。这为逻辑学的发展开辟了更为广阔的空间。皮尔斯认为，我们应该将逻辑学放在一种开放环境之中，让它有自己的成长空间，这种空间不仅仅局限于逻辑学的学术圈子，而是应该将其放大到整个日常生活和科学探索活动。逻辑学的发展不能仅依赖于书斋里的逻辑学家，而是要从日常生活和科学探索活动中吸取养料，提炼新的研究路径和方法，在经验中逐渐完善自己。

因此，总体来看，皮尔斯的新逻辑学是一种特殊的经验逻辑学。因为它离不开人们的日常生活和科学探索，离不开人们的实际经验。用皮尔斯的话来说，①或者其他各门具体科学为逻辑学提供了方法上的训练；②或者逻辑学本身就是人们长期积累的一种经验。

（2）逻辑学作为一种指号学。皮尔斯的逻辑科学不仅是一门实证科学，而且是一种包罗广泛的广义逻辑学。可以看到，在皮尔斯看来，所有的思想活动都是通过指号体现出来的。因此逻辑学作为一门规范科学，实际就是一种规范指号（Normative Semiotic）的学说[1]，它是研究指号的普遍法则的科学。根据皮尔斯，规范科学总体上是关于事物合目的的法则的科学，美学关心的是关于事物如何具体表现出它们的感性特征，伦理学关心的是关于事物合目的的实践活动，而逻辑学关心的则是关于如何事物（即指号）合目的的表示事物（Represent Something）。[2] 皮尔斯注意到了可能存在的质疑，因为一般意义上的惯常逻辑学（logic proper）是指由一些基本的假设出发，如要么为真要么为假的一些断言或被确定为真的一些命题，然后推导出

---

[1] CP2.111.
[2] CP5.125.

一些新的断言或真命题,然后再分析推导过程的步骤,对每一个步骤继续细分,从而确定该推导过程是否有效和有效的程度。所以他指出,"一般意义上的惯常逻辑学是对论证的评判,是为了确定某个论证是'好'的还是'坏'的"①;虽然大家普遍都认为这种理论就是全部的逻辑学,但事实上与"逻辑学"相比,批判论这个名称更能体系出这门学科的特征,当然它仍然应归属于逻辑学,所以我们进一步称它为批判逻辑学(Critical Logic)。因此,皮尔斯对逻辑学做了更为细致的划分,即逻辑学作为指号学,根据指号间关系的不同,分为理论语法(Speculative Grammar)、批判论(Critic)和理论修辞(Speculative Rhetoric)三个部分。虽然在学术的历史长河中逻辑的定义有很多种,甚至连皮尔斯本人在不同的时期或不同的场合也对逻辑学有着不同的理解。但是对于逻辑学的本质,"皮尔斯的核心观念始终是保持一致的,逻辑学被认为是一个特殊的独创性概念,他的其他各种说法只是这个核心观念的不同阐述或不同侧面的描述……而且……这个核心观念指引着他对逻辑学补充和完善"②。这种关于逻辑学本质的核心观念就是:逻辑学是作为规范科学的一种指号理论。以这个观念为基础,皮尔斯认为,在某种意义上考察的认识论或方法论问题甚至考察的语法或修辞问题都应该纳入逻辑学之中。

综上所述,我们可以得到,皮尔斯心目中的逻辑学至少有两个内涵:①是一门通识的实证科学;②是一种相关指号的规范科学。根据①可以知道存在图也是一门实证科学,与人们的实际经验密切相关,因而存在图指向实在这一观点是有意义的。②则向我们展示存在图的另一种内涵,即指号学。根据皮尔斯,存在图应与逻辑学的其他分支构成一个有机的整体,即广义逻辑学。而且思维活动由指号体现出来,具体到存在图,即存在图是由指号构

---

① CP5.108.
② Dipert,R.R.,"Peirce's deductive logic:Its development, influence,and philosophical significance", In Misak,C.(ed.), *The Cambridge Companion to Peirce*, Cambridge:Cambridge University Press,2004.

成的,那么一个存在图就是一个稍复杂的指号。根据皮尔斯指号学中的对象—指号—解释项的三元结构,所谓存在图指向实在,就是说存在图作为指号表示的对象是实在。当然我们不能简单地将每一个存在图都理解为代表一个具体的实在,或许应该将存在图作为一个整体,从整体上代表世界真实的存在状态。

第四节 回到皮尔斯对存在图的设计

本节将回到皮尔斯对存在图的原初思想,检查三种视域下的存在图与皮尔斯的原初思想有无不一致的地方。如果某种视域下的存在图与皮尔斯的原初思想有不一致的地方,那么这种视域下的存在图或许被认为是对皮尔斯存在图的一种误读,或许我们就不能将皮尔斯的名字加在该视域下的存在图之前了。但是反过来,即便该视域下的存在图确实与皮尔斯的原初思想有不一致的地方,那它也是后人在皮尔斯原初思想基础上的一种发展,它与其他逻辑学的分支一样,都丰富了逻辑学这门古老的学科。因此,三种视域下的存在图与皮尔斯的原初思想相比,不论有无不一致的地方,都是对皮尔斯存在图的解读,都是在继承皮尔斯原初思想基础上对存在图的改进和完善。本节的目的并不是要清除三种视域下存在图与皮尔斯原初思想不一致的地方,而是要在这种审视和比较中更进一步的理解和认识存在图。

首先,比较符号逻辑视域下的存在图和皮尔斯的原初思想。众所周知,皮尔斯偏爱用图形方法表示推理。由皮尔斯存在图的思想来源和发明过程[1]可知,他甚至认为数学公式也是一种可观察的图形(diagram)。虽然皮尔斯早在1880年到1885年期间发展了他的一般关系代数(gengral algebra of relations),但是他从1882年起就开始了图式逻辑发明和研究,并且直到1914年去世他还在为完成存在图的 Gamma 部分而努力着。虽然皮尔斯对现代符号逻辑有很大的贡献,被誉为现代符号逻辑的奠基人之一。但是皮尔斯对代数记法并不满意,用图形方法表示的存在图才是他的"杰作"。皮尔斯研究逻辑学的思路是从代数记法转到图形记法,因为在他看来,图形记法更简单而其使用起来更方便。

---

[1] 参见第一章第一节、第二节。

相比之下,符号逻辑视域下对存在图的处理方式似乎与皮尔斯正好相反。为了保证存在图的严密性,不得不把存在图定义为一种抽象的数学结构,由于图形表示中的内容具体性现象,并不能用存在图的图形副本直接表示这种抽象的结构,所以最后不得不求助于数学符号,将存在图形式化。虽然对存在图的形式化保证了它的严密性,但是需要用一个五元结构来表示一个形式的存在图。用数学符号仅仅是表示一个形式的存在图就已经显得烦琐且笨拙了,更不用说表示一个推理过程了。最重要的是用数学符号表示的形式的存在图里几乎没有图形元素,图形的可视性质被取消了。因此,我们与皮尔斯走的路正好相反,或许一开始我们就已经和皮尔斯分道扬镳了。

但是,回过头想想,我们是因为什么原因才要形式化存在图的?是因为无法保证存在图系统是严密的逻辑系统。符号逻辑视域之外的存在图都无法给出精确的阐述。① 从目前的研究情况来看,还没有很好的办法消除图形表示中的内容具体性现象。所以为了保证存在图系统的严密性,只能牺牲存在图的图形记法,转向数学符号记法。皮尔斯的原初思想中并没有提及存在图的严密性问题,因为在他的心目中存在图的严密性是无需多虑的,当他说图形表示的逻辑系统是可能的时候,也就意味着严密的图形表示系统是可能的。从皮尔斯从小的数学训练和他研究关系代数的情况来看,他不可能不关心一个系统的严密性。因此,符号逻辑视域下的存在图与皮尔斯对存在图的原初思想中,都有严密性这个要求。在这个意义上,符号逻辑视域下对存在图的解读不仅没有偏离皮尔斯的想法,而且是在皮尔斯存在图的基础上向前更进了一步。

其次,比较多模态视域下的存在图与皮尔斯的原初思想。实际我们在第四章的最后一节中已经讨论过皮尔斯关于逻辑系统和演算系统的区分,且皮尔斯本意是要把存在图作为一个研究推理的逻辑系统,而不是演算系

---

① 参见本章第一节。

第六章 皮尔斯存在图多可读性的底层逻辑

统。而且从皮尔斯的逻辑观[①]来看,纯粹的演算系统甚至不应该被纳入逻辑科学的范围之内。但是申顺珠却认为由于图形的可视性质,把存在图做成一个高效的演算系统并不影响存在图作为逻辑系统的功能[②]。她还认为逻辑系统和演算系统在某种情况下可以兼容,如图形表示的系统。

但是我们知道皮尔斯把存在图区分为图和图例[③],图是指世界任何可能状态的一种表达,而图例是指一个图的一次出现。也就是说,一个图只要出现在断言页上,那它必然是图例。因为不可能把断言页上的一个图形称为图,而把另一个同样的图称为图例,也不可能同时把一个图形既称为图又称为图例。虽然皮尔斯这里的图的含义并不十分明确,但我们至少可以看出他的图应该是一个抽象的概念。回忆第四章第三节申顺珠的多样切割原则和多样读法算法,显然申顺珠的操作都是建立在图例层面的。因为我们显然不可能观察到抽象的图。笔者认为,皮尔斯之所以只给出存在图的"Endoporeutic"读法,而没有像申顺珠一样发展出多样读法算法,一方面是因为上述的存在图是作为一个逻辑系统而不是演算系统,另一方面主要是因为皮尔斯认为图例只是图出现在断言页上的形态,而思维的真正对象则应该是图本身。如果按照申顺珠的方式处理存在图,那么图例就成了思维的对象,本来应该是图的表示,现在却成了图本身。申顺珠在这里混淆了图和图例,没有在图和图例之间作区分。还有一种合理的解释是申顺珠在直接操作抽象的图,也就是说,她思维中的是抽象的图,而实际操作的是图例。但毕竟图和图例是有差别的,这样操作出错的几率就会明显增加。皮尔斯和申顺珠处理存在图最大的不同之处在于皮尔斯是以某个世界的可能状态为出发点,再用图来表示这个状态,再用图例表示图;而申顺珠则没有区分图和图例,我们用加了引号的图来表示申顺珠的图形,即"图",她是通过多样切割原则,从一个"图"中直接读出多个世界可能的状态。从而似乎申顺珠

---

① 参见本章第三节。
② 参见第三章第四节。
③ 参见第二章第一节。

也违背了皮尔斯对存在图的原初思想。

然而,回忆第四章的内容可知,申顺珠的工作是建立在充分发挥图形的可视性质基础之上的,正是因为图形的二维性,才有可能以不同的方式切割图和读图。而皮尔斯偏爱图形的原因也正是它的可视性质,他认为数学公式的缺点就是缺乏可视性质,而且图形的可视性质可以使逻辑系统更简单且更容易使用。当年皮尔斯把关于存在图的论文寄给《一元论者》的编辑却没有得到回应;近一个世纪以后的申顺珠对逻辑图有和他一样的兴趣,并且她一直积极地为图形在逻辑学中的地位辩护。从这个意义上讲,申顺珠才是皮尔斯图式逻辑真正的拥护者。

最后比较实用主义证明视域下的存在图与皮尔斯的原创思想。从上节的内容中,可以知道实用主义证明视域下的存在图指向实在是符合皮尔斯的逻辑观的。而且皮尔斯对现实可能性的证明中也可以体现出这一点。[①] 实际上皮尔塔瑞南和徐鹏对实用主义证明的重构是为了实现1905年皮尔斯在《一元论者》上发表的实用主义系列论文中的承诺。他们的证明可以说是紧扣皮尔斯思想的。

然而,一些学者指出,虽然皮尔塔瑞南给出的实用主义证明是严格的,但是在他的证明中却没有体现出皮尔斯一直强调的连续性。[②] 而皮尔斯的连续论体现在存在图上就是对可能的表示,即存在图的Gamma部分。回忆第五章第二节的内容可知,皮尔塔瑞南在他的实用主义证明中确实没有提到关于可能性的问题,而皮尔斯则认为,现实的可能性不仅是存在的,而且是可以用存在图表示的,即存在图指向的实在中包含有可能性。在这个意义上,徐鹏也认为皮尔塔瑞南证明的只是皮尔斯实用主义的原始表述。因此有理由认为,皮尔塔瑞南对实用主义证明的重构并没有完全到达皮尔斯当时的期望,他的存在图没有指向现实的可能性。从而我们似乎可以得出结论:皮尔塔瑞南的存在图与皮尔斯的不同。但是皮尔塔瑞南给出的存在

---

① 参见第四章第三节、第五节。
② 参见第四章第三节。

第六章 皮尔斯存在图多可读性的底层逻辑

图的博弈论语义学也是来源于皮尔斯？皮尔斯本人的观点在这里出现了矛盾。事实上这正是皮尔斯学说的一个特点。例如他一再强调存在图是一个逻辑系统不是演算系统,而逻辑系统是用来研究有效推理的不能用作逻辑工具。但是他却又把存在图作为了实用主义证明的逻辑工具。再如他坚决反对英国密尔和德国西格瓦的心理主义逻辑学,反对把逻辑工作完全主观化、个人化,并坚持在指号学语境下开展逻辑研究,强调心理、生理、语言等具体的描述事实与逻辑推理的不相关。但同时他始终认为,作为规范科学,逻辑学是有关思想法则的科学,逻辑学以助益思想为要务,推理中也总是设定某种心灵事实,不关注心灵和思想本身的逻辑学只会沦为琐碎的形式主义。甚至可以说,我们的逻辑其实就是"有关心灵运作的逻辑"。所以,在这个意义上,皮尔塔瑞南并没有偏离皮尔斯,反而是皮尔斯自己"偏离"了自己。

第五节　皮尔斯存在图的"三相"结构

本节讨论三种视域下的存在图的特点能否兼容，也就是说三种视域下的存在图的三个特点中的某两个或者三个能否在同一情形中同时出现。因为前述内容中，三种视域下对存在图的理解似有矛盾的地方，如果这些矛盾得到确认，那么就不可能将不同视域下存在图的三个特点中的某两个或三个在同一情形中同时都表现出来。就如同物理学中光的波粒二相性，当在实验中观察到光的波动性时，就无法观察到它的粒子性；反之在实验中观察到光的粒子性时，就无法观察到它的波动性。通过比较，我们发现三种视域下的存在图的特点是不兼容的，应而存在图有"三相"性。

首先，我们来看实用主义证明视域下的存在图与其他两个视域下的存在图。实用主义证明视域下的存在图是指向实在的，或者说该视域下存在图与实在有某种关联，而本章第三节已经给出结论其他两种视域下存在图与实在没有相关性。或许可以给符号逻辑视域下的存在图赋值指向实在，即存在图为真表示现实世界某种可能的状态。一个明显的问题就在于具有模态特征和高阶特征的 Gamma 图上。前述第五章第三节、第五节我们已经看到皮尔斯通过用 Gamma 图可以表示可能世界，从而证明可能的现实性。因为他认为现实性必须在逻辑框架之内。反过来，既然存在图指向实在，那么如果我们扩展了存在图，就必须在现实中找到一个它的解释，如果找不到，那么这部分存在图就无法指向现实。例如我们想把 Gamma 系统完整地做出来，那么必须先给 Gamma 未完成的部分在现实中找一个合理的解释，在这部分 Gamma 图和实在之间建立起某种关联。如果无法在 Gamma 未完成部分和实在之间建立起联系，那么就不能建立这部分 Gamma 图。也就是说，在扩展系统之前，须先找到它要描述的是现实中的什么，反之我们没

第六章 皮尔斯存在图多可读性的底层逻辑

有理由对系统扩展。所以如果给符号逻辑下存在图赋值指向实在的话,将无法仅根据句法扩展系统。从而,在这个意义上,存在图指向实在与存在图的严密性无法兼容。需要注意的是,也许在某一个证明中能够实现是存在图既指向实在又具有严密性,但我们关心的是整个系统的情况,这种特例并不能帮助我们认识存在图的本性。类似的,可以得到存在图指向实在与存在图的高效性无法兼容。

其次,我们来看符号逻辑视域下的存在图与多模态视域下的存在图。根据本章前几节的内容,总结两种视域下存在图的不同点为:(1)对存在图概念的理解不同。符号逻辑视域下存在图是一个抽象的数学结构。区分了图和图的图形副本。画在断言页上的具体的图只是某个形式的存在图的一个图形副本。多模态视域下存在图实际上没有能够区分图和图的图形副本。申顺珠的多样切割原则与多样读法算法都是对具体的图的直接操作。(2)图形的地位不同。符号逻辑视域下存在图中的图形只是存在图的图形表示,一个形式的存在图可以有很多的图形副本,而一个图形副本只能唯一地表示一个形式的存在图。存在图的严密性依赖于数学符号表示、数学定义和数学证明。显然符号比图形更重要,甚至具体的图形在这里仅仅是一种摆设。多模态视域下存在图则不同,它最重要的特点就是要充分利用图形的可视性质,把存在图看成是一个由图形和符号共同构成的异质系统,把图形和符号放到同等重要的地位。存在图的多样切割原则与多样读法算法都依赖于图形的可视性质。(3)表示存在图所用的指号不同。形式的存在图可以完全用数学符号来表示,而多模态视域下的存在图却需要用具体的图形来表示。

符号逻辑视域下的存在图与多模态视域下的存在图,一个具有严密性,一个具有高效性,我们很自然会想到让二者兼容起来,那样就得到了一个既具有严密性又具有高效性的完美的系统。然而从上述二者的不同点来看,这种"不同"是无法消去的,也就是说无法使存在图既区分图和图形副本又不作这种区分;既使图形的地位低于符号又使它们的地位相同;既纯粹用数学符号表示又运用图形表示。从而两种视域下存在图的特点不能兼容。

综上，三种视域下存在图的特点都不能兼容，因此我们说存在图具有"三相"结构。

结　语

  我们研究存在图多可读性的整体思路是首先回到它的源头皮尔斯那里去，了解皮尔斯对存在图的原初想法，了解存在图系统基本结构及其逻辑特性。然后再探索皮尔斯存在图不同于符号逻辑系统的最显著的特征——存在图的多可读性。对于存在图多可读性的梳理与介绍从表象逻辑与深层逻辑两个层面入手。从表象逻辑来看，存在图多可读性包括了皮尔斯的"endoporeutic"读法、申顺珠的"NNF"读法和"MR 多样"读法，以及泽曼、罗伯茨和申顺珠对 Beta 图的不同处理。从深层逻辑来看，现代学者对存在图大致有三种不同的看法，即符号逻辑视域下的存在图、多模态视域下的存在图和实用主义证明视域下的存在图。然后我们进一步分析了皮尔斯存在图之所以具有多可读性的原因，即存在图多可读性的底层逻辑。最后我们得到了皮尔斯存在图具有"三相"结构总体的轮廓。本文具体工作内容如下：

  1. 首先分析了皮尔斯所处时代的文化背景，讨论了皮尔斯"思维动画"的思想与美国电影的发明与传播之间可能的文化联系，但似乎并没有确实的证据能够证明这种联系。以及皮尔斯发明存在图的思想来源，即数学、化学图和肯普的数学形式理论。这里需要强调，皮尔斯一开始就把数学看成是一门"眼睛的科学"，强调数学与观察的关系，并认为数学公式也是一种图 (diagram)。虽然这里的图并不是他指号学"三分法"里提到的像标，而是一个更宽泛的概念，但是这体现了他对可视性质的敏感和重视。从而很容易理解随后他对化学图和肯普的图形记法的兴趣。然后描述了皮尔斯发明存在图经历的三个关键点,即1882年在给他的学生米切尔的信中提到的关系逻辑图、1887年发表在《一元论者》上的本质图以及1906年同样发表在《一元论者》上的存在图。皮尔斯认为存在图是这些图式系统中最自然最简单的。随后我们介绍了皮尔斯存在图的Alpha部分,给出了Alpha的五条约定和五条图形转化规则。最后经过分析得出在皮尔斯的心目中存在图是严密、简单和自然的逻辑系统,并且它是实用主义证明的理想的逻辑工具,它是"未来之逻辑"。

2. 介绍了皮尔斯存在图多可读性的表象逻辑,即存在图系统内的多可读性。就是存在图在单一表示命题和推理时的多种读法。皮尔斯自己给出的读法是从外到内的"endoporeutic"读法,申顺珠给出了"NNF"读法和"MR多样"读法,为了进一步展示不同的读法对于句法方面处理的差异,我们分别介绍并粗略比较了泽曼、罗伯茨和申顺珠对于存在图更加复杂的情况下(Beta图)的不同处理方法。

3. 介绍了皮尔斯存在图多可读性的深层逻辑,即分别介绍了符号逻辑视域下、多模态视域下、实用主义证明视域下对存在图的不同解读。

符号逻辑是现代数理逻辑的典范,所以存在图的逻辑身份要想被认可,就必须经历符号逻辑视域的"考验"。泽曼、索瓦、伯奇等人都是从符号逻辑的视域解读存在图的,他们分别将存在图的Alpha、Beta部分翻译为经典命题演算和带等词的一阶谓词演算。德奥的工作最为完善,将存在图定义为抽象的数学结构。他把存在图形式化,并将它做成了一个形式的、图式的数理逻辑系统。

多模态视域下存在图中的符号和图形处于同等重要的地位,因而图形的可视性质得到了充分的挖掘。申顺珠是从多模态视域解读存在图的代表,她对存在图的符号特性做了具体分析,给出了存在图的多样算法、多样切割原则和相应的推理规则,把存在图做成了一个高效率的演算系统。

用存在图给出实用主义的证明是皮尔斯于1906年在《一元论者》上发表

的实用主义系列论文中做出的承诺。首先对皮尔斯的实用主义和证明两个概念做了大致的分析,然后分别介绍了皮特莱宁和徐鹏重构的皮尔斯实用主义证明。皮特莱宁的证明是基于博弈论语义学的,而徐鹏则认为存在图本身即是实用主义的一个证明。最后通过分析皮尔斯对可能的现实性的证明,得出离开实用主义证明,皮尔斯的存在图仍然与实在有着某种关联。

4. 基于前述的梳理分析,挖掘皮尔斯存在图多可读性的原因,即皮尔斯存在图多可读性的底层逻辑。首先比较了符号逻辑视域下存在图和多模态视域下存在图的严密性。认为多模态视域下的存在图没有定义句子符号,并列和单切以及等同线,等同线的自由端、分支和子图等存在图的基本术语,也没有区分图和图的图形副本,因而符号逻辑视域下的存在图严密性高于多模态视域下的存在图。其背后的原因在于图形表示中的"内容具体性"现象,内容具体性现象是指一个表示系统中的所有表示不得不将特定方面的内容具体化,它们不能孤立地表示信息,而不添加额外的信息。所以只有从符号逻辑的角度处理存在图,用数学符号来表示它,才能保证它的严密性。然后比较了符号逻辑视域下存在图与多模态逻辑视域下存在图的效率。很明显无论是对存在图的表示还是对推理的表示多模态视域下的存在图都占有较大的优势,原因在于多模态视域下的存在图充分发挥了图形的可视性质,也即该视域下的存在图利用图形表示中的"搭便车"现象,即我们在"画图的过程中形成了推理",得到了新的信息,从而节省了推理的成本。因此多模态视域下的存在图效率高于符号逻辑视域下的存在图。然后比较了三种视域下存在图与实在的相关性。通过分析皮尔斯的逻辑观,我们发现皮尔斯心目中的逻辑学是一门通识的实证科学,由此可知存在图也是一门实证科学,与人们的实际经验密切相关,因而存在图指向实在这一观点是有意义的。而符号逻辑视域下的存在图与多模态视域下的存在图的"真"与"假",只是该系统语义上的一种赋值,与现实并没有实质的联系。所以只有实用主义证明视域下的存在图是指向实在的。然后回到了皮尔斯原初思想,检查了三种视域下的存在图是否偏离了皮尔斯,经过分析,得出符号逻辑视域和多模态视域对存在图的处理虽然表面上与皮尔斯相冲突,但是在思想上它们并没有偏离皮尔斯,而实用主义视域下对存在图的处理是紧扣皮尔斯的。最后分析了三种视域下的存在图的特点可否兼容的问题,因为三种视域下的存在图各自的特点都是相互矛盾的,所以不能在同一情形中出现。从而得到了存在图的"三相"性。

虽然对皮尔斯存在图多可读性的各个侧面都做了分析和比较,但是依然无法解开存在图多可读性的谜团,从而无法得到存在图的整体轮廓。因为这些不同的"七巧板"之间是相互冲突的,无法把它们拼在一起构成一幅完整的图像。对此,我们做了如下的思考。

1. 存在图是"一个"事物吗?即我们应该认为不同视域下的存在图是对存在图本身的不同侧面的认识,还是应该把三种视域下的存在图认为是对皮尔斯存在图的发展,也就是说在不同的视域下发展出了新的存在图系统。如果是认同前者的看法,那么为什么不能把它们的特点兼容起来,这在以往的逻辑系统中是没有的。如果真的是像物理学中的光一样具有"二相"性,那么就得改变我们对于逻辑系统的看法,而且这种改变是根本的,是不容易做到的。我们也可以认同后者的看法,如将区分图和图形副本的存在图和不做这样区分的存在图看成两个系统,可是不同视域下的存在图并没有通过增加或改变句法元素或推理规则等方式对皮尔斯存在图进行扩展。这也与以往的逻辑系统有很大的不同。

2. 每一种视域下的存在图能否继续发展?以符号逻辑视域下存在图为例,能否在保证严密性的同时开发图形的可视性质,也就是说在符号逻辑视域的框架内利用图形的可视性质。如果这条路可以继续走下去,或许能够吸收多模态视域下和实用主义证明视域下存在图的处理方法,从而做出一个既有严密性、高效性又可以作为形而上学逻辑工具的存在图系统。显然这是最理想的情况。

3. 存在图是复杂的。这里的复杂主要是指存在图的研究涉及的不仅仅是逻辑学的内容,而且还有其他多个领域的内容。研究存在图一方面要回到皮尔斯的思想,如他对学科的划分,他的指号学理论,尤其是其中的"三分法",他的博弈论、他的实用主义学说还有他的实在论等;另一方面要涉及图形表示,而图形表示是跨越心灵哲学、心理学、认知科学等众多领域的研究主题。所以要想做好存在图的研究并不是一件容易的事情,也许正是因为它的复杂性,才出现了上述的"三相"性。

由此可见本书对存在图的研究还是比较粗浅的,我们并没有真正揭开存在图的神秘面纱,看到存在图的真面目,而是才刚刚碰触到真正的问题。正如爱因斯坦所说,我们对一个东西了解的越多,我们对这个东西不了解的地方也就越多。由此看来,本书的意义之一也许就在于让人们意识到研究存在图还有很长的路要走。

从皮尔斯存在图的思想来源和发明过程来看,他发明存在图的动力来自对图形的偏爱,这也是笔者研究存在图的动力。图形的直观可以把我们从符号的烦琐和复杂中解放出来。然而正如在导论第二部分中所描述的,图形表示因为它的"内容具体性"现象而在严格学术领域长期受到冷落,被认为只有启发和辅助作用。而近二十年来在数学和逻辑学等领域已有不少学者开始为恢复图形表示的重要地位而努力。随着人们对存在图研究的不断深入,存在图的逻辑地位逐渐得到了认可。因此本书对三种不同的视域出现的先后顺序的安排遵循了一条隐性的线索——人们对存在图的态度的变化。首先人们对存在图持一种怀疑的态度,并不能确定它是一个逻辑系统,所以我们用符号逻辑的视域来审视它,看它是否符合逻辑系统的定义①,看它是否严密。其次人们在存在图的严密性上的研究取得进展,并承认了它的逻辑身份之后,便开始重视它的可视性质,试图发现存在图图形表示的优点,所以从多模态的视域解读它。最后人们开始挖掘存在图的形而上学意义,用存在图重构皮尔斯的实用主义证明。这条线索显示了人们对存在图的态度,从怀疑到逐渐认可再到信任。对存在图的认可也就是对图形表示的认可,也就意味着图形表示的地位的提升。在图形表示的地位问题上,

---

① 泽曼首先证明了存在图的逻辑系统身份。参见导论第三部分。

笔者赞同申顺珠的看法，我们并不是要证明图形比符号更优越，而是想要充分研究不同的表示方式，进而掌握不同的表示方式的特点，从而将来我们可以方便地使用不同的表示方式发明新的逻辑系统，解决各种具体的问题。并且以此为基础，我们甚至可以建立图式逻辑的一般理论，为更好地发展逻辑学开辟新的路径。

参考文献

一、中文参考文献

〔芬兰〕阿赫提-维科·皮尔塔瑞南：《存在图：逻辑和认知》，刘新文译，载《哲学分析》，2014年第2期，第15—36页。

程橙：《皮尔斯存在图直观性辩护》，载《东岳论丛》，2018年第3期，第180—184页。

郭鸿：《索绪尔语言符号学与皮尔斯符号学两大理论系统的要点》，载《外语研究》，2004年第4期，第1—5页。

胡瑞娜、王姝慧：《皮尔斯符号学的实用主义特征及其后现代趋向》，载《科学技术与辩证法》，2007年第4期，第59—62页。

江天骥：《皮尔斯的符号学自然主义》，载《世界哲学》，2007年第2期，第19—23页。

〔美〕科尼利斯·瓦尔：《皮尔斯》，郝长墀译，北京：中华书局2014年版。

柯华庆：《从意义到实效：皮尔斯的实效主义哲学》，载《哲学研究》，2009年第9期，第89—94页。

李晓东：《"符号与价值：皮尔斯哲学中美学术研讨会"综述》，载《哲学动态》，2005年第8期，第68—69页。

刘新文：《图示逻辑：哲学逻辑的一个新分支》，载《哲学动态》，

2004 年第 7 期，第 26—31 页。

刘新文：《新版〈哲学逻辑手册〉的内容结构》，载《哲学动态》，2004 年第 8 期，第 46—48 页。

刘新文：《皮尔斯存在图研究》，载《世界哲学》，2006 年第 1 期，第 94—103 页。

刘新文：《逻辑图：从古典到形式化的发展》，载《湖南科技大学学报（社会科学版）》，2006 年第 4 期，第 25—29 页。

刘新文：《皮尔斯逻辑语义学思想》，载《燕山大学学报（哲学社会科学版）》，2008 年第 2 期，第 38—43 页。

刘新文：《皮尔斯存在图的线性记法》，载《贵州民族大学学报（哲学社会科学版）》，2017 年第 3 期，第 89—98 页。

卢德平：《皮尔斯符号学说再评价》，载《北方论丛》，2002 年第 4 期，第 99—105 页。

涂纪亮：《从古典实用主义到新实用主义》，北京：人民出版社 2006 年版。

〔美〕南森·豪赛尔：《皮尔斯实用主义之回归》，徐鹏译，载《江海学刊》，2004 年第 4 期，第 25—28 页。

聂海军、王左立：《存在图的逻辑地位：批评与回应》，载《逻辑学研究》，2012 年第 4 期，第 49—60 页。

聂海军：《逻辑、图与存在——皮尔斯存在图的三种解读》，南开大学博士学位论文，2013 年。

〔美〕皮尔斯：《皮尔斯文选》，涂纪亮、周兆平编译，北京：社会科学文献出版社 2006 年版。

涂纪亮：《实用主义：实在论与反实在论之争》，载《云南大学学报》，2005 年第 2 版，第 3—9 页。

涂纪亮：《实用主义认识论观点的演变》，载《哲学研究》，2006 年第 1 期，第 53—58 页。

王胤：《当代语境中的皮尔斯哲学》，载《上海交通大学学报（哲学社会科学版）》，2004年第2期，第53—57页。

徐鹏：《皮尔斯一般符号学初探》，载《云南大学学报（社会科学版）》，2006年第1期，第23—29页。

徐鹏：《皮尔斯的实用主义证明问题》，在《哲学分析》，2012年第2期，第74—84页。

徐鹏：《简论皮尔斯符号学中的标指符号》，载《科学技术哲学研究》，2019第2期，第23—28页。

杨武金、程橙：《从带色标的存在图看弗雷格难题的解题思路》，载《河北大学学报》，2018年第11期，第33—39页。

〔法〕亚历山大·柯瓦雷：《伽利略研究》，刘胜利译，北京：北京大学出版社，2008。

〔美〕约瑟夫·布伦特：《皮尔斯传》，邵强进译，上海：上海人民出版社2008年版。

〔美〕詹姆斯：《实用主义》，陈羽纶、孙瑞禾译，北京：商务印书馆1981年版。

张留华：《皮尔斯：科学家与逻辑学家》，载《自然辩证法研究》，2002年第2期，第67—70页。

张留华：《皮尔斯与逻辑学精神》，载《社会科学论坛》，2004年第12期，第8—13页。

张留华：《皮尔斯论术语伦理学》，载《自然辩证法研究》，2006年第12期，第37—41页。

张留华：《数学、指号学与实用主义》，华东师范大学博士学位论文，2011年。

二、外文参考文献

Barwise, J., *Heterogenous reasoning*, Berlin: Springer-Verlag, 1993.

Barwise, J. and Etchemendy, J., "Hyperproof", *CLSI Lecture Notes*,

Chicago:University of Chicago,1992,pp. 77—81.

Block,N. ,"Mental pictures and cognitive science",*The Philosophical Review*,Vol. 92,No. 4,1983,pp. 499—541.

Boolos,G. ,"Reading the begriffsschrift",*Mind*, *New Series*,Vol. 94, No. 375,1985,pp. 331—344.

Brent,J. L. ,*Charles Sanders Peirce:A life Revised and Enlarged*,Indianapolis:Indiana University Press,1998.

Brown, J. R. , *Philosophy of mathematics:An introduction to the world of proofs and pictures*,London and New York:Routledge,1999.

Brown,J. R. ,"Proofs and pictures",*The British Journal for the Philosophy of Science*,1997,Vol. 48,No. 2,pp. 161—180.

Burch,R. W. , "Game theoretical semantics for Peirce's existential graphs",*Synthese*,No. 99,1994,pp. 361—375.

Chandrase, B. , Glasgow, J. and Narayanan, N. H. (eds.), *Diagrammatic reasoning:Cognitive and computational perspective. Menlo Park*,Calif:AAAI Press,1995.

Dau,F. ,*Mathematical logic with diagrams*,*Based on the existential graphs of Peirce*,http://dr-dau. net/Papers/habil. pdf（访问时间:2022 年 3 月 16 日）.

Dau,F. ,*The logic system of concept graphs with negations（and its relationship to predicate logic）*, Berlin and Heidelberg: Springer-Verlag,2003.

Dau,F. ,"The role of existential graphs in peirce's philosophy", In: Øhrstrøm P, Schärfe, H. and Hitzler, P. (eds.), Aalborg: Aalborg University Press,2006.

Dau, F. , "Ligatures in Peirce's existential graphs", *Semiotica*, Vol. 2011,No. 186,2011,pp. 89—109.

Dipert, R. R., "Reflections on iconicity, representation, and resemblance: Peirce's theory of signs", *Synthese*, Vol. 106, No. 3, 1996, pp. 373—397.

Dipert, R. R., "Peirce's deductive logic: Its development, influence, and philosophical significance", In Misak, C. (ed.), *The Cambridge Companion to Peirce*, Cambridge: Cambridge University Press, 2004.

Fisch, M., "The 'proof' of pragmatism", In Ketner, K. and Kloesel, C. (eds.), *Peirce, Semeiotic, and Pragmatism*, Bloomington: Indiana University Press, 1986, pp. 362—373.

Frege, G., "Begriffsschrift", In Beaney, M. (ed.), *The Frege Reader*, Oxford: Blackwell, 1997, pp. 47—78.

Funt, B. V., "Problem—solving with diagrammatic representations", *Artificial Intelligence*, Vol. 13, No. 3, 1980, pp. 201—230.

Gabbay, D. M. (ed.), *What is a logical system?*, Oxford: Oxford Science Publications Clarendron Press, 1994.

Gabbay, D. M. and Guenthner, F. (eds), *Handbook of philosophical logic*, 2nd, ed. Amsterdam: Kluwer Academic Publishers, 2002.

Giaquinto, M., *Visual thinking in mathematics*, Oxford: Oxford University Press, 2007.

Gillies, D., "The fregean revolution in Logic", In Gillies, D. (ed.), *Revolutions in Mathematics*, Oxford: Oxford University Press, 1992.

Goodman, N, *Languages of art*, Indianapolis: Hackett, 1976.

Goudge, T. A., *The thoughts of C. S. Peirce*, Toronto: University of Toronto Press, 1950.

Hammer, E. R., *Logic and visual information*, Stanford: CSLI Publications, 1995.

Hammer, E. M., "Semantics for existential graphs", *Journal of Phil-*

osophical Logic, No. 27,1998, pp. 489—503.

Hammer, E. M., "Linear notation for existential graphs", Semiotica, No. 186,2011, pp. 129—140.

Harman, G. H., "The inference to the best explanation", The Philosophical Review, Vol. 74, No. 1,1965, pp. 88—95.

Hilpinen, R., "On C. S. Peirce's theory of the proposition: Peirce as a Precursor of Game-Theoretical Semantics", Monist, Vol. 65, No. 2,1982, pp. 182—188.

Hilpinen, R., "Remarks on the iconicity and interpretation of existential graphs", Semiotica, Vol. 186, No. 1—4,2011, pp. 169—187.

Hintikka, J., Logic, language — games and information, London: Oxford University Press,1972.

Hintikka, J., "Language—games", Synthese language library, No. 5, 1979, pp. 1—26.

Houser, N., Roberts, D. D. and Evra, J. V., Study in the logic of Charles Sanders Peirce, Indianapolis: Indiana University Press,1997.

Hume, D., A treatise of human nature, The Philosophical Works of David Hume, Boston: Little, Brown and Company,1854.

Kauffman, L., "Peirce's existential graphs", Cybernetics and Human Knowing, Vol. 18, No. 1—2,2011, pp. 49—81.

Kempe, A. B., "A memoir on the theory of mathematical form", Philosophical Transactions of the Royal Society of London, Vol. 1886, No. 177,1886, pp. 1—70.

Ketner, K. L., Elements of logic: An introduction to Peirce's existential graphs, Texas: Texas Tech University Press,1990.

Ketner, K. L., "Peirces existential graphs and semeiotic of the eucharist", Cybernetics and Human Knowing, Vol. 18, No. 1—2, 2011, pp. 101

—122.

Kevelson, R. , "Riddles, legal decisions, and Peirce's existential graphs", *Semiotica*, Vol. 57, No. 3—4, 1985, pp. 197—224.

Larkin, J. H. and Simon, H. A. , "Why a diagram is (sometimes) worth ten thousand words", *Cognitive Science*, Vol. 11, No. 1, 1987, pp. 65—100.

Legg, C. , "The problem of the essential icon. American", *Philosophical Quarterly*, Vol. 45, No. 3, 2008, pp. 207—232.

Lindsay, R. K. , "Images and inference", *Congitive*, Vol. 29, No. 3, 1987, pp. 229—250.

Mumma, J. , "Proofs, pictures, and Euclid", *Synthese*, Vol. 175, No. 2, 2010, pp. 255—287.

Murphey, M. G. , *The development of Peirce's philosophy*, Boston: Harvard University Press, 1961.

Norman, J. , "Provability in Peirce's alpha graphs", *Transactions of the Charles S. Peirce Society: A Quarterly Journal in American Philosophy*, Vol. 39, No. 1, 2003, pp. 23—41.

Norman, J. , "Book Reviews: The iconic logic of Peirce's graphs", *Mind*, Vol. 113, No. 452, 2004, pp. 783—787.

Nöth, W. , "The criterion of habit in Peirce's definitions of the symbol", *Transactions of The Charles S. Peirce Society: A Quarterly Journal in American Philosophy*, Vol. 46, No. 1, 2010, pp. 82—93.

Peirce, C. S. , "On the algebra of logic", *American Journal of Mathematics*, Vol. 3, No. 1, 1880, pp. 15—57.

Peirce, C. S. , *Collected Papers of C. S. Peirce*, Hartshorne, C. and Weiss, P. (eds.), Vols. 1—6; Burks, A. W. , (eds.), Vols. 7—8, Cambridge: Harvard University Press, 1931—1958.

Peirce, C. S. , *The essential Peirce: Selected philosophical writings*,

Houser, N. and Kloesel, C. J. W. (eds.), Vol.; Peirce Edition Project (eds.), Vol. 2, Bloomington and Indianapolis: Indiana University Press, 1992 and 1998.

Peirce, C. S., *Reasoning and the logic of things: The cambridge conferences lectures of* 1898, Boston: The Belknap Press of Harvard University Press, 1992.

Peirce, C. S., *Writings of Charles S. Peirce: A chronological edition*, Peirce Edition Project (eds.), Bloomington and Indianapolis: Indiana University Press, 1982—2010.

Pietarinen, A. V., "Peirce's game—theoretic ideas in logic", *Semiotica*, Vol. 2003, No. 144, 2003, pp. 37—44.

Pietarinen, A. V., "Peirce's magic lantern of logic: moving pictures of thought", *Transactions of the Charles S. Peirce Society: A Quarterly Journal in American Philosophy*, 20.

Pietarinen, A. V., "The evolution of semantics and languagegames for meaning". *Interaction Studies*, Vol. 7, No. 1, 2006, pp. 70—104.

Pietarinen, A. V., "Existential graphs: What a diagrammatic logic of cognition might look like", *History and Philosophy of Logic*, Vol. 32, No. 3, 2011, pp. 265—281.

Pietarinen, A. V., "Moving pictures of thought II: Graphs, games, and pragmaticism's proof", *Semiotica*, Vol. 2011, No. 186, 2011.

Pietarinen, A. V., "Peirce's magic lantern of logic: moving pictures of thought", *Transactions of the Charles S. Peirce Society: A Quarterly Journal in American Philosophy*, 2013.

Price, H., "Two paths to pragmatism II", *European Review of Philosophy*, No. 3, 1998, pp. 109—148.

Putnam, H., *Reason, truth and history*, Cambridge: Cambridge University Press,1981.

Putnam, H, "Peirce the logician. Historia", *Mathematica*, Vol. 9, No. 3,1982,pp. 290—301.

Putnam,H. ,"Peirce's continuum", In Ketner, K. (ed.), *Peirce and Contemporary Thoughts:Philosophical Inquiries*,New York:Fordham University Press,1995.

Quine, W. V. O. ,"Review of the collected papers of Charles Sanders Peirce,Volume 4: The simplest mathematrics", *Isis*, Vol. 22, No. 2,1935, pp. 551—553.

Quine, W. V. O. , *Philosophy of logic*, Englewood Cliffs: Prentice — Hall,1970.

Radford,L. ,"Diagrammatic thinking:Notes on Peirce's semiotics and epistemology",*PNA*,Vol. 3,No. 1,2008,pp. 1—18.

Roberts, D. D. , "On Peirce's realism", *Transactions of the Charles S. Peirce Society:A Quarterly Journal in American Philosophy*, Vol. 6, No. 2,1970,pp. 67—83.

Roberts, D. D. , *The existential graphs of Charles S. Peirce*, The Hague:Mouton,1973.

Roberts,D. D. , "An introduce to Peirce's proof of pragmatism", *Transactions of the Charles S Peirce Society*,Vol. 14,No. 2,1978,pp. 120—131.

Roberts, D. D. , " The existential graphs ", *Computers and Mathematics with Applications*, 1992, Vol. 23, No. 6—9, pp. 639—663.

Shanker, S. , *Philosophy of science, logic and mathematics in the twentieth century*,London:Routledge,1996.

Shimojima,A. ,"On the efficacy of representation",PhD Dissertation of Indiana University,1996.

Shin, S. J., *The logical status of diagrams*, Cambridge: Cambridge University Press, 1994.

Shin, S. J., "Reconstituting beta graphs into an efficacious system", *Journal of Logic, Language and Information*, Vol. 8, No. 3, 1999, pp. 273—295.

Shin, S. J., "Multiple readings in peirce's alpha graphs", In Anderson, M., Meyer, B. and Olivier, P. (eds.), *Diagrammatic Representation and Reasoning*, Berlin: Springer, 2002, pp. 297—314.

Shin, S. J., *The iconic logic of Peirce's graphs*, Massachusetts: Bradford Book, 2002.

Shin, S. J., "Heterogeneous reasoning and its logic", *The Bulletin of Symbolic Logic*, Vol. 10, No. 1, 2004, pp. 86—106.

Shin, S. J., "Existential graphs as an efficient, formal, representation system for logic", *Cybernetics and Human Knowing*, Vol. 18, No. 1—2, 2011, pp. 29—47.

Short, T. L., *Peirce's theory of signs*, Cambridge: Cambridge University Press, 2007.

Slater, B. H., "Peirce's graphs amended", *History and Philosophy of Logic*, Vol. 19, No. 2, 1998, pp. 101—106.

Stenning, K. and Yule, P., "Image and language in human reasoning: A syllogistic illustration", *Cognitive Psychology*, Vol. 34, No. 2, 1997, pp. 109—159.

Sterelny, K., "The imagery debate", *Philosophy of Science*, Vol. 53, No. 4, 1986, pp. 560—583.

Thompson, M., "The pragrmatic philosophy of C. S. Peirce", Chicago: University of Chicago Press, 1953.

Turrisi, P. A., "The purpose of the proof of pragmatism in Pierce's

1903 lectures on pragmatism", *Monist*, Vol. 75, No. 4, 1992, pp. 521—537.

Xu Peng, "Peirce's existential graphs and the proof of pragmatism", *Cybernetics and Human Knowing*, Vol. 18, No. 1—2, 2011, pp. 83—100.

Zeman, J. J., "The graphical logic of C. S. Peirce", PhD Dissertation of University of Chicago, 1964.

Zeman, J. J., "Peirce's graphs-the continuity interpretation", *Transactions of the Charles S. Peirce Society*, Vol. 4, No. 3, 1968, pp. 144—154.

Zeman, J. J., "Peirce's philosophy of logic", *Transactions of the Charles S. Peirce Society*, No. 22, 1986, pp. 1—22.

致　谢

　　非常感谢笔者的叔叔聂锦芳教授对于本书的出版给予的指导和帮助！感谢家人的理解和支持！感谢中央编译出版社李媛媛老师以及出版社的其他工作人员为本书的顺利出版所付出的心血！